中专房地产经济与管理 物业管理专业教学丛书

房地产投资项目分析

石家庄市城乡建设职工中等专业学校	许乐群	主编
	许乐群 刘 慈 刘淑英	
	张文晨 傅英涛 刘 嘉	编
石家庄市财政局	刘俊永	
石家庄市房产管理局	黄改过	
天津市房地产管理局职工大学	范宝芬	主审

中国建筑工业出版社

图书在版编目（CIP）数据

房地产投资项目分析/许乐群主编. —北京：中国建筑工业出版社，1997
（中专房地产经济与管理 物业管理专业教学丛书）
ISBN 978-7-112-03166-5

Ⅰ. 房… Ⅱ. 许… Ⅲ. 房地产-投资-项目分析 Ⅳ. F29 3.3

中国版本图书馆 CIP 数据核字（97）第 03749 号

　　本书对房地产投资的范畴、特点等做了探讨性阐述，对房地产投资效益评价原理与指标体系进行了介绍，较详细地论述了房地产投资的预测、决策、可行性研究等方法，以及房地产投资项目分析的时间因素、经济评价方法等内容。
　　本书为中专房地产管理、物业管理及相关专业的教材，亦可供职工中专和房地产管理干部培训使用。

中专房地产经济与管理 物业管理专业教学丛书
房地产投资项目分析
石家庄市城乡建设职工中等专业学校　许乐群　主编
　　　　　　　　　　　　　　许乐群　刘　慈　刘淑英
　　　　　　　　　　　　　　张文晨　傅英涛　刘　嘉　编
石家庄市财政局　　　　　　　刘俊永
石家庄市房产管理局　　　　　黄改过
天津市房地产管理局职工大学　范宝芬　主审

*

中国建筑工业出版社出版、发行（北京西郊百万庄）
各地新华书店、建筑书店经销
北京同文印刷有限责任公司印刷

*

开本：787×1092 毫米　1/16　印张：13¼　字数：320 千字
1997 年 7 月第一版　2011 年 10 月第十次印刷
定价：25.00 元
ISBN 978-7-112-03166-5
（20212）

版权所有　翻印必究
如有印装质量问题，可寄本社退换
（邮政编码　100037）

出 版 说 明

为适应全国建设类中等专业学校房地产经济与管理专业和物业管理专业的教学需要，由建设部中等专业学校房地产管理专业指导委员会组织编写、评审、推荐出版了"中专房地产经济与管理、物业管理专业教学丛书"一套，即《物业管理》、《房地产金融》、《城市土地管理》、《房地产综合开发》、《房地产投资项目分析》、《房地产市场营销》、《房地产经纪人与管理》、《房地产经济学》、《房地产法规》、《城市房地产行政管理》共10册。

该套教学丛书的编写采用了国家颁发的现行法规和有关文件、规定，内容符合《中等专业学校房地产经济与管理专业教育标准》、《中等专业学校物业管理专业教育标准》和《普通中等专业学校房地产经济与管理专业培养方案》及《普通中等专业学校物业管理专业培养方案》的要求，理论联系实际，取材适当，反映了当前房地产管理和物业管理的先进水平。

该套教学丛书本着深化中专教育教学改革的要求，注重能力的培养，具有可读性和可操作性等特点。适用于普通中等专业学校房地产经济与管理专业和物业管理专业的教学，也能满足职工中专、电视函授中专、职业高中、中专自学考试、专业证书和岗位培训等各类中专层次相应专业的使用要求。

该套教学丛书在编写和审定过程中，得到了天津市房地产管理学校、广州市土地房产管理学校、江苏省城镇建设学校、上海市房地产管理学校和四川省建筑工程学校等单位及有关专家的大力支持和帮助，并经高级讲师张怡朋、温小明、高级经济师刘正德、高级讲师吴延广、袁建新等人的认真审阅及提出了具体的修改意见和建议，在此一并表示感谢。请各校师生和广大读者在使用过程中提出宝贵意见，以便今后进一步修改。

建设部人事教育劳动司
1997年6月18日

前　言

本书根据《建设部中专学校房地产经济与管理专业培养方案》和《房地产投资项目分析课程教学大纲》编写。

本书以社会主义市场经济基本理论和投资基本理论为基础，结合房地产业特点，着重研究中小项房地产投资项目的经济分析，为熟悉房地产投资的形式和特点，掌握房地产投资的可行性分析及决策程序，以及中小项房地产投资项目的分析方法打好基础。

本书主要为房地产投资企业的投资分析工作所需的经济分析知识打基础，内容具有适用性和实用性。

本书注重理论联系实际，强调动手能力的培养，可读性较强，反映了当前较新的投资分析方法。

本书由许乐群主编（第一章），刘慈（第二章），黄改过（第三章），刘淑英（第四章），张文晨（第五章），刘俊永（第六章），傅英涛（第七章），刘嘉（第八章）参加编写。

本书由天津市房地产管理局职工大学范宝芬老师主审，谨此表示衷心感谢。

本书在编写中参考了有关教科书、论著和资料，得到了建设部人事教育劳动司职工教育处、建设部中专学校房地产管理专业指导委员会、中国建筑工业出版社的大力支持，谨此一并致谢。

由于房地产投资项目分析是近年我国新兴的学科，作者水平有限，书中难免有不足之处，敬请读者批评指正。

目 录

第一章 概论 ... 1
- 第一节 房地产投资 ... 1
- 第二节 房地产投资项目分析 ... 5
- 思考题 ... 9

第二章 房地产投资项目效益评价原理与指标体系 ... 10
- 第一节 房地产投资项目效益评价原理 ... 10
- 第二节 房地产投资方案的比较原理 ... 14
- 第三节 评价房地产投资项目的指标体系 ... 16
- 思考题 ... 25

第三章 房地产投资项目预测 ... 26
- 第一节 房地产投资项目预测的概念、特点和作用 ... 26
- 第二节 房地产投资项目预测调查的内容、程序和方法 ... 28
- 第三节 房地产投资项目预测的分类、程序和内容 ... 33
- 第四节 房地产投资项目预测的方法 ... 42
- 思考题 ... 49

第四章 房地产投资项目决策 ... 50
- 第一节 决策的概念与特点 ... 50
- 第二节 决策程序和方法 ... 53
- 第三节 房地产投资项目决策的内容和重要性 ... 64
- 第四节 投资决策科学化 ... 71
- 思考题 ... 74
- 习题 ... 74

第五章 房地产投资项目的时间因素 ... 76
- 第一节 货币时间价值 ... 76
- 第二节 等值计算公式 ... 83
- 第三节 投资风险与风险价值 ... 95
- 思考题 ... 106

第六章 房地产投资项目的经济评价方法 ... 107
- 第一节 房地产投资项目的经济评价指标 ... 107
- 第二节 房地产投资的成本效益分析 ... 118
- 第三节 房地产投资项目的盈亏平衡分析 ... 121
- 第四节 房地产投资项目敏感性分析 ... 132
- 第五节 房地产投资方案的比较与选择 ... 140
- 思考题 ... 145

第七章 房地产投资项目的可行性研究 ... 147

  第一节 房地产投资项目可行性研究概述 …………………………………… 147
  第二节 房地产投资项目可行性研究的主要内容 …………………………… 148
  第三节 编制房地产投资项目可行性研究报告 ……………………………… 156
  第四节 房地产投资项目的国民经济评价和企业评价 ……………………… 158
  第五节 案例分析 ………………………………………………………………… 162
  思考题 ……………………………………………………………………………… 166

第八章 房地产投资收益评估 …………………………………………………… 167
  第一节 房地产投资收益评估概述 …………………………………………… 167
  第二节 房地产投资收益的种类 ……………………………………………… 171
  第三节 传统的房地产投资收益评估的方法 ………………………………… 175
  第四节 房地产投资回收分析 ………………………………………………… 178
  第五节 房地产投资的现金流量折现分析 …………………………………… 179
  第六节 房地产投资的再投资率 ……………………………………………… 184
  思考题 ……………………………………………………………………………… 186

附表一 …………………………………………………………………………………… 187
附表二 …………………………………………………………………………………… 203
参考文献 ………………………………………………………………………………… 204

第一章 概 论

房地产投资项目分析是房地产项目投资活动进行之前的论证过程。它的实质是研究投资项目的经济可行性和社会可行性,以及选择诸可行方案中的满意方案。为此,我们首先要了解什么是房地产投资;什么是房地产投资项目和房地产投资项目分析;以及它们之间的相互关系。

第一节 房地产投资

一、房地产投资的概念

房地产投资一般有两种含义。一是指房地产投资活动,二是指房地产投资资金。本书所言的房地产投资专指房地产投资活动。

房地产投资是把筹集的资金投入到土地开发、房屋开发、房屋经营、管理和服务等房地产经济活动中去,以期在将来获得收益或避免风险的一种投资活动。它的活动成果是形成新的房地产或改造利用原有的房地产;它的经济实质是资金的增殖,是投资者通过房地产投资活动实现的投资资金的增殖。

与其他经济活动和投资形式相比较,房地产投资有以下特点:

(一) 营利性

追求投资利润是房地产投资的重要特征。投资者投资活动的目的是为了谋求尽量多的投资利润,进行房地产投资项目分析是谋求投资利润的有效手段。营利性是房地产投资的重要特征,也是许多经济活动和投资形式的共同特性,但并不是所有的经济活动和投资形式都具有营利性,包括一些房地产建设活动也不具有营利性。因此营利性就成为房地产投资与其他房地产建设活动的重要区别。例如从不同的经济体制来看,我国长期以来实行的计划经济体制,这种经济体制认为投资活动首先是资金的积累和沉淀过程,房地产投资被视为纯消费过程。在这种思想指导下,房地产建设资金一旦投入,资金便以房地产的形态被固定下来,资金的流动便停止了。它不再增殖,不会盈利,房地产建设活动也不具有营利性。正是这种认识和实践导致了我国长时期的住宅匮乏和基础设施的严重不足。因此在计划经济体制下,我国不具备真正意义上的房地产投资活动。再从投资活动性质来看,许多房地产建设活动不具有营利性,诸如行政办公用房建设、公益用房建设、福利用房建设等。这些不具备营利目的的房地产建设活动都不列入本书讨论的房地产投资范围,只能做为政府投资,慈善投资等非营利投资活动另行研究。

房地产投资活动的营利性并不排斥它的社会利益性。反之应以社会利益做为投资的第一目的。在有益于社会和环境或至少无害于社会和环境的前提下,营利性才是可行的。

(二) 商品性

所谓商品性,是指房地产投资的标的物是房地产本身。作为商品的房地产转变为增值了的货币,是房地产投资活动一个周期的终结。房地产的出售和出租是实现投资目的的两种方式。这个特点是房地产投资区别于商业投资、工业投资、物业管理投资及房地产咨询服务业投资等投资活动的重要标志。例如在商业投资中,首先要购置或租赁营业用房,然后才能购销商品。这里的购置或租赁营业用房便不是房地产投资,而是把营业用房做为商业活动的要素之一,并非把营业用房做为商品出售。再如在房地产投资中也有工业厂房、仓库投资,它与工业投资的区别就在于它仅仅为工业生产提供商品厂房及仓库,而不继续从事工业生产。所以做为房地产投资的工业厂房一般是标准厂房,可以包容多种类型的工业生产活动。另如以房地产为管理和服务对象的物业管理投资,它也是一种投资活动。但是它不把房地产做为商品,而是把管理和服务劳动作为商品。因而物业管理投资也不作为房地产投资活动讨论。

(三) 非流动性

非流动性指房地产的不可移动性和不良的变现性。房地产的不可移动性导致了房地产投资的变现性差。从一定角度看,房地产投资也是一种非流动性投资,一旦投入,必须通过房地产商品与房地产资金的转换才能变成现金,参与新的投资运动。而房地产的不可移动性和由此产生的独有特征性却使它难以变现,寻找适宜的买主和交易阶段需要较长时间。

非流动性并非只带来难以变现的困难,也给投资者带来种种好处,诸如可以抵御多种人为破坏和自然损害,还可以因为难以变现而躲避经济滞塞期的低价格,迫使投资者不去变现而迎来经济繁荣期的高效益。

非流动性是房地产投资与金融(股票、债券)投资、贵金属及稀缺品(文物、邮票等)投资的主要区别。

(四) 风险性

风险性是指房地产投资获取未来利益的不可确定性。严格地说,任何营利性投资都有风险,只不过风险大小、预测难易程度不同。房地产投资是所有投资形式中风险较大的一种,因而房地产投资的风险分析是房地产投资分析的重要内容。

二、房地产投资的原则

从房地产投资的固有特点考虑,房地产投资行为应根据以下原则进行:

(一) 社会利益第一原则

房地产投资活动必须把社会公众利益放在首位。投资者往往只考虑投资收益,而政府控制部门则要负责社会公众利益的实现。为此,必须约束投资活动的随意性,保证其符合城市规划、园林绿化、文物保护、消防安全等各方面的要求。

(二) 盈利和增值原则

房地产投资活动要满足投资的盈利目的和房地产的增值目的,这是投资营利性的两方面要求。盈利是指投资活动的货币增殖,而增值是指房地产在保有期间的价格上涨。盈利和增值有时是共同发生的,有时是单独发生的。如开发活动可获得盈利,而利率下降和需求上升可导致房地产价格上涨。房地产投资活动只要达到其中一个目的就可以进行。

(三) 避险原则

投资收益和投资风险是同方向,正比例发展的,高收益和高风险是房地产投资的一般特点。风险是客观存在，而避险则是人的主观能动性。实践中的避险方法有两种。一是选择安全性高的投资方向，这需要投资者的缜密分析和正确决策，从纷乱的投资市场中寻找和判断正确的投资机会。二是选择合理的投资组合，使投资分散化，将高风险投资的失败损失用其他投资的利润收益加以弥补，不致一败涂地。

有的投资者喜欢选择高收益、高风险的投资项目。在他们看来，较低收益和较小风险不够刺激，要么成功挣大钱，要么失败下回接着干。这种投资心理属于进取型的正常心理。他们并非置风险于不顾，而是想避绕风险或尽量减小风险损失。因而进取型投资更注重投资项目分析。

（四）易操作原则

房地产投资的高收益还缘于它的高操作难度。一旦投入，就要花费大量的时间和精力来管理，要同规划、计划、银行、工商、物价、税收、消防、环保等形形色色的管理部门打交道，还要同承包商、交易人、承租人、购买人等各方有关人士交涉，所付出的管理劳动是常人难以胜任的。因此，投资收益中相当一部分是投资者自己的劳动报酬，正象他替别人管理也要收取报酬一样。如果疲于管理而将有关活动委托别人代理，则收益就会减少。所以要把投资活动的操作难易程度做为必要的原则考虑，亦即把管理费用计入投资成本来计算投资收益。

三、房地产投资的形式

房地产投资的形式指房地产投资的资金以何种方式完成增殖过程。具体的投资形式千差万别，一般可归纳为以下几种：

（一）土地开发投资

土地开发投资指购置土地后加以整理，然后出售或出租的投资方式。土地开发投资的工作内容一般包括土地平整及道路、水电、通讯设施、热力煤气等工程的建设。在我国，《城市房地产管理法》规定，土地开发只能以出让方式取得土地一定年限的使用权，按照出让合同约定进行投资开发。属于房屋建设工程的，完成开发投资总额的25％以上；属于成片开发土地的，形成工业用地或者其他建设用地条件时，方可进行转让。《城镇国有土地出让和转让暂行条例》还规定出让的土地可以出租。因此，土地开发投资可以获得投资盈利，土地自出让到转让期间的增值部分，投资者可以获得一部分，另一部分由国家以增值税方式回收。

出让的土地不经过开发投资或投资额达不到法定要求时即行转让，被国家明令禁止，目的是防止土地投机行为。

（二）房屋开发投资

房屋开发投资指投资者在受让土地上进行房屋建设，然后出售或出租房屋的投资方式。受让土地可以是直接出让得到，也可以是经开发后转让得到，因此，房屋开发投资实际上包含了土地开发投资在内。投资者可获取投资盈利及土地增值的一部分，房屋增值部分可全部获取。

（三）房地产再开发投资

房地产再开发投资指购置现有的旧房地产，经过整理后再出售或出租的投资方式。再开发投资的工作量大大小于开发工作量，因此投资盈利较少，但土地和房屋增值部分的获取量与开发相同，因此对投资者颇有吸引力。

（四）房地产买卖投资

房地产买卖（包括预售商品房买卖）作为投资活动，极易具有投机性。投资人并不投入丝毫的开发劳动，而只获取房地产的增值部分或买卖差价。由于房地产的价格难以被一般公众掌握，因此买卖投资常具有欺骗性。在商品经济条件下，房地产买卖投资极其普遍。在我国，由于房地产的供不应求，尤其是住宅的缺乏，因而国家对房地产买卖行为加以种种限制，如私房买卖的身份限制等。而另一方面，随着股票市场的开放，房地产买卖的限制也有理论和实际上的松动，如《城市房地产管理法》中对预售商品房在未竣工前的再转让问题便未做硬性规定，而交由国务院另行规定。实际上是允许了在经济环境发育成熟时，在相应的配套法规约束下的"楼花"转让。做为房地产投资的形式之一，以营利为目的的房地产买卖活动同以营利为目的的股票买卖活动没有目的和实质上的区别。

四、房地产投资的来源

房地产投资的来源包含两方面的含义，一是指房地产投资的主体构成，二是指房地产投资的资金构成。投资主体和投资资金共同构成了投资活动的来源要素。

（一）投资主体构成

投资主体指直接从事房地产投资活动的投资者，即直接投资者。它是相对间接投资者而言的。例如一般房地产股票、债券的持有者，房地产信托资金的存入者，房地产信贷资金的发放者等等都不视为投资主体。在我国，可以做为投资主体的有以下三种：

1. 国家。当前，国家仍是主要的投资主体，也是特殊的投资主体。一方面，大量的投资行为是国有企事业单位进行的；另一方面，重大的房地产投资项目中很多是国家投资。这两方面的因素决定了国家是主要的投资主体。从另一个角度看，做为投资主体的国家一般并不以国家的面目出现，而是以有关行政管理部门组织的某种投资机构或相关的企事业单位去出现的，因此，国家又是特殊的投资主体。

从今后的改革趋势看，国家做为投资主体的主要形式是国有独资房地产（投资）公司，以及国家控股的房地产股份有限公司。

2. 企业。企业是房地产投资的主要主体。在我国，房地产投资企业包括许多事业性质的投资单位在内。从经济成份看，房地产投资企业仍包括全民所有、集体所有、个体所有、外资所有几种成份，以及不同经济成份的联合体等等。我国目前少有专业的房地产投资企业，投资活动主要由房地产开发企业承担。其他企业也偶有从事此道者，但多数为自用投资建设，不属本书所述投资范围。

企业与国家做为投资主体的主要差别，在于企业是纯营利性的，而国家则把全局利益和政治需要放在首位。例如1995年国家投资数十亿元建设的安居工程，就是以扶助低收入家庭为目的的低利贷款工程，同样的低息收入于企业是绝对不能接受的。

3. 个人。个人做为投资主体一般只能从事房地产买卖。由于房地产买卖需要巨额资金投入，国家又以契税、土地增值税、交易费等经济手段对房地产买卖行为加以限制，因此国内公民少有从事此道者。另一方面，自然人从事房地产开发等投资活动实际上又是被禁止的，所以，即使是个人欲做投资主体，也必须先注册为企业法人才可以。法人从事投资活动，必须接受各种法规约束，同时也受到法规保护。而自然人却难以受法规约束，容易对社会造成危害。同时也难以受法规保护，一旦经营失败，可能使投资人倾家荡产。不允许自然人从事投资活动是商品经济的一般要求，也是世界各国的通用做法。

（二）投资资金构成

房地产投资的资金量巨大，非是一般投资者能负担起的，所以利用各方面的资金是投资者的惯用作法。另一方面，利用他人资金可获巨大的经济收益，只要内部收益率稍大于贷款利率，投资者就有巨利可图。因此，投资者也热衷于使用他人资金。我国目前的投资资金有以下几种：

（1）财政资金。财政资金是国家做为投资主体投入的资金。我国目前做为房地产投资的财政资金一般是以贷款形式发放的，使用单位收回后要加利偿还，资金使用方向是特定的。而做为无偿投资的项目，如国防、科研、公益用房等投资，不作为本教材房地产投资讨论。

（2）企业自有资金。企业自有资金包括企业自我积累的资金、主管部门拨入的资金和联合经营的企业单位提供的资金三部分。《城市房地产管理法》规定，房地产开发企业的注册资本与投资总额的比例应当符合国家有关规定。一般认为这个比例不低于30%。这样规定是防止企业资金不足而使所投资的项目延误、中断、夭折、造成重大损失。

（3）银行信贷资金。投资者从银行借到的资金即银行信贷资金。目前，我国推行抵押贷款方式、以保证资金回收。纯信用贷款方式已较少使用。

（4）集资。集中社会各方游资投入房地产开发等活动，即集资。目前我国的集资方式主要有三种：发行房地产股票、发行债券、直接向产品用户集资。

（5）外资。外资指外国政府，境外财团或个人投入的资金。外资投入形式多种多样，包括合资、合作、入股、贷款、债券、股票等。

第二节 房地产投资项目分析

房地产投资项目分析，是指房地产投资活动初期项目论证过程的活动。由于投资主体不同、项目规模与性质不同，项目分析的要求也不同。本书着重于中小型项目的分析，分析的重点是项目的经济效益，主要目的是为投资者提供保证投资利益的途径。

一、房地产投资项目分析的意义

房地产投资的高收益和高风险为投资者提供了获取高额收益的机会，也为投资者布下了难以逾越的障碍。投资者要谋求投资的成功，必须具有经济头脑和战略眼光，熟知市场状况，具有操作经验和技巧。进行房地产投资项目分析，就是要求投资者运用自己及集体的知识与能力，全面地调查投资项目的各方制约因素，从而保证投资的较高收益水平。实践证明，一个成功的投资项目，不仅为投资者带来了较高收益，也给社会提供了巨额物质财富和多种利益。据统计，到1990年底，我国467个城市和1.1万多个建制镇形成的国有土地总面积为2.5万平方公里，城镇各类房屋66亿m^2，其中公有房屋48亿m^2。按土地每$m^2$100元，房屋每$m^2$300元估算，我国城镇房地产总价值就超过4万亿元。在发达国家，房地产总价值占全国总财富的比例一般在2/3以上。

良好的房地产投资项目分析还能为投资人提供科学的调查数据和投资策略，使投资人在强手如林的投资竞争中立于不败之地。近年来，我国的房地产投资业界已越来越重视投资分析工作，稍具规模的项目都要请专业人员或自行分析，真正做到了"兵马未行，筹谋在先"，使投资人事先就对项目的价格、利润、工期、资金筹措等方方面面的问题了如指掌，保证了项目的较高成功率。

二、房地产投资项目分析的特点

房地产投资项目分析是一项高知识含量的工作，需要分析人科学严谨的工作态度和渊博的分析知识与实践经验，分析人要对分析结果承担技术责任，因此，房地产投资项目分析呈现以下特点：

（一）客观性

客观性是房地产投资项目分析的基本属性。它要求分析人的分析依据必须是真实的，是经过调查得到的客观存在。因此，分析的前期工作是繁重枯燥的社会调查。分析人要善于利用自己的经验和各界的统计资料。客观资料有时是不一致的，甚至是相互矛盾的，这正说明了世界的多样性和不断的发展变化性，它们构成了分析的不确定性。即使如此，它仍然要求分析是客观的。

客观性是保证分析结果正确的基础。

（二）策划性

策划性是房地产投资项目分析的目的所在。分析人不仅要告诉投资人正面临的客观投资环境，更重要的是要告诉投资人如何去适应和利用客观投资环境，要给投资人分析投资进程中的坦途与坎坷，提出克服障碍的策略和方法。当客观因素变化难以确定时，要用科学的计算方法找出变化的趋势和概率。

（三）全面性

全面性是指分析人要对投资活动的方方面面做出全面的分析，从投资方向、投资形式、价格确定、市场需求、资金筹措、到投资收益、投资风险等等无所不包。全面性是房地产投资项目分析与房地产价格评估或项目评估的主要区别。为此，分析人一般要求包括估价师、规划师、工程师等专业人员在内。

（四）责任性

房地产投资项目分析的实质是为投资人出谋划策。一项好的分析可为投资人节省资金和谋取利益，而一项不好的分析可能导致投资人误入歧途。所以分析人要对自己的分析结果负责。但是这种责任仅仅是技术和道义上的。归根到底，投资决策是投资人自己的事情，分析人既不分享投资成功的多余报酬，也不能承担投资失败的法律责任。何况投资环境千变万化，操作方法各不相同，也不能要求分析人承担责任。但是分析人要对分析的技术数据和技术手段负责，这方面，我国法律尚未规定，需要逐步完善。

三、房地产投资项目分析的任务

一项完整的房地产投资项目分析活动，分析人要给投资人提供良好的房地产投资项目分析报告，要给投资人提供解决诸如投资方向、运作方式、投资收益、投资风险等方面问题的方法。这是房地产投资项目分析要完成的基本任务。

（一）为投资人提供投资方向

投资人准备投资前,往往面临投资方向问题。诸如地域、地址选择,物业种类选择,规模、期限选择,合作伙伴选择等等。投资人有可能是最初投入该市场或是投资新手,对投资环境一无所知,需要分析人面面俱到的阐述;也可能是已选好地址,要解决其余问题。分析人要为投资人解决的,却应是全部问题。他要从头开始考证,包括投资人已认可的问题。这样做,往往可以发现问题,熟悉情况,"于无声处听惊雷",达到意想不到的结果。因此,要求一个良好的分析报告,对投资方向诸问题做出全面、可信的论证。

（二）为投资人提供运作方式

一项投资活动的运作包括许多方面。如投资人欲选择地块兴建商业设施出租经营,他将要面临如何取得使用权、如何取得建筑许可、如何筹措资金、如何保证建设工期、如何选择合作伙伴等等问题。这些问题中有些属于技术问题,取得经验后即可解决;有些则属于技巧问题,不可因循守旧,自以为是。分析人可以提供的运作方式水平,往往代表分析人的分析水平。

（三）为投资人预测投资收益

投资收益是投资人关心的根本问题,是投资人的投资目的所在。投资人要详细了解全部投资额、自有资金及贷款额,资金分期投入额、贷款偿还期及利率、投资回收期及贴现率、税金及收费比率、资金内部收益率、成本利润率等资料,还要了解全部资金利润率和自有资金利润率以确定贷款比例。其中投资人最关心的是税后纯利润与投资额的比例。也有一些投资人更关心投资的社会效益问题,如企业形象、人际关系等,但都属于"欲擒故纵"的经营技巧,与他的投资目的并不矛盾。

（四）为投资人描述风险及提供避险方法

分析人仅仅为投资人预测投资收益是不够的,还要告诉投资人投资风险;仅仅告之有风险还是不够的,还要告之如何躲避风险。风险是客观存在,但是可能不发生。如果投资人被投资收益冲昏头脑,视风险而不顾或不愿视之,将有可能使投资人遭受巨大损失;如果分析人懒于分析风险或只报喜不报忧,则是严重有悖职业道德或失职行为。

除上述外,分析人还须就投资项目可能引发的社会问题、环境问题加以阐述,如果该投资项目所引发的问题是严重的,还可以做出否定的表示。1996年新年伊始,国家民航总局做出了暂停海南省海口市机场夜航的决定,原因是该市在机场附近营造的两座高层建筑影响了飞机起降。由此可见投资项目造成的社会,环境问题之严重,分析人不可掉以轻心。

四、房地产投资项目分析的内容

为了完成房地产投资项目分析的任务,分析人要对投资各方面做详尽的分析。一份良好的房地产投资项目分析报告应包括如下内容:

（一）市场分析。

市场分析即是对投资项目的市场需求分析,要解决市场是否需要该项目、需要的程度如何、价格如何的问题。市场分析的前提和基础是市场调查,要在可靠的调查数据基础上加以分析。一般地说,市场调查要为市场分析提供以下资料:

1. 国家的房地产业政策;
2. 投资地点的地方房地产业政策;
3. 投资地点的物业构成、数量、质量、社会需求量;

4. 投资地点的房地产价格、增值趋势。

（二）社会经济因素分析。

社会经济因素分析是指对影响投资活动的各项经济制约因素的分析。房地产投资所涉及的社会各经济部门及经济政策甚多，他们直接影响到投资收益，必须加以阐述。主要的社会经济因素如下：

1. 社会经济周期。经济理论研究认为，任何经济形态都有经济周期问题，房地产投资效益受经济周期制约极大，必须选择经济上升或繁荣期投资方可有望获利。

2. 借贷利率。借贷利息是放贷者参与投资利润分配的手段，借贷利率是放贷者要求分配比例的尺度。事实上，投资利润必须先满足放贷者的利息收入后才能提供给其他人分配。所以，借贷利率高低严重影响投资收益。

3. 税金及其他收费。税金是国家参与利润分配的手段；其他收费，包括各种行政收费，是国家有关行政管理成本收费，它影响投资者的最后收益。

4. 价格趋势。指有关投资的各种价格的未来变化趋势。如建材价格、人工费价格、能源价格、租售价格等各种价格的变化趋势。它直接决定投资额的变化趋势及投资收益。

（三）投资方案分析。

投资方案分析是要从各投资方案中选择一个或几个投资方案用于投资活动。可供选择的方案都是经过可行性分析认可的方案，所以投资方案分析是可行性分析的后期活动，即决策过程。它是在可行性分析认可的方案中选择实施方案的过程。投资方案应包括投资地点、投资物业、以及投资物业的规模、资金回收方式及期限等等。

（四）投资收益分析。

投资收益分析即是对投资方案的各收益指标的测算分析。收益分析是投资人最关心的，也是分析报告中篇幅最长的部分。收益分析的方法多种多样，技术形形色色。近年来随着房地产业的蓬勃发展，更引进了其他学科的多种分析技术。目前我国常用的投资效益分析方法可分为确定性分析与不确定性分析两大类。分述如下：

（1）确定性分析方法。当参与分析的各数值为确定值时，该分析便称确定性分析，所采用的方法为确定性分析方法。依据分析过程中是否考虑了资金的时间价值，可把分析方法分为两类：静态分析法和动态分析法。静态分析法又分为简单投资收益率法和静态回收期法。动态分析法又分为动态投资回收期法、净现值法和内部收益率法。如图1-1所示。

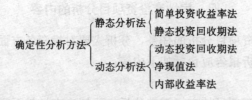

图 1-1

（2）不确定性分析方法。当参与分析的数值有的不能确定时，所采用的分析方法称不确定性分析方法，该分析便是不确定性分析。不确定性分析方法主要分为三类：盈亏平衡分析，敏感性分析和风险概率分析。敏感性分析又分为单变量敏感性分析和多变量敏感性分析。风险概率分析又分为解析法和蒙特卡洛法。如图1-2所示。

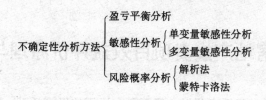

图 1-2

（五）投资风险分析。

所谓投资风险，一般认为由两大要素构成，即损失与不确定。如果损失量可以确定或确定没有损失，便没有投资风险。房地产投资的风险多种多样，主要有经营风险、财务风险、市场风险、变现风险、自然灾害风险和意外事故风险。这些风险中有些需要分析，如财务风险；有的可以不分析，如意外事故风险。分析人应因事制宜。分析方法已如前述投资效益分析中的不确定性分析诸方法，各变量因素及数量需要分析人通过市场研究和预测求得。

思 考 题

1. 何谓房地产投资？有什么特点？
2. 简述房地产投资原则。
3. 房地产投资与工业投资有何不同？
4. 何谓房地产投资项目分析？分析的重点是什么？
5. 房地产投资项目分析的任务是什么？
6. 房地产投资项目分析主要有哪些内容？

第二章 房地产投资项目效益评价原理与指标体系

房地产投资是一种对房地产开发、经营资金运用的经济活动。进行经济活动，使成果超过消费，以少投入换取多产出，是任何社会形态下支配人类经济活动的一条基本经济规律。所以节约劳动消耗，讲求效益，是社会发展的必要和基本条件。房地产投资效益就是房地产投资活动中投入与产出的比率。它反映的是房地产投资活动"所得"与"所费"的关系，因此，在对房地产投资项目进行评价时，本章主要从三个方面展开论述：房地产投资效益评价原理；房地产投资方案的比较原理；评价房地产投资效果的指标体系。

第一节 房地产投资项目效益评价原理

房地产投资项目效益评价，应从经济效益、社会效益及环境效益三个方面着手，并使三者有机地统一起来，这是每一个投资者必须遵循的原则。然而由于篇幅有限，又因侧重点的不同，尤其评价的是投资项目活动中"所得"与"所费"的关系。所以，这里主要从经济效益方面进行探讨和研究。

一、房地产投资项目评价的内容

（一）投资必要条件的评价

一个项目的兴建与否，首先要考虑这个项目有没有投资的必要。例如，开发一片空地，建一幢商品楼，能否很快地出售或出租得到消费者的承认，这是每一个投资者应考虑的。特别是随着商品经济的发展，市场的复杂化，更需对每一个项目的投产做出十分认真的研究与分析，盲目地争投资、争项目是不可取的。

（二）要考虑货币时间价值因素

货币的时间价值，通俗地讲就是今天的一个货币单位比明天同样一个货币单位的价值更大，即货币能够生息、增殖。根据这一特点，在评价某一房地产项目是否应投资时，就应把货币时间因素考虑进去，这对于迅速收回项目的全部投资，取得最大的经济效益，具有十分重的作用。

（三）进行多角度、多侧面的评价

评价某一房地产投资项目的经济效益，应从不同角度全面进行。从微观角度判断是指投资的经济效益，是投资者得以生存和发展的重要条件。从宏观角度判断是指国民经济的效益，这是评价投资项目的根本所在。所以，既要考虑投资项目的经济效益的好坏，又要考虑本投资项目对社会、环境带来的影响。只有这样才能使评价周密细致，具有科学性。

（四）要对投资项目进行风险性评价

对投资项目进行的评价分析，是在许多假设条件下进行的。有诸多因素，例如价格、利息、出售、出租等，都是评价时未发生的，这些因素在投资活动中可能会发生大的变化，影响到项目的收益，这种不确定性，给项目的投资带来了一定的风险。为了预防可能的损失，就需要作不确定性的分析，一个风险很大的项目，是不应贸然进行投资的。

（五）投资项目与国家发展方针的关系

一个项目是否有投资的必要，除取决于市场外，还必须应与国家发展方针相适应，必须符合国家的产业政策。这一评价，应围绕进一步提高投资项目的经济效益，与现行的财经政策和经济管理体制协调和适应进行。

（六）总评价

在对以上几个方面进行评价的基础上，应对投资项目进行归纳分析和研究，在财务上、经济上进行可行性总的评价，并最终确定该投资项目的最优方案。

二、房地产投资项目评价中的经济评价

（一）经济评价的概念与层次

投资项目经济评价是项目评价的重要内容，是在项目投资决策前，采用现代分析方法，对拟建项目计算期内投入产出各经济因素进行调查、预测、计算和论证，选择最佳方案。

我国现行的投资项目经济评价分为两个层次，即财务评价和国民经济评价。财务评价是在国家现行财税制度和价格的条件下，从企业财务的角度分析、测算项目的费用和效益，考察项目的获利能力、清偿能力和外汇效果等财务状况，以判别项目在财务上的可行性。国民经济评价是从国家的、社会的角度考察项目，分析计算某一项目投资需要国家付出的代价和对国家的贡献，以判别项目的经济合理性。一般情况下，应以国民经济评价的结论作为投资项目取舍的依据。

（二）国民经济评价与财务评价的关系

财务评价与国民经济评价是相互联系的，它们之间既有共同之处，又有区别。两者的共同之处在于：

1. 评价的目的相同。两者都是寻求以最小的投入获得最大的产出。

2. 评价的基础相同。两者都是在完成产品需求预测、位置选择、消费行为的研究及其最优方案论证选择，投资估算和资金筹措等基础上进行的。

3. 基本分析方法和主要指标的计算方法类同。两者都采用现金流量分析方法，通过基本报表计算净现值、内部收益率等指标。

财务评价与国民经济评价的区别在于：

1. 评价的角度不同。财务评价是从财务角度对项目进行分析，考察项目的盈利能力；国民经济评价是从国民经济角度对项目进行分析与研究，考察项目的经济合理性。

2. 费用与效益的含义与范围的划分不同。财务评价是根据项目投资直接发生的财务收支，计算项目的费用和效益；国民经济评价是根据项目所消耗的有用资源和对社会提供的有用产品（包括服务）来考察项目的费用和效益。有些在财务评价中列为实际收支的如税金、国内借款利息和补贴等，在国民经济评价中不作为费用或效益。财务评价只考察其直接费用和直接效益，国民经济评价除考察其直接费用和直接效益外，还要考虑项目投资所引起的间接费用和间接效益。

3. 费用与效益的计算价格不同。财务评价采用实际的财务价格计量费用与效益，国民经济评价则采用较能反映资源真实价值的影子价格计量费用与效益。

4. 评价的根据不同。财务评价的主要根据是行业基准收益率，国民经济评价的根据则是社会贴现率。

国民经济评价与财务评价都是针对同一个投资项目，评价时，一般先进行财务评价，然后再进行国民经济评价。财务评价是国民经济评价的基础，国民经济评价是财务评价的前提，是决定项目投资决策的先决条件和主要依据。投资项目及方案的取舍应取决于国民经济评价的结论。如果两种评价结论相互矛盾时，可采用以下具体方法处理：

1. 对于关系到国计民生而又急需建设的项目，当财务评价认为不可行而国民经济评价认为可行时，国家应采取相应的经济优惠措施，促使投资者能够取得合理的效益。如在住宅建设过程中实行的"安居工程"等。

2. 投资项目在财务评价上可行而在国民经济评价上不可行，则应予舍弃。例如违章建筑建在繁华的闹市区，虽然能够使投资者获得财务收益，但从总体上看不使国民收入和社会收益增加，反而会造成损失，有碍市容市貌，阻塞交通，这类投资项目不应兴建，审批时应严令制止。

项目评价的程序可视具体项目而定。小型项目一般可以只进行财务评价，大中型项目两种评价都要做。

（三）经济评价的目的和作用

经济效益的目的在于最大限度地提高投资效益，即如何以较省的投资、较快的时间、较少的投入获得较大的产出效益。

在房地产项目投资中，我国成功地建成了一批经济效益和社会效益好的房地产项目，但也有决策依据不足，给国家造成很大损失的项目。例如，在建设中搞"边勘察、边设计、边施工、边生产"，"当年设计、当年施工、当年建成、当年投产"，造成了许多投资项目效益极差。历史经验证明，决策失误是最大的失误。在实现项目决策科学化和民主化的过程中，完善项目评价方法，特别是建立科学的、实用的经济评价方法和评价参数，无论是对加强投资宏观管理，还是对提高每一个具体项目的投资效益都有十分重要的作用。

从国民经济的宏观管理看，经济评价可以使社会的有效资源得到最优的利用，发挥资源的最大效益，促进经济的稳定发展。经济评价中采用的内部收益率、投资回收期、贷款偿还期等指标及体现宏观意图的影子价格、影子汇率、行业基准收益率等国家参数，可以从宏观的、综合平衡的角度考察投资项目对国民经济的净效益，借以鼓励或抑制某些行业或项目的发展，指导投资方向，促进国家资源的合理配置和使用。尤其是当前我国房地产投资状况不稳定，建设资金紧张的情况下，国家可以通过调整社会贴现等参数，提高项目通过的标准，提高资金使用的利用率，使有限的资金发挥更好的效益。同时，通过充分论证和科学评价合理地进行排队和取舍，也有利于提高计划工作的质量。

从投资者和具体的建设项目来看，经济评价可以起到预测投资风险、提高投资盈利率的作用。现代化大生产中，科学技术进步快，经济情况变化大，消费行为变化加速，市场竞争激烈，投资的风险也越来越大。由于经济评价设立了一套比较科学严谨的分析计算指标和判别依据，项目和方案经过需要——可能——可行——最佳这样步步深入的分析、比较、选择，有助于避免由于依据不足，方法不当、盲目决策造成的失误，使建成的房地产能在竞争中取得优势，获得更好的经济效益。

（四）项目经济评价的原则

项目经济评价应在国家宏观政策指导下进行，使各项投资主体的内在利益符合国家宏观经济的发展目标。具体原则是：

1. 必须符合国家经济发展的产业政策，投资的方针、政策，以及有关的法规。
2. 项目经济评价必须在国民经济与社会发展的中长期计划、行业规划、地区规划指导下进行。
3. 项目经济评价必须注意宏观经济分析和微观经济分析相结合，采用最佳投资方案。
4. 项目经济评价应遵守费用和效益的计算具有可比基础的原则。
5. 项目经济评价应使用规定的国家参数。
6. 项目的经济评价必须具备应有的基础条件，保证基础资料来源的可靠性和时间的同期性。
7. 必须保证项目经济评价的客观性、科学性和公正性。

三、房地产投资项目评价的特点

1. 动态分析与静态分析相结合，以动态分析为主。过去的评价方法是静态分析，不考虑投入——产出资金的时间因素，其评价指标很难反映未来时期的变化情况。目前强调采用折现办法考虑时间因素，进行动态的价值判断，这对于投资者和决策者树立资金时间价值观念、资金周转观念，资金回收观念有重要作用。

2. 定量分析与定性分析相结合，以定量分析为主。经济评价的根本要求，是对项目建设和生产过程中的经济活动通过费用效益计算，给出明确的数量概念，进行价值判断。过去，由于缺乏必要的定量分析计算手段，对一些本应定量的因素，往往只能笼统地定性描述。现采用的方法强调，凡可量化的经济要素都应用量值表示。一切经济效益、社会效益、环境效益分析，都应尽可能通过计算指标将隐含的经济价值揭示出来。

3. 全过程效益分析与阶段效益分析相结合，以全过程效益分析为主。经济评价的最终要求，是要看项目整个计算期，包括生产阶段和经营阶段全过程经济效益的大小。过去评价投资项目时，往往偏重于投资多少、工期长短、造价高低，而对项目的出售、出租的经济效益如何不甚重视。因此，现采用的方法把项目分析评价的着眼点和归宿点放在全过程的经济效益分析上。

4. 宏观效益分析与微观效益分析相结合，以宏观效益分析为主。对投资项目进行经济评价，不仅要看项目本身获利多少，有无财务生存能力，还要考虑项目的建设和运营需国家付出多大代价及对国民经济的贡献。现采用的方法规定，项目评价中财务评价与国民经济评价的结论发生矛盾时，一般应以国民经济评价的结论为主，考虑项目或方案的取舍。

5. 价值量分析与实物量分析相结合，以价值量分析为主。不论是财务评价还是国民经济评价，都要设立若干实物指标和价值指标。评价时，不能只侧重某一方面的指标，这样会出现偏颇。应从发展商品经济的前提出发，把物资因素，劳动因素，时间因素等都量化为资金价值因素，对任何项目或方案都用同一可比的价值量进行分析，作为判别、取舍的标准。

6. 预测分析与统计分析相结合，以预测分析为主。进行项目经济评价，既要以现有状况水平为基础，又要做有根据的预测。过去受市场信息和预测技术不发达的限制，往往以统计资料实际达到的水平为依据。现采用的方法强调，进行国民经济评价在对资金流入流出的时间、数额进行常规预测的同时，还应对某些不确的因素和风险作出估计，包括敏感分析、盈亏平衡分析和概率分析。

第二节 房地产投资方案的比较原理

一、概　述

投资项目在评价、比较过程中，按项目之间的经济关系可分为独立项目（方案）和相关项目（方案）。后者又可分为互斥项目（方案）和互补项目（方案）。在这里，项目和方案是可以通用的，为了方便，分别称之为独立项目、互斥方案和互补方案。

当某一投资项目的各备选方案彼此独立，不相互排斥，在一定条件限制下，选择了其中一个备选方案也还可再选择其他备选方案以达到整体的最优效果，则这类备选方案称为独立方案，简称独立方案。例如，现有1000万元可用于兴建商品房，其建设方案有三，一个为投资500万元建一幢写字楼，另一个为投资400万元建一个商品楼，还有一个为投资300万元建三幢别墅。对于这三个方案，在1000万资金限制条件下，选择了其中任何一个，还可选择另一个。即接受或放弃某个方案，并不影响其他项目的取舍，故这三个方案为相互独立的方案。

当某一投资项目有若干个备选方案可供选择，但在一定条件限制下，只能选择其中的一个，而不能同时接受其他方案，则这些备选方案称为互斥方案。例如，在一块面积为4亩的土地上，只能建一幢商品房，问是建住宅楼、写字楼、酒店还是公寓楼呢？这就是一个互斥方案的选择问题，其中住宅楼、写字楼、酒店和公寓楼四个备选方案为互斥方案，采用方案组中的某一方案，就会自动排斥这组方案中的其他方案。

方案之间有时也会出现经济上互补的问题。例如：建造一座建筑物A和增加一个空调系统B，建筑物A本身是有用的，但不能说采用方案B也包括方案A，当然这种互补方案可以是负的。互补方案相互依存关系可能是对称，也可能是不对称的。以上所举例为不对称方案，可转化为对有空调的建筑物（方案C）和没有空调的建筑物（方案A）两个互斥方案的经济比较。

在无约束条件下，一群独立项目的决策是比较容易的，这时项目评价要解决的问题，是项目评价指标能否达到某一评价标准的问题。因为对于经济上彼此独立的常规项目（即逐年净现金流量只有一次由负值变为正值的变化，且流入总额大于流出总额的项目），用净现值法、内部收益率法等任何一种方法进行评价的结论都是一致的。但是在若干可采用的独立项目中，如果有约束条件（比如受资金限制），只能从中选择一部分项目实施，就出现了资金合理分配问题，通常要通过项目排队（独立项目按优劣排序的最优组合）来优选项目。这里着重论述有关项目排除和互斥方案的比较方法。

项目排除和方案比较是寻求合理的经济和技术决策的必要手段，也是项目评价工作的重要组成部分。

二、方案比较的可比条件

不同的房地产投资方案进行比较时，主要比较指标是其经济效益。在这一前提和基础之上才可进行方案比较,否则,是无法进行的。

（一）满足需要的可比性

在满足同样需要的情况下,不同的投资方案在产品质量、数量、提供产品时间等方面,往往会有差别。对此,需要经过调整、换算才能进一步比较其效益。例如：在进行土地开发成本比较时,应注意土地开发成本的计算项目的一致性,否则就失去了比较的意义。

（二）消耗费用的可比性。

比较不同方案时要特别注意消耗费用计算范围与深度。这是影响方案经济性的关键因素。对于建设项目,不仅仅要计算房地产生产的直接投资费用,而且要计算竣工后出售出租所需要的流动资金的多与少和与之相关的投资。由于出售出租的方式不同,差异往往是很大的。例如,两幢面积相等的商品楼,一幢出售,一幢出租。出售是一次性的交易,它的价格是由房地产商品成本,加上合理利润及税金几部分构成,通过出售,房地产的价值得到实现,投资者可以一次收回全部投资。而出租是零星的、分期收回投资,是一种特殊的商品交换形式,它的费用由折旧费、维修费、管理费、投资利息、税金及土地使用费、保险费和利润等 8 项因素构成,所以,在比较两者的费用时,应把出售与出租房屋的价值换算统一起来,使两者之间具有可比性。

（三）价格的可比性

对不同的投资方案进行比较,计算其房地产商品的价格,不应一概而论,应考虑一些因素。例如,不同的地理位置、楼层、朝向等都可造成价格的差异。且当前房地产市场还存在着价格与价值不相符的事实。国家为鼓励个人买房的积极性,优惠售房,实施"安居工程"等。所以,在计算价格的可比性时,如果用现时直接的计算方法,很可能歪曲投资方案的正确性,为此,要加以注意,消除不可比因素。

（四）货币时间价值的可比性

货币的时间价值,就是指货币在不同的时间点上具有不同的价值。也就是说,今天的一元钱与一年后一元钱的价值是不等的。如果把一元钱存入银行一年,年利率为10%,那么,一年以后这一元钱存款就可得到一元一角钱,其中的一角钱就是货币的时间的价值。

一个项目的建设,总是投资支出在前,投资者获得收益在后。在计算和对比投资效益的时候,只有把支出和收入换算为同一时间的价值才能进行比较,否则就不能得出正确的结论。

货币的时间价值是通过计算利息来反映。在货币时间价值的换算中,现在值和将来值的差额即为按复利方法计算的复利利息,这三者间的关系,表现为：

现值＋复利利息＝将来值（亦称本利和）

将来值－复利利息＝现值（现在时刻的价值）

三、互斥方案的比较原理

互斥方案的比较,可按各个方案所含的全部因素（相同因素和不同因素）计算各方案的全部经济效益,进行全面的对比；也可仅就不同因素计算相对经济效益,进行局部的对比。前者是通用的比较方法,是全面比较,通常包括净现值法、年等值法和差额投资（增量投资）、内部收益率法。后者是局部比较,常用的方法有费用现值法,年费用法（二者通常称为最小费用法）和差额内部收益率法。此外,也可采用静态比较方法,包括静态差额投资率法和静态差额投资回收期。

同时，由于投资的限制，不可能采用所有经济合理的项目，这时，存在着资金的最优分配问题。因此，多个互不相关的项目经济评价不能再简单地用一个评价标准。一种简单的方法，是把所有的可行的投资项目的组合列出来，每个组合都代表一个满足约束条件的项目总体中相互排斥的一个方案，这样我们就可以利用互斥方案的经济评价方法，选出最好的投资方案。

所以，在有约束条件下，不管项目间是互斥的或是独立的，它们的解法都一样，即把所有满足约束条件的投资项目组合列出来，然后进行排序和取舍。在列出方案总体的项目组合的基础上，可采用互斥项目选择的方法进行选择，步骤如下：

1. 形成所有可能的互斥方案组总体；
2. 把各方案的约束因素（在总投资有限时，则按各方案组的初期投资额）的大小，从小到大排序；
3. 除去那些不能满足约束条件的方案组；
4. 留待考虑的互斥的方案组，可用差额投资内部收益率法或增量投资净现值和净现值率法等，从中选出最优者。

第三节 评价房地产投资项目的指标体系

一、房地产投资项目指标体系的概念

指标体系是一系列相互联系、相互补充的统计指标。设置考核、评价房地产投资项目的指标体系，以便从量上对经济效益进行计算和比较，这是考核投资经济效益的工具。具体地说，房地产投资指标体系就是在房地产投资活动中所取得的成果与所占用或消耗的投资之间的对比关系的一系列数量概念及其具体数量的体现。

设置投资效果指标体系是评价房地产投资经济活动的客观要求。因为要科学地预测、比较、考核和预测投资效益的大小，离开具体的方法和指标是不行的。房地产投资效益是个多层次的复杂概念，这是由投资经济活动的特点决定的。所以仅靠单独几个指标是说明不了问题的。必须根据社会主义基本经济规律和房地产投资管理的实际要求，具体问题具体分析，设置一个能够基本反映房地产投资的所费与所得的完整指标体系。

我国在一个相当长的时间里，片面追求投资规模，不注重投资效益，在建房上，投资与效益不能按比例发展，更谈不上制定全国统一的房地产投资效益指标体系。随着经济建设指导思想的转轨变型，把经济工作的重点放到了提高经济效益上来，同时总结房地产发展的经验与教训，制订出了评价房地产投资效益的有关指标体系。

二、房地产投资项目指标体系设置的原则

根据我国投资效益指标体系建立和发展的情况，设置房地产投资效益指标体系，应遵循以下原则：

1. 房地产指标体系的设置应体现社会主义投资效益的本质。讲求投资效益，用尽可能少的投入量，生产出尽可能多的使用价值，是生产发展和社会进步的基本要求，也是由社

会主义基本经济规律决定的。所以，在设置和运用投资效益指标体系时，就应体现房地产投资效益的本质特征（投资量大、资金周转慢、经营周期长），在反映其投资效益大小和好坏上能从数量上准确表示。

2. 房地产指标体系的设置应遵循房地产投资的良性循环原理。资金循环的过程是：G（货币））—W（商品）—G（增殖的货币）。从这一公式看出，房地产投资活动若能顺利进行，就必须使得资金投入在发挥效益的过程中，还要保持资金运动的循环往复和周转。即投入的资金不仅能全部收回原值，进行简单再生产，还能形成新的投资，进行扩大再生产。所以最重要的一点是，投产后的房地产能够符合社会的需要，得到消费者的承认，实现价值增殖，迅速收回投资。因此，在设置和运用投资指标体系时，既要利用使用价值和实物指标，又要利用价值和时间指标，使指标体系既能全面综合反映投资资金运动全过程的投资效益，又要分别反映资金投入、实施阶段的效益，以及投资的产出和回收阶段的效益，使投资者可以正确树立投资应实现资金良性循环的观念，增加投资的价值观念、时间观念、资金周转观念和投入产出观念。

3. 房地产指标体系的设置应正确处理宏观投资效益和微观投资效益的关系。投资效益按层次分为宏观、微观和中观。宏观投资效益是全国或一个城市房地产投资所获得的效益。微观投资的效益是指房地产投资者投资所获得的效益，是比较具体的投资。宏观投资效益是全面的，是微观投资效益的最终表现；微观投资效益是宏观投资效益的基础，应服从宏观投资效益。因此，在设置投资指标体系时，既要规定评价微观房地产投资效益的指标，又应确定评价宏观房地产投资效益的指标,这样按照不同层次和环节的需要设置指标体系，就可分别分析、评价、考核和计算。

4. 指标体系的设置必须适合并有利于推动和完善房地产经济管理体制。房地产投资效益指标体系的设置和运用，要运用科学的方法，以社会主义经济效益为基础，要与整个国家的经济发展和投资统计工作保持一致，同时还应考虑到现有管理干部的素质和管理工作的实际情况。目前，我国市场经济建立不久，管理体制尚待完善，管理水平有待提高，设置统一的房地产投资效益指标体系和计算方法，必须力求简明易行，宜由粗到细、逐步提高，不能把计算公式搞得太复杂，否则不利于分析、评价、考核、计算投资效益，不利于这项工作在行业普及推广。今后，随着房地产经济管理体制改革的深化和经济管理工作水平的提高，房地产投资效益指标体系的设置和计算方法的运用，将会不断完善和提高。

三、房地产投资项目的指标体系

对房地产投资项目进行考核与评价，是反映投资效益的关键环节，是投资者进行房地产投资的必经之路。所以，在设置指标体系时，必须能够反映房地产投资的特点，又要有针对性地解决评价投资效益的片面性，故应从投资的经济效益、社会效益和环境效益等方面进行全面的评价。

（一）财务效益评价的指标体系

房地产投资项目财务效益评价是按照国内现行的市场价格和国家现行的财税制度，从房地产投资主体者的角度分析测算项目效益和费用财务数据，计算出项目在财务上的获利能力，即衡量项目给投资者带来的净财务收益、项目贷款的清偿能力等财务状态，以判断项目财务上的可行性。这是评价房地产投资项目的第一步，也是项目可行性研究的核心内容,作为决定投资项目的命运的重要依据,也是事后评价其经济效益的主要方法。

1. 房地产投资项目财务效益静态分析指标

(1) 单位面积投资额 单位面积投资额是指房地产投资总额与房地产的总建设面积之比。其表达式为:

$$CP = \frac{I_总}{M} \tag{2-1}$$

式中 CP——单位建筑面积的投资额;

$I_总$——房地产的投资总额;

M——房地产的总建筑面积。

这一指标反映的是投资节约效果。房地产的投资额高,则经济效益低;投资额低,经济效益则高。为此,在房屋总建筑面积一定的情况下,应尽量降低房屋建设的总费用。房屋建设总费用包括基地开发成本、勘察设计成本、建筑安装工程成本、基地范围内的公用设施配套费、贷款利息、商品流通费、税金和土地使用费等内容。在评价其经济效益时,就应找出影响总投资的关键部分,进而研究降低总费用的办法措施。

(2) 简单投资收益率 简单投资收益率是指项目建成后所得年净收入与总投资之间的关系进行分析评价,并计算其经济效益的一种方法。其表达式为:

$$R = \frac{I_年}{I_总} \times 100\% \tag{2-2}$$

式中 R——投资收益率;

$I_年$——年净收入;

$I_总$——总投资。

这类方法适用房地产投资者出租经营等项目的分析。因为这类项目在其寿命期内,每年都有一定的收入,并且净收入值是可以事先估计的。

利用(2-2)公式计算房地产投资收益率时有如下几点值得注意:

1) 年收入在项目经营期内不同年份可能有不同取值。如果以某一特定年份的年净收入代入计算式(2-2),计算得出的投资收益率即为该特定年份的投资收益率。如果将项目寿命期内各年净收入的平均值作为计算式中的年净收入 $I_年$,计算得出的投资收益率则称为平均年度投资收益率。一般是以正常经营年份的年净收入与总投资之比的百分数作为项目的投资收益率。

2) 同一年份年净收入的取值方法也是不一致的。由于对年净收入的理解不同,对"年净收入"的取值有如下方法:

①年净收入 $I_年$=毛利润;

②年净收入 $I_年$=净利润;

③年净收入 $I_年$=净利润+折旧+利息;

④年净收入 $I_年$=净利润+折旧+利息+税金。

3) 总投资的取值方法也不一致。对于总投资也有三种常见的取值方法:

①总投资 $I_总$=房地产投资+经营前资金费用+流动资金;

②总投资 $I_总$=房地产投资;

③总投资 $I_总 = \frac{1}{2}$房地产投资+流动资金;

从此可以看出，当 $I_{年}$、$I_{总}$ 取值方法未统一的时候，同一项目利用同一计算式（2-2）所得出的投资收益率并不相同。因此利用式（2-2）进行项目分析时，必须说明 $I_{年}$ 和 $I_{总}$ 取值方法。

(3) 静态投资回收期　静态投资回收期是在不考虑资金时间价值的前提下考察项目回收的资金数等于投入数时的时间，即静态投资回收期。其表达式为：

$$\sum_{t=0}^{P_t}(CI-CO)_t = 0 \tag{2-3}$$

式中　P_t——静态投资回收期；
　　　CI——现金流入量；
　　　CO——现金流出量；
$(CI-CO)_t$——第 t 年的净现金流量。

对于复杂的或变化的净收入情形一般可利用"全部投资现金流量表"推算。在全部投资现金流量表中，清楚地反映了项目的累计净现金流量由负值转变为正值的两个周期（或年份），这两个两期之间必须有一时间对应的累计净现金流量为零。累计净现金流量为零是项目的资金回收值等于资金投入值的另一种表达方式。因此，累计净现金流量为零所对应的时间就是项目的静态投资回收期。表达式为：

$$投资回收期（P_{t静}）=\begin{bmatrix}累计净现金流量\\开始出现正值的年份数\end{bmatrix}-1+\begin{bmatrix}\dfrac{上年累计净现金流量的绝对值}{当年净现金流量}\end{bmatrix}$$

静态投资回收期这一指标的着眼点在于用多长时间回收所有投入资金，即注重项目的清偿能力，所以它在项目风险中有参考价值。而该方法对项目在回收资金以后的相当长时间的获利能力及总收益状况未能反映出来，因此，静态投资回收期只适用于短期分析方法，是房地产投资者进行效益分析的辅助方法，不能单独去评价某一项目。使用这个指标时还应注明起算时间，一般从建设开始年算起，也可以从投产开始年算起。

2. 房地产投资项目财务效益的动态分析

项目财务效益动态分析要充分考虑资金的时间价值和项目计算期，通过资金利息和现值的计算，以反映投资项目在整个计算期的经济效益状况。项目财务效益动态分析的主要指标有：

(1) 财务净现值法

财务净现值法是将项目开发经营过程中不同时间所发生的资金流入和流出量用一定的贴现率折算成项目实施初期的现值，然后计算出总流入与总流出的现值差额来分析方案优劣的一种经济效益的分析方法。该方法的分析指标为项目净现值。项目净现值就是指投资开发建设及经营阶段的资金流入现值与资金流出现值之差额。在数值上也等于开发建设及经营阶段内各计息资金流入值与流出值之差额现值的代数和。其表达式为：

$$FNPV = \sum_{t=0}^{n}(CI-CO)_t(1+i)^{-t} \tag{2-4}$$

式中　CI——现金流入量；
　　　CO——现金流出量；
$(CI-CO)_t$——第 t 年的净现金流量；
　　　n——计算期；

i——基准收益率或设定的贴现率。

净现值法较好地考虑项目开发建设经营期内各笔资金的时间价值,对项目的净利润有明确反映。因此,该方法被广泛用于分析投资的经济效益。净现值愈大,项目净利润愈高,经济效益愈好。房地产投资项目也不例外,每一个房地产项目经济效益分析中要使用净现值指标对项目经济效益进行评价。一般来说,$FNPV \geqslant 0$ 的项目是可以考虑接受的。这里值得注意的是,由终值求现值时,利率通常称为贴现率,它是若干计算后一笔资金换算为现值所用的一个比率。

另外,净现值法虽明确反映了项目净现值的大小,但并没有反映出净现值是由多大的代价(投资额)去取得的。为了弥补这一不足,引入"净现值比率"指标,其表式为:

$$FNPVR = \frac{FNPV}{I_P} \tag{2-5}$$

式中,I_P 为投资的现值。

净现值的比率含义是,每一单位投资的现值可获得多少单位的净现值,从而将净现值与投资额联系起来,便于综合决策。净现值率也有三种情况,即净现值率大于、等于或小于零。

(2) 财务内部收益率法

内部收益率法是计算项目确切盈利能力的一种分析经济效益的方法。内部收益率又称预期收益率,是使贷款项目计算期的现金流入的现值总额与现金流出的现金总额相等,从而使各年净现金流量现值等于零时的贴现率。用下列方程求解 $FIRR$ 即为项目的财务内部收益率。

$$FNPV = \sum_{t=0}^{n}(CI - CO)_t(1 + FIRR)^{-t} = 0 \tag{2-6}$$

式中,$FIRR$ 为财务内部收益率;

$FIRR$ 是项目净现值 $FNPV$ 等于零时的贴现率,也可以说是项目在动态分析中不亏不盈情况下的贴现率。如果贴现率高于内部收益率,由净现值计算不难算出项目净现值会小于零,说明项目将亏损。内部收益率是项目所能承担的最高贷款利率。项目的内部收益率愈高,项目所能承担的贷款利率愈高,风险愈小,获利的能力愈大。

内部收益率的另一种计算方法是试算法。首先假设贴现率为 i_1,计算出项目净现值 $FNPV_1 > 0$,再假设贴现率为 i_2,计算出相应的项目净现值 $FNPV_2 < 0$;则在 i_1 与 i_2 之间反复取值试算,必定可找出一个 i 使得净现值等于零,这个 i 就是内部收益率。两个贴现率之差,最小不超过 2%,最大不超过 5%,其表达式为:

$$FIRR = i_1 + (i_2 - i_1)\frac{FNPV_1}{FNPV_1 + |FNPV_2|} \tag{2-7}$$

式中 i_1——偏低的贴现率;

i_2——偏高的贴现率;

$FNPV_2$——高贴现率的现值(负值)的绝对值;

$FNPV_1$——低贴现率的现值(正值)。

该方法比较直观,容易理解,计算时不必事先确定贴现率,是一个很实用的经济效益的分析方法。不足之处计算较为复杂。

(3) 动态投资回收期法

动态投资回收期法是在考虑资金时间价值基础上计算项目回收所有投入资金所需时间的另一种经济效益分析方法。由于考虑了资金的时间价值，未来收入的资金数要大于其现值，故由动态投资回收期法计算出来的动态投资回收期必然大于由静态投资回收期法计算得出的静态投资回收期，其表达式为：

$$\sum_{t=0}^{P'_t}(CI-CO)_t(1+i)^{-t}=0 \qquad (2-8)$$

式中，P'_t 为动态投资回收期；其他表示和以上分析方法所用符号相同。

动态投资回收期可直接从财务现金流量表（全部投资）求得。其计算公式为：

$$动态投资回收期(P'_t)=\begin{bmatrix}累计财务净现值\\出现正值年份数\end{bmatrix}-1+\begin{bmatrix}\dfrac{上年累计财务净现值的绝对值}{当年财务净现值}\end{bmatrix}$$

动态投资回收期一般是指项目开始投资之日算起的回收期，而不是指项目建成后经营之日开始算起的回收期。其优点是能真正反映资金的回收时间。缺点是计算较麻烦。在投资回收期不长或贴现率不大的情况下，两种投资回收期的差别可能不大，不致影响项目或方案的选择。但在静态投资回收期较长的情况下，两种投资回收期的差别就可能比较大了。

3. 项目清偿能力的评价

项目清偿能力分析主要是计算借款偿还期，并进行项目计算期内的经营状况分析。

借款偿还期指的是房地产投资者借款偿还完毕的时间。房地产投资包括自有资金和借款两部分，借款这部分资金作为项目投资在生产建设期内，是有偿使用，每年都要支付利息，直至项目计算期末才将收回的项目投资再归还银行。因此，借款偿还期就是指在国家政策规定及项目具体财务条件下，项目出售或出租的收益用于房地产投资借款偿还完毕的时期。其表达式为：

$$I_d=\sum_{t=0}^{P_d}(R_P+D'+R_0-R_t)_t \qquad (2-9)$$

式中　　I_d——房地产投资本金和利息之和；

P_d——借款偿还期（从建设开始年算起。当从投产年算起时，应予注明）；

R_P——年利润总额；

D'——年可用作偿还借款的折旧；

R_0——年可用作偿还借款的其他收益；

R_t——还款期间的年企业留利；

$(R_P+D'+R_0-R_t)_t$——第 t 年可用于还款的收益额。

借款偿还期可直接从财务平衡表推算，以年表示，计算公式为：

$$借款偿还期(P_d)=\begin{bmatrix}借款偿还后开始\\出现盈余年份数\end{bmatrix}-1+\dfrac{当年应偿还借款额}{当年可用于还款的收益额}$$

涉及外资的项目，国外借款部分的还本付息应按已经明确的或预计可能的借款偿还条件（包括偿还方式及偿还期限）计算。

4. 财务外汇净现值法

财务净外汇效果包括净外汇流量（直接效果）和替代进口效果（间接效果）两个部分。净外汇流量的外汇流入和外汇流出之差，用以衡量项目对国家外汇的净贡献（创汇）或净消耗（用汇）。替代进口效用则是确认项目的某些产品可以替代进口产品而为国家节约的外汇额。

财务外汇净现值可通过财务外汇流量表直接求得。其表达式为：

$$FNPV_f = \sum_{t=0}^{n}(FI-FO)_t(1+i)^{-t} \quad (2-10)$$

式中　FI——外汇流入量；

　　　FO——外汇流出量；

$(FI-FO)_t$——第 t 年的净外汇流量；

　　　i——贴现率，一般可取外汇贷款利率；

　　　n——计算期。

当有产品替代进口时，应按净外汇效果计算财务外汇净现值。

（二）国民经济效益评价指标体系

国民经济效益评价是从国家角度进行投资盈利分析，并根据项目在增加国民收入和对其他经济目标的贡献来确定项目的可行性。国民经济评价的关键环节是选用合理的影子价格。影子价格是指当社会经济处于某种最优状态时，能够反映社会劳动的消耗，资源稀缺程度和对产品需求情况的价格。这就需要应以影子价格代替财务效益评价中所用的财务价格进行效益和费用的计算。因为采用财务价格计算的投入物和产出物，还不能正确估算投资项目的费用和效益。所以，只有对项目的投入产出物的成本和效益与价格进行调整的基础上，才能进行国民经济效益的指标分析。

1. 经济内部收益率

经济内部收益率（$EIRR$）是使项目经济净现值等于零时的贴现率。它表示项目占用的投资对国民经济的净贡献能力，是一个相对指标。经济内部收益率大于或等于社会贴现率时，说明项目占用投资时国民经济的净贡献能力达到了要求的水平。一般来说，经济内部收益率大于或等于社会贴现率的项目是可以接受的。其表达式为：

$$\sum_{t=0}^{n}(CI-CO)_t(1+EIRR)^t = 0 \quad (2-11)$$

式中　CI——现金流入量；

　　　CO——现金流出量；

$(CI-CO)_t$——第 t 年的净现金流量；

　　　n——计算期。

2. 经济净现值

经济净现值（$ENPV$）是用社会贴现率将项目计算期内各年的净效益折算到建设初期的现值之和。当经济净现值大于零时，表示国家为项目付出代价后，除得到符合社会贴现率的社会效益外，还可以得到以现值表示的超额社会效益；当经济净现值等于零时，说明项目占用投资对国民经济所作净贡献刚好满足社会贴现率的要求；当经济净现值小于零时，投资的净贡献，达不到社会贴现率的要求。因此，经济净现值是表示项目占用投资对国民经济净贡献能力的绝对指标。一般来说，经济净现值大于或等于零的项目是可以接受的。表达式为：

$$ENPV = \sum_{t=0}^{n}(CI-CO)_t(1+i_s)^{-t} \quad (2-12)$$

式中　i_s——社会贴现率。

3. 经济净现值率

经济净现值率（ENPVR）是反映项目占用的单位投资对国民经济所作净贡献的相对指标。它是经济净现值与投资现值之比。其表达式为：

$$ENPVR = \frac{ENPV}{I_P} \times 100\% \qquad (2-13)$$

式中　I_P——投资的现值。

经济净现值率的判别标准与经济净现值相同，项目可接受的标准是经济净现值率大于或等于零。

4. 经济外汇净现值

经济外汇净现值（ENPVF）是按国民经济评价中效益、费用的划分原则，采用影子价格、影子工资和社会贴现率计算、分析、评价项目实施后对国家外汇收支影响的重要指标。通过经济外汇量表可以直接求得经济外汇净现值，用以衡量项目对国家外汇真正的贡献。其表达式为：

$$ENPVF = \sum_{t=0}^{n}(FI-FO)_t(1+i_s)^{-t} \qquad (2-14)$$

式中　FI——外汇流入量；

　　　FO——外汇流出量；

$(FI-FO)_t$——第 t 年的净外汇流量。

当项目的产品可以替代进口时，可按外汇效果计算经济外汇净现值。

经济外汇净现值大于或等于零时，表示从外汇的获得或节约的角度看，项目应属可行。

5. 经济换汇成本或经济节汇成本

经济换汇成本是分析、评价项目实施后在国际上的竞争力、进而判断其产品应否出口的指标，是指用影子价格、影子工资和社会贴现率计算的为生产出口产品而投入的国内资源现值（人民币单位：元）与生产出口产品的经济外汇净现值（外币单位：通常为美元）之比。亦即换取 1 美元的外汇所需人民币（元）的金额。其表达式为：

$$经济换汇成本 = \frac{\sum_{t=0}^{n}DR_t(1+i_s)^{-1}}{\sum_{t=0}^{n}(FI-FO)_t(1+i_s)^{-1}} \qquad (2-15)$$

式中　DR_t——项目在第 t 年为生产出口产品投入的国内资源（包括投资、原材料、工资和其他投入）的现值。

当项目的产品按替代进口对待时，应计算经济节汇成本，即节约 1 美元外汇所需要的人民币金额（元），它等于项目为生产替代进口产品而投入的国内资源现值与生产替代进口产品的经济外汇净现值之比。

经济换汇成本或经济节汇成本（元/美元）小于或等于影子汇率时，表明该项目产品出口是有竞争能力的，从获得或节约外汇的角度考虑是合算的。

6. 房地产投资周期

房地产投资周期是指全部房地产投资项目建成投产使用平均所需要的时间。亦即房地产投资在建总规模与投资年度完成额的比值，其表达式为：

$$房地产投资周期 = \frac{房地产总投资}{投资年完成额}$$

房地产投资周期这个指标，是从宏观上反映国家、地区或行业全部完成期在建总规模平均所需时间，是从时间角度反映投资效益的重要指标。一般而言，房地产投资周期越短，投资效益越大；投资周期越长，其效益越小。但是，并不是说房地产投资周期越短越好，只有合理的周期才是正确。因此，在采用投资周期指标从时间上考核投资效益时，需要首先确定投资周期的合理标准。如果实际投资周期短于合理投资周期的标准，则说明投资在建设项目安排不足，建设队伍有窝工的危险；如果实际投资周期长于合理的投资周期标准，则说明投资在建设项目安排过多，与年投资能力不相适应。不能满足社会各阶层对房屋的需要。

7. 投资效果系数

投资效果系数又称投资盈利率，是以价值形式反映的投资活动总成果与总投资额之间的比率，是产出和投入的一种比例关系，是综合反映投资效益的一个主要指标。其表达式为：

$$国民经济投资效果系数 = \frac{由投资而获得的国民收入增长额}{房地产投资总额}$$

从宏观经济的角度考察，房地产投资的最终综合成果表现为国民收入的增长，提高投资效果归根到底是要以较少的投资取得更多的国民收入，投资效果系数就反映了投资额与新增国民收入的这种对比关系，即投资效果系数越高，单位投资提供的国民收入越多，投资的经济效益也就越好；反之，投资效果系数越低，单位投资提供的国民收入越少，投资的经济效益就越差。这里需说明的是，国民收入的增加，不完全是房地产投资的结果，分析其投资效果系数时要充分考虑房地产以外的因素。投资效果系数一般系用于全国，或省、市按中长期（如5年）计划进行计算。

（三）社会效益

经济是国家繁荣、社会进步的基础，以经济建设为中心，是我们一切工作的基础。房地产投资活动也必须以提高经济效益为出发点和归宿。但是我们也不能忽视社会效益。因为，社会主义的生产目的是满足人民日益增长的物质和文化生活的需要。就拿住房来说，它是人们生活的必需品，但是，建国以来，由于"左"的思想影响，住宅建设与工农业发展的比例不平衡，城市人口不断增长，缺房户也在不断增加。有人说，解放以后我们政治上，经济上都翻了身，就是住房没有翻身，这话值得我们重视和深思。因此，应该加快改革住房制度的步伐，取得最大的社会效益。同时还应注意，投资效益的实质是，以最省的投资、取得更多的符合社会需要的成果。否则，产出的产品超过了社会需要，盲目投资、重复建设等社会不需要的投资肯定不会带来任何经济效益，更不会有任何社会效益，这些投资只能是无效投资、无效劳动。所以首先在讲求投资效益时，应该把经济效益和社会效益二者统一起来。对于一些关系到国计民生的投资项目，如国防投资、边远地区的投资项目，工程造价可能十分昂贵，投资周期会长些，工程成本也很大，投资效果系数也不高，但仍要坚持必要的投资建设。当然，也不能借口投资的政治要求，忽视或否定其经济效益。社会主义投资效益的高低首要标准是对社会的有利程度，如若在投资活动中大手大脚，滥建滥上，"特殊工程"特殊浪费，其结果就会延缓建设速度，不能发挥应有的投资的经济效益，既浪费了国家的人力、物力、财力，又从根本上违背了国家的政治利益。

其次，讲求投资效率，要把经济效益放在重要地位，但社会效益也十分重要。社会效益不仅会反作用经济效益，而且是现代化建设的重要目标。特别是投资活动涉及到城市化、就业、社会工作效率、社会生活质量、减少交通拥挤、增加生活自由时间和社会福利保证等问题，就更不能仅仅局限于投资的狭义经济决策，而必须联系社会方面问题作出全面论证和判断。例如，在一个城市要修建一个大型图书馆，无疑工程造价很高，运营收入较低，如果仅用投资效果系数和投资回收年限指标来衡量，经济上不合算，就不会进行投资建设。建民用住宅要比建工商用房利润低，若单从经济效益讲，也不会投资。但是如果从丰富人民的精神文化生活出发，从改善人民的居住条件及市容景观看，投资兴建的图书馆和住宅楼又是可行和必要的。

（四）环境效益

房地产建设投资大，周期长，特别是一个大的项目，就必须向银行贷款和社会融资。这样就能引进一个银行，就能建立起一批关系，带来一批企业，形成一种气候，缓解其他市场的供销矛盾。同时，货币、资金、汇率、外汇管理等问题亦可逐步调整和解。所以良好的金融环境是评价房地产投资效益必不可少的条件之一。

同时，评价投资环境效益的标准，不能只用投资方的偏好来衡量，还应站在对方的角度上考虑问题。例如，在边远的地域建住宅小区，如果没有现代化的交通和通讯弥补地理位置和资源方面的不足，四周没有一片绿荫，也没有相应的配套设施，即使房屋竣工，居民也会因环境原因而望楼止步，经济效益又从何谈起呢？同时还应注意到日照、通风、噪声、绿化等因素对项目投资的影响，所以投资者在投资过程中，应注意这些问题，克服影响投资效益的不合理因素，扬长避短，发挥优势，树立自己的特点。

总之，在房地产投资指标体系的设置过程中，既要考虑讲求经济效益，也不能忽视社会效益和环境效益，要实现投资的目的和要求，就必须以经济效益为基础，把社会效益和环境效益作为前提和保障，使三者有机地结合起来，这也是社会主义现代化建设所决定的。

思 考 题

1. 国民经济评价与财务评价在房地产投资项目中的关系如何？
2. 房地产投资项目评价的内容有哪些？有何特点？
3. 什么是独立投资方案？什么是互斥投资方案？房地产投资方案在比较过程中应考虑哪些条件？受资金的限制，在方案比较中应采用的步骤有哪些？
4. 什么是房地产投资指标体系？设置房地产投资指标体系应遵循的原则是什么？
5. 房地产投资经济效益的指标体系包括哪些内容？
6. 评价房地产投资项目，为什么既要注重经济效益，又要讲求社会效益和环境效益？

第三章 房地产投资项目预测

房地产投资项目预测是一种掌握房地产生产流通及市场供求变化动态的科学。它的任务是将所调查掌握的资料通过研究分析和运用数学模型，对投资项目、生产、销售、经济效益和市场需求及其变化趋势做出正确估测，为企业正确决策提供可靠依据。

第一节 房地产投资项目预测的概念、特点和作用

一、房地产投资项目预测的概念

房地产投资项目预测，是在市场调查及分析研究的基础上，运用科学的方法和手段，即预测技术，对未来的不肯定因素、条件和市场变化发展趋势，作出分析、预计、判断和推测。

二、房地产投资项目预测的特点

房地产投资项目预测是对投资项目在一定条件下社会效益和经济效益的一种估测。所以要以社会效益为基点，以企业经济效益为重点，以技术分析为关键，重点放在预测企业经济效益和发展方向上。故此，房地产投资项目预测具有以下四个特点：

1. 房地产投资项目预测实质上是对投资项目的经济性预测。这是投资项目预测的基本特点。房地产开发商要根据投资环境、市场发展趋势、项目的主要特点、盈亏情况做出投资决策，必然要进行投资项目的预测，而预测的各个内容，必须围绕经济效益这个中心，预测投资过程中不同因素对投资项目的经济效益影响，以推测投资项目的可行性和投资额度。

2. 投资项目预测是根据调查资料和掌握的情况运用科学方法对投资项目各种变化因素做出的科学分析。讲究预测的科学性是投资项目预测的主要特点。因而在调查预测过程中，要尊重生事物的客观性，切勿主观武断，保证项目投资分析研究的科学性。

3. 投资项目预测是决策前的理论研究，具有一定的超前性。因而在预测中既要注重现实状况，又要弄清发展方向，力争对投资项目可行性做出正确的超前测定。

4. 房地产投资本身具有一定的风险性。投资项目预测的风险性是投资项目预测的一大特点，除经济因素、技术因素外，国内的政治环境因素、购买力因素、政策因素、价格因素等都应做为预测的内容，为增强预测的科学性、超前正确性创造条件。

三、房地产投资项目预测的作用

工业发达国家早已开始对投资项目规划设计前以"投资前研究"、"预先研究"、"建设意见"等方法进行各种预测分析，这就是现在称之为"投资项目预测"的工作。

要使开发建设达到预期的经济效果，做好项目建设前期工作是极其重要的。所谓前期

工作，实际上就是调查研究分析工作，即投资项目的预测工作。它是根据确凿的市场资料和工程相关资料，进行详尽分析。如商品房的建设是否符合城市建设发展方向，商品房的结构设计、内部设计是否适应用户需要，商品房的销售价格是符合城市整体经济水平和购房的经济状况，工程建设条件是否具备，技术上是否先进、适用，以及对投资和回收期的正确估计和利润计算等等。从而使许多重大经济技术原则和基础资料都得到解决和落实。最后提出投资项目的预测结论。预测工作实质上是搞工程建设必须进行的一项科学性研究工作。所以，房地产开发建设必须首先做好投资项目的预测工作。在前几年房地产开发建设中，有些企业轻视投资项目的预测，盲目建造高档别墅、高消费娱乐中心、高星级宾馆，盲目追求开发量，追求建设速度，脱离了国情、民情和市场需求，使房地产开发"产品"大量积压，资金大量占用，国家利益受到损害，企业利益受到巨大损失，同时也影响了职工利益。所以无论从国家利益、企业利益还是个人利益上，进行项目投资预测都是非常必要的。

随着我国社会主义市场经济的逐步发展，房地产市场日益开放，从事房地产经营者会愈来愈多。市场竞争会较充分的展开，房屋售价或租价将根据市场供求关系围绕着价值（或生产价格）波动，调节着房屋的生产和流通，整个房地产市场将呈现出一个多家经营、多方竞争的繁荣局面。在这种情况下，必然是一方面上市房屋的数量、品种、规格、档次越来越多；另一方面房屋需求变化越来越大，需求的品种、规格、档次越来越多样化。

房地产开发经营者，在国家政策和当地政策、市场经济计划指导下，进行房地产经营活动。经常需要以房地产市场需求为依据做各种经营决策。例如：房地产市场开放以后，房屋商品供给量有多大；社会对住宅的有效需求有多大；潜在的需求是多少；持续时间有多长等，离不开调查和预测。投资项目的投资条件、建设周期、资金投入、技术选择、经济效益等也离不开调查和预测。离开调查和预测不可能了解房地产市场供求变化及其发展趋势，也不可能达到投资项目的预期目的，必然会处于盲目投资状态之中。随着房屋商品化的发展，投资项目预测的重要性和作用日益为人们所重视，其主要作用是：

1. 房地产开发企业进行投资项目预测，可以掌握房地产市场需求变化的动态，预见拟建项目技术是否可行；商品房屋有无销路；有无竞争能力；投资效果如何；可以赚取多大利润，从而更好地安排经营活动，减少盲目性，增强经营的主动性。

2. 房地产开发企业进行投资项目预测，有利做好投资决策。项目调查、预测与经营决策是统一过程中的不同阶段。调查是预测的依据，预测是决策的基础，决策是调查、预测的目的。调查、预测、决策是现代化房地产经营的重要特点。

3. 房地产开发企业进行投资项目预测，可以为编制经营计划提供可靠的依据。计划是由指标组成的，计划制定正确与否，实际就是每一个计划指标确定的可靠与否，计划指标符合实际、可靠必须在项目调查和预测的基础上来确定。

总之，房地产开发企业搞好开发项目投资预测，可以使企业投资决策有可靠的客观依据，保证经营决策的正确性。可以使企业敏锐地觉察到房地产市场的变化，保证企业经营决策的及时性。可以使企业具有远见，提高经营决策的稳定性。

第二节 房地产投资项目预测调查的内容、程序和方法

调查是预测的基础，预测是在调查基础上作出的科学分析。房地产投资项目调查是依据一定的原则和科学方法，有计划、有目的、有步骤地搜集、记录、整理和投资项目相关的一切情况和资料，为预测和决策提供依据。

一、房地产投资项目调查的内容

房地产投资项目调查的内容一般分为：项目基本情况、外部环境和内部条件三大部分。

（一）项目基本情况调查

包括项目名称和地点、项目的背景、项目的规划与设计、占地面积、建筑密度、拆迁面积、拆迁户及人口、回迁户及面积、征地补偿费、劳动力安置、总投资额、计划工期、基础设施、项目周围环境及其他有关资料。这部分主要调查内容有以下两项。

1. 投资项目建设用地现状调查

房地产投资项目所占土地的现状调查，是房地产投资项目预测的基础性工作，包括的内容很多，概括起来主要有以下四个方面：

（1）开发区内待拆迁安置的居民情况。居民人员情况，包括居民住户数、人口数、居民的工作单位、职业。居民的居住房屋情况，包括居住房屋的产权类别（公产、私产、单位产自管房等）；租赁契约份数、居住面积、使用面积、建筑面积；自建房屋（无产权房屋）面积、间数；房屋结构、类型、新旧程度。

（2）建设区内待拆迁安置单位情况。安置单位包括企业、事业单位及国家机关、学校、医院、部队等。调查了解的内容主要有，单位名称、隶属关系、职工人数、占地面积、建筑面积、营业面积、年营业额、年利润额等。

（3）市政设施情况。市政设施情况主要应调查道路、上下水管线、热力管线、电力管线、通信管线的现状及规划方案和规划实施时间。

（4）地下设施状况。对建设区内地下物的现状也要进行详尽调查，内容包括下水井、地下电缆、地下各种管线等。

2. 规划设计方案的调查

规划设计方案在经济上是否合理，技术上是否先进，对投资项目的经济效益高低有着直接影响，是调查中的重要内容。

规划设计方案的调查内容包括两个方面：一是市政规划方案，二是建筑规划设计方案。以住宅小区为例，建筑规划设计方案具体了解内容主要包括：

（1）用地面积指标：拟建项目的总占地面积、规划用地面积、住宅建筑用地面积、公建用地面积、配套建筑用地面积、道路用地面积、绿化用地面积。

（2）主要建筑面积指标：总建筑栋数、总建筑面积、住宅建筑面积、高层住宅建筑面积、多层住宅建筑面积、配套建筑面积。

（3）规划要点：总居住户数、总居住人数、高层住宅占住宅面积比例、建筑密度、居住面积密度、各类用途建筑构成、其他规划设计要点等。

（二）外部环境调查

包括当地社会经济发展情况，城市建设发展方向，房地产市场，房地产业政策、法规及各种税费规定，建筑队伍、建材情况等。本部分调查内容的主要方面是房地产市场调查，以住宅项目为例，调查内容包括以下几个方面：

（1）房屋需求调查。包括现实的房屋需要量（包括各种不同规格、档次和质量的房屋，下同）；潜在的房屋需要量；对房屋最大需求量等，摸清购买者的需求趋势。

（2）城镇居民住房状况调查。弄清当地居民的基本情况。如总人口、总建筑面积、人均住房面积、房屋新旧程度、无房户、困难户占总户数的比例，不同行业的住房水平等。

（3）社会购买力的调查。社会购买力是影响房地产市场供给变化的决定因素，对企业的经济效益、个人经济收入的调查是投资者市场调查的核心。

（4）住房消费水平的调查。调查内容主要包括两个方面：一是住房消费在各类家庭消费支出中的比重。二是住房消费者对房屋的设计，档次、功能、质量及地理位置的需求。

（5）商品房价格调查。商品房价格直接关系到投资项目的经济效益，房屋价格的调查是开发商市场调查中的主要内容。主要包括商品房的售价和租价以及国家控制价格和指导价格。同时还要搞清楚商品房市场价格的基本走势，即商品房价格是涨还是落以及影响价格涨落的主要因素。

（6）土地使用情况调查。主要调查城市土地可开发或已开发的建筑地段、地理位置、地价、地租等。

（7）商品房供给量调查。主要调查本地区每年房地产开发企业向社会提供商品房的数量、质量、规格、档次及供给量的缺口程度和余房量等。

（8）金融状况调查。主要调查国家、地区政府对房地产投资调控力度，当地金融业与房地产业的关系，是否有利于房地产业发展的信贷政策。如银行开办房地产抵押和建立住房建设银行等。

（9）竞争者的调查。主要调查竞争对手的基本情况，如竞争实力、推出的新技术、新产品的情况、潜在的竞争对手等。

（10）税费种类及交纳标准的调查。主要调查房地产开发、经营、管理中向国家和当地政府交纳税费的种类、税费计征的标准、纳税（费）人及不同建设项目的优惠政策。由于各地政府规定的收费种类与标准不统一，所以开发商对投资项目所在地域的税费交纳情况要进行细致的调查了解。如表3-1为某市城市建设综合开发税费交纳情况。

（三）内部条件调查

包括调查投资项目的资金来源，业务技术力量，企业发能力等。内部条件调查的主要内容是投资项目的资金来源。

资金是企业赖以生存和发展的血液，是企业的基本要素之一。特别是在商品经济条件下，物跟着钱的拉力走，企业没有资金就寸步难行。房地产开发项目，建设周期长、投入资金多。没有一定的自有资金和资金来源渠道，开发项目就难以顺利进行。因此，要调查了解开发企业的自有资金状况。如自有资金占总投资额的比例；各种资金来源状况；如房屋预售、银行贷款、发行债券、职工集资等资金筹措渠道的通达程度。

通过上述调查，为正确执行国家有关房地产的方针政策，正确预测投资项目的社会效益，经济效益提供有价值的资料。

某市城市建设综合开发税费一览表　　　　　　表3-1

阶段	序号	税费种类	征收标准	纳税（费）人	备注
计划	1	固定资产投资方向调节税	住宅：投资额的5% 技改项目：投资额的10% 楼堂馆所：投资额的30% 公益项目：投资额的0%	购、建房单位	
	2	测绘管理费	测绘工程造价总额的5%～7%	建设单位	
	3	基础设施费	基础设施测绘工程总造价的1%～12%	建设单位	
	4	公建地费	50元/m²（建筑面积）	建设单位	
征地	1	旧城改造费	2000元/亩	建设单位	旧城改造项目免交旧城改造费
	2	土地管理费	出让或转让价格的1%	购买方	
	3	业务费	出让金的2%	合同双方	
	4	耕地占用税	5000元/亩	占地者	
	5	道路占用税	1000元/亩	占地者	
	6	绿地占用税	1333.34元/亩	占地者	
	7	菜田基金	5000元/亩（蔬菜专业村） 2500元/亩（粮菜混合村） 2000元/亩（道路用地）	占地者	
	8	地价评估费	6%（100万元以下） 2.5%（100万元～1000万元） 0.8%（1000万元～5000万元） 0.5%（5000万元～10000万元）	委托方	
	9	农田保护税	3000元/亩	占地者	
拆迁	1	中学集资费	15元/m²	建设单位	旧城改造项目不交解困房
	2	市政配套费	42元/m²（住宅） 47元/m²（非住宅）	建设单位	
	3	公建配套费	84元/m²（住宅）	建设单位	
	4	邮政建设配套费	2元/m²	建设单位	
	5	通信设施配套费	4元/m²	建设单位	
	6	拆迁管理费	拆迁工程造价1%	拆迁单位	
	7	解困房	2%（建筑面积）	建设单位	

续表

阶段	序号	税费种类	征收标准	纳税（费）人	备注
规划设计	1	规划管理费	工程概算总额的1‰~2‰	建设单位	根据时间不同施工电贴费予以返还：半年~1年返还75%；1~2年返还50%；2~3年返还25%；3年以上返还为0%节水保证金超过5万元的以5万元计收
规划设计	2	人防结建费	12元/m²	建设单位	
开工前手续	1	消防费	1000元/栋	建设单位	
开工前手续	2	预算审核费	500元/项	建设单位	
开工前手续	3	招标费	工程造价的4‰	建设单位	
开工前手续	4	施工电贴费	180—550元/kW（架空） 400—1100元/kW（电缆）	建设单位	
开工前手续	5	施工电集资	2000元/kW	建设单位	
开工前手续	6	质监费	2.5‰（工程造价）	建设单位	
开工前手续	7	定额编制管理费	1.4‰（工程造价）	建设单位	
开工前手续	8	墙体革新资金	5元/m²（民用） 4.5元/m²（工业）	建设单位	
开工前手续	9	排污集资费	30元/m²	建设单位	
开工前手续	10	印花税	3‰（工程造价）	合同双方	
开工前手续	11	合同签证费	1‰（工程造价）	合同双方	
开工前手续	12	节水保证金	2‰（工程造价）	建设单位	
施工	1	正式电贴费	180~550元/kW（架空） 400~1100元/kW（电缆）	购（建）房单位	
施工	2	水增容费	10元/m²（住宅）；按水表额定流量日300元（非住宅）	购（建）单位	
施工	3	正式电集资	2000元/kW	用房单位	
施工	4	暖气集资费	50元/m²（民用） 80元/m²（工业） 100元/m²（商业）	用户	
施工	5	煤气集资费	800元/户（主管道） 1000元/户（支管道）	用户	
竣工		确权费	工程造价×2‰+0.2元/m²	产权人	
交易	1	产权交易费	交易额的1.5%	合同双方	
交易	2	契税	协议交易额的5%	购房人	
交易	3	土地增值税	30%~60%（转让房地产所取得增值额）	转让方	
交易	4	土地管理费	转让价格的1%	受让方	

续表

阶段	序号	税费种类	征收标准	纳税（费）人	备 注
决算		营业税	5%（营业额）	销售（出租）方	
		城建税	7%（营业税额）	销售（出租）方	
		所得税	33%（企业所得税前利润额）	销售（出租）方	
		房产税	1.2%（自用房屋房产余值） 12%（房屋出租租金收入额）	房屋所有权人	
		土地使用税	1.2～24元/年m²	土地使用人	
		教育附加费	3%（营业税额）	销售（出租）方	

二、投资项目调查的程序

投资项目调查是一项比较复杂的工作，调查程序也没有固定模式，要根据调查的目的和时间具体确定，一般可分为三个阶段，即准备阶段、调查阶段和结果处理阶段。

其主要工作步骤为：

1. 确定调查目的、内容和对象。
2. 制定调查计划。
3. 设计调查表格。
4. 确定调查方法。
5. 实施调查。
6. 整理调查资料。
7. 提出调查分析报告。

三、投资项目的调查方法

投资项目调查的方法多种多样，根据开发企业的经验，列举以下四种方法。

1. 实地调查

实地调查走访，是投资项目调查中一种最基本的调查方法。它是通过到调查对象的所在地或被调查对象管理部门所在地进行直接察看和面谈收集所需要的情况和资料。如对建设用地的现场考察或到房地产有关部门进行走访等。

2. 全面调查

全面调查，亦称普查，是对调查对象的全部状况，按照预定计划，在一定时点上，进行全面普查。全面调查主要用于需要全面精确的统计资料。全面调查有两种方式，一种是组织专门的调查人员对调查对象进行直接调查。一种是利用政府部门、社会团体、企业内部的统计报表进行汇总。如对开发用地上居民状况、房屋状况、地上管线、地下物的调查，必须组织全面详尽的调查。

3. 典型调查

典型调查亦称重点调查。是根据预测和研究的要求，选择若干具有代表性的调查对象进行调查，从而获得相当于全面调查的调查结果。如预测中需要摸清同类物业投资项目的建设成本、项目收益状况，在当地选择若干项目进行调查。这个方法是一种常用的调查方法，可以节省人力、物力、财力和时间。能够获得较多资料，但调查对象选择有一定主观性，因而具有一定的局限性。

4. 电话调查法

此种调查方法是由调查人根据调查任务的需要，用电话向被调查者索要资料、数据或其他有关情况。这是一种日常工作经常采用的调查方法。它的优点是调查速度快、费用低，不足之处是仅能谈简单问题和情况，不宜深入交谈较为复杂的问题。

第三节 房地产投资项目预测的分类、程序和内容

一、房地产投资项目预测的种类

预测应用的范围很广，从企业经营角度分析，根据不同预测内容的要求和不同目的，投资项目预测可以分为不同种类。

（一）按照投资项目的预测范围来分析，可以分为整体预测和分类预测

整体预测就是对整体项目的技术状况和经济效益的预测。预测投资项目对当地社会效益、经济效益影响，是否符合城市经济建设发展方向，是否符合市场发展趋势，它的目的是为企业选择投资项目决策服务。

分类预测就是对投资项目建设过程中的各种环节进行分类预测，预测投资项目的地址选择、环境条件、基础设施、资金筹措、工程进度、建设周期、技术力量等各种因素对整体项目的经济效益的影响。它的目的是为企业投资项目的计划决策服务。

（二）按时间划分可分为投资项目的短期预测和长期预测

投资项目的短期预测，是指时间在一至两年的预测。这种预测要求做出短期内市场需求和各种因素对投资项目影响的预报。用以指导企业对投资项目规划设计，应做哪些改进。

投资项目长期预测是 3 年或 5 年以上的预测。这种预测要求把注意力放在投资项目的长期经营方向上，侧重对投资项目的规模、档次种类的预测。

（三）按预测的性质划分，可分为定性预测、定量预测和综合预测三种

定性预测是根据市场调查所掌握的现实资料，经过归纳，整理后用直观和主观判断的方法进行的预测。

定量预测是应用统计方法或数学计算的方法，研究和推测未来市场发展状况及结构关系，从投资项目的定点、建设、销售的每个环节以及未来市场的需求趋势，去探索他们之间内在的联系和发展规律。定量预测和定性预测都是一种估计，只能提供一个近似值。目前由于管理水平低，资料不完全，技术设备差，开发企业进行定量预测较为困难，应将定量预测和定性预测二者结合起来，才能取得较好效果，尽量减少预测的误差，这种定性定量综合运用的一种预测为综合预测。

二、房地产投资项目预测的程序

（一）确定预测目标

预测的目标要明确、具体，不能含糊、抽象。预测目标是根据企业的一定经营目标而确定的。例如，为了确定投资项目的开发规模，首先必须对近两年的市场需求情况进行预测。预测项目目标选得准确，会提高预测效果。

（二）收集整理资料

收集资料是预测工作的起点。广泛收集所需要的历史和现实资料，并审查资料的来源是否可靠、真实、全面，尤其是一些估计的数字和情况是否符合实际。要把收集的资料分组、归类，使资料具有系统性、可比性、连续性，并对资料进行科学地分析，找出其发展变化趋势和规律性。要排除各种偶然因素对各种数据的影响。

预测目的不同，资料收集和资料分析的重点也应有所不同。由于历史和管理水平低的原因，目前资料缺乏、不完整，因而房地产开发企业重点应放在现实资料和资料分析上。

（三）选择预测方法

预测的方法很多，大致可分为三类：

（1）归纳预测法。就是将各种结论一致的资料归纳在一起，这种归纳法预测叫做定性分析法

（2）数学模式法。根据预测项目中各因素内在的因果联系，通过一定数学模式的演算求得预测数据，这种预测方法也叫做定置分析法。

（3）演绎预测法。即根据公认的原理和经验，进行逻辑推理和数学演算取得预测结果，这种方法也叫定性——定量分析法。每种预测方法都有它特定的用途和作用，必须根据预测目标，内容和要求的不同以及掌握资料的不同，选择适当的预测方法。

（四）综合分析，确定预测值

综合分析，确定预测值就是把历史和现实的，社会的和企业的，定量的和定性的结合起来，进行分析、判断发展趋势和可能的结果，从而确定的数值。

（五）评价、鉴别预测结果

预测是对未来情况所作的一种推测，不可能绝对准确。换而言之，预测与实际难以完全相符，经常会有误差。如果误差太大，预测就失去了意义，因而需要对预测结果进行分析、比较和评价，重点放在误差分析上。对预测结果要加以说明，并写出有数字和情况资料的论证及预测方案。预测方案的内容一般包括：预测值、预测依据、对预测的评价、利弊的说明等。然后送决策部门审查选定。

三、房地产投资项目预测的内容

投资项目预测的内容多、涉及面广，包括投资项目的特点、外部环境和内部条件以及能够引起房地产开发企业经营管理变化的因素，都属于预测的内容。房地产开发企业进行投资项目预测，主要根据市场变化和影响投资项目正常顺利进行的因素，预测投资项目的生产、流通、经济效益方面将受到的影响。因而，房地产投资项目的市场需求预测、市场供给预测、价格预测、经济效益预测，都是房地产投资项目预测的基本内容。

（一）市场需求预测（以住宅项目为例）

住宅需求是指一定时期内在流通过程中出现的对住宅有支付能力的需求。住宅需求预测，就是对影响住宅需求的因素的变化趋势及其对住宅需求的影响进行预测，以确定未来对住宅的需求量。

影响住宅需求的因素主要有：

1. 人口因素。

城市人口状况是直接影响城市住宅需求量的基本因素。城市人口与住宅，无论现在和将来，都是人们非常敏感和十分关切的问题。从某种意义上说，城市住宅问题归根结底是城市人口问题的表现。从世界范围来看，整个社会向城市化发展是一种普遍现象和必然趋势。城市化的重要标志是城市人口的增加。因此说，城市人口因素是影响住宅市场需求的各种因素当中的最主要因素。

我们知道，构成住宅市场有三个要素：一是人口，二是住宅商品，三是购买力。在这三个要素当中，人口要素的变化直接影响着住宅的需求。预测住宅市场需求的变化，首先要对城市人口进行预测。

(1) 人口规模。城市人口数量与住宅需求量成正比例关系。城市人口增长，势必引起住宅需求量的相应增长。影响城市人口数变化的因素有：①人口的自然增长。它是城市人口出生数与死亡数相抵后的余额，一般表现为净值数。②人口的机械增长。它是指定居城市人口的流入和流出对城市人口总量的影响。城市的扩大和发展，都是人口增长的因素。由于我国人口基数大，城市人口的增长速度较快，因而城市住宅需求量的增长速度也较快。房地产开发企业要了解、预测供应区域内人口数量的变化情况及其对住宅的需求量。

(2) 年龄结构。年龄结构是指各个不同年龄集团的构成比重。在年龄构成上主要是老年人与青年人的住房问题。据第三次全国人口普查结果表明，全国60岁及60岁以上人口占总人口的7.42%，预计到2000年将占总人口的10.71%，将进入老年型行列。据天津市1984年对老年人住房状况的抽样调查表明，老年人家庭中二代、三代同居一室，以及住在临建、厨房、暗楼、过道，甚至外边借宿占样本调查数的45%。这就是说，有近半数老人存在着住房困难的问题。因此，针对老年人增加和进入老年型地区或国家的发展趋势，房地产开发企业一定要从经营战略的角度来研究它对住宅经营带来的影响和产生的新问题。兴建公寓的做法，在我国是应当研究和提倡的。

在城市中，有无住房成了青年人选择对象的先决条件，青年人结婚住房成为城市诸矛盾中的突出矛盾。建国以来，我国出现过两次生育高峰，出生的人口占总人数的63%。上述情况说明，青年人有很大的住宅需求量。

(3) 人口性别。家庭中异性大子女的多少直接影响该家庭对住宅的需求量。

(4) 家庭结构。家庭是社会的基本单位，也是住宅消费的基本单位，家庭结构是指家庭成员的构成。家庭结构的变化对住宅需求总量和分类需求量有着重大影响，并将引起住宅设计、住宅生产、住宅经营的种种变化。家庭结构的变化对住宅需求量的影响，主要表现在家庭规模、家庭类型、家庭代际数对住宅需求量的影响。

1) 家庭规模对住宅需求的影响。家庭规模是指家庭人口数量的多少和组织范围的大小。第三次全国人口普查结果表明，家庭户均人口为4.4人，比1964年全国第二次人口普查减少0.9%。家庭规模小型化是一种发展趋势。在城市人口不变的情况下，家庭规模的大小，会使住宅需求量发生变化，对住宅经营市场影响很大。

一般情况下，家庭规模越小，小家庭越多，居民的户数也就越多。在未来的住房供应中以户为单位达到每户一套，则住宅需求量必将随住户数的增加而快速递增。

现将全国第三次人口普查和中国社科院社会学所在京、津、沪、蓉、宁等五大城市抽样调查中的家庭规模分布情况列表如下。

家庭规模分布情况　　　　　表3-2

	一口户	二口户	三口户	四口户	五口户	六口户	七口户	八口及八口以上户
全国人口普查	7.94	10.06	16.05	19.56	18.35	13.35	7.95	6.95
五大城市抽样调查	2.30	9.74	26.16	27.62	19.11	8.85	3.72	2.49

2) 家庭类型对住房需求的影响。家庭类型的变化对住宅需求量和住宅需求构成有重要影响。据京、津、沪、蓉、宁五大城市抽样调查表明：①单身家庭（是指目前一人生活和婚前未与亲属共同生活者）为2.44%。②夫妻家庭和核心家庭为66.91%（夫妻家庭仅指一对夫妇组成的家庭。核心家庭是指一对夫妇与未婚子女组成的家庭）。③主干家庭（是指一个家庭有两代以上的，而每代只有一对夫妇的家庭）为24.28%。④联合家庭（是指一个家庭中至少有两代而同一代中有一对夫妇的家庭）为2.3%。⑤其他家庭（指以上家庭以外的家庭）为4.56%。可见，核心家庭和夫妻家庭已在我国城市家庭中占据重要位置。而且有增加的趋势。家庭类型的这种变化，将使对住宅的附属用房面积的需求不断增加。

3) 家庭代际数对住宅需求的影响。家庭代际数是指家庭成员之间关系呈现为几代。家庭代际数不同对住宅的需求也不同。无锡市的抽样抽查结果是：一代户为17.88%。二代户为58.04%。三代户为23.08%，四代以上户为1%。烟台市的抽样调查结果是：一代户为14.24%，二代户为70.22%，三代户为15.26%，四代户及四代以上用户为0.26%。

上述两城市调查结果表明：三代人的家庭在家庭规模不断缩小的趋势中仍占有一定比重，而且由一代、二代、三代人组成的家庭比例为1∶5∶17。因此，房地产开发企业应按照本供应区域家庭代际数的不同比例组织住房供应，满足不同家庭对住房的需求。

总之，房地产开发企业应针对我国由大家庭结构向小家庭结构演变的趋势，采取相应对策，适应住宅需求构成变化的需要。

2. 购买力因素。

住房消费者购买力是影响住宅消费市场需求变化的决定性因素，住宅购买力的增长直接促使人们消费结构发生变化。消费结构是指各类消费支出在总消费支出所占的比重，房地产开发企业研究、预测消费结构的变化主要是研究、预测微观消费结构的变化，重点预测家庭关于住房支出比重的变化情况及规律，即预测购买力结构中投向住宅部分的比重变化及趋势。

消费结构虽然可以从不同的角度来分类，但一般主要是按人们消费的实际支出，即按吃穿住用等实际支出来考察。居民消费结构的变化，主要是随生活水平提高而变化。今后随居民收入增加，吃穿比重将降低，住房支出的比重将上升。

住宅对于消费结构的影响，是通过人们对住宅的消费需求来体现的。随着生活水平的提高，人们渴望改变居住的拥挤情况，对居住条件的要求，也将逐步提高，不仅在住宅需求的数量上要求增加，而且对住宅质量、配套、造型、居住环境等方面的要求也提高了。因此，对这些因素做好科学的预测是非常必要的。

3. 政策因素。

政策因素主要是指住宅出售价格政策，租金政策，税收政策，土地政策，城市发展方面的政策，银行贷款方面的政策，国民经济发展规划（长期规划、中期规划、短期规划）方面的政策，积累和消费的比例关系等。政策因素不但影响住宅供给，而且影响住宅需求，从而影响住宅市场的供给与需求。因此，必须深入研究党和国家有关方针、政策的发展变化趋势，及其对住宅市场供给与需求的影响，提高预测的准确性。

4. 价格因素。

住宅价格是调节住宅供需矛盾的有力杠杆，是影响住宅需求量的重要因素。所谓住宅需求，是指住宅在各种不同价格水平下人们可能购买的数量。一般地说，在收入和人口既定的情况下，住宅价格高，住宅需求量减少，价格水平相当，则会增加住宅需求量。住宅同其他类消费品或住宅不同质量等级之间比价是否合理也影响住宅需求量。

需求量因价格变动而发生变化，称为需求弹性。需求弹性大致有三种情况、一种是等于1，如价格上升1%，需求量减少1%；一种是小于1，如价格上升1%，需求量只减少0.5%，这叫需求弹性小；一种是大于1，如价格上升1%需求量减少2%，这叫需求弹性大。由于住宅价值大，城镇居民购买力水平低，因而住宅是需求弹性很大的商品。因此，房地产开发企业认真研究、预测住宅需求量与住宅价格之间的变化动向，是非常重要的。

5. 流通渠道变化因素。

住宅流通渠道的变化也影响着住宅的需求，在国家统建统配的情况下，有钱也无处买房，严重限制了住宅需求，随着房地产经济体制改革，打破行业和地区界线，大力疏通住宅流通渠道，开展多渠道经营，人们筹资买房，从而增加住宅的需求量。

6. 其他因素。

除上述五方面的影响因素外，直接影响住宅消费市场需求变化的还有许多方面因素，如住房自然淘汰、城建拆除、自然灾害、缺房户、不方便户、拥挤户、危房户等都会形成住房需求量。另外由于住宅和住宅消费的特点，可引起人们超前消费需求，又由于住宅可以保值和增值价值，又会形成住宅的非消费性需求。住宅是其他消费品的物质外壳，其他消费品的增加，将促使对住宅的需求，这是消费连带性决定的。其他诸如文化水平、职业、民族、信仰的变化，都影响着住宅需求构成的变化。

以上影响住宅需求因素的变化，都会对房地产开发企业提出新的需求，因此，必须就这些因素的变化趋势及其对住宅需求的影响进行预测，以确定未来对住宅的需求量，包括未实现的需求，或称未满足的需求和正在形成的需求，或称潜在的需求。

（二）住宅供给预测

如前所述，住宅的供给也受多种因素的影响和制约，如建筑地段的开发；建设施工能力和建材供应的发展变化情况；建设资金的来源；住宅流通渠道等，都直接影响住宅建设供给。凡是影响住宅建设和供给的因素都在预测之列。但应把建筑地段的使用开发情况和建设住宅的资金来源作为预测的重点。

（三）价格预测

投资项目价格亦称房地产价格。房地产价格是关系到投资项目经济效益的重要因素。因此，价格预测是房地产投资项目预测的主要内容。由于房地产的固定性、不可移性、适用性等特性，使房地产价格构成不是和其他商品那样由利润率等因素决定，而是由众多影响房地产价格的因素互相作用，交互影响汇聚而成。虽然各种影响因素的影响方向不尽相同，有的因素提高房地产价格，有的因素降低房地产价格、但都对房地产价格提高或降低发挥作用。因此，房地产开发企业必须了解和掌握各种影响房地产价格的因素及其这些因素影响房地产价格的方式。才能对房地产价格做出正确的预测或估计。

影响房地产价格的因素多而复杂，通常分为以下八类：

1. 供求状况

供给和需求是形成价格的两个最终因素。其他一切因素，要么通过影响供给，要么通过影响需求，来影响价格。房地产的价格也是由供给和需求决定的。需求一定，供给增加，则价格下跌；供给减少，则价格上升。

2. 物理因素

所谓影响房地产价格的物理因素，是指那些对房地产价格有影响的反映房地产自身的自然物理性状的因素。这些主要因素分别如下：

（1）位置。房地产座落位置不同，价格有较大差异。位置有自然地理位置与社会经济位置之别。房地产的自然地理位置虽是固定不变的，但其社会经济位置却随时在变化，这种变化可能是交通建设造成的，也可能是其他建设引起的。当房地产的位置由劣变为优时，则价格会上升；相反，则价格下跌。

（2）地势。地势即该地块与相邻地段高低关系，特别是邻接道路的关系，如高于或低于路面。一般的来讲，地势高的房地产价格要高于地势低的房地产价格。

（3）日照。一般来讲受到周围建筑或其他东西遮挡的房地产价格（尤其是住宅）必低于无遮挡情况下同等房地产价格。

（4）建筑物外观。建筑物外观包括建筑式样、风格和颜色，对房地产价格有很大影响。凡建筑物外观新颖，吸引人，则价格高；反之，则价格就低。

（5）建筑物的朝向、结构、内部格局、设备配置状况、施工质量等。这些因素对房地产价格有较大的影响，此处不一一说明。

3. 环境因素

所谓影响房地产价格的环境因素，是指房地产周围的物理状况对房地产价格有影响的因素。这方面因素主要有：

（1）噪声。汽车、工厂、学校、人群都可能造成噪声，噪声大的地方，房地产价格必然较低。

（2）空气污染。房地产所处的地区有无难闻的气味，有害物质和尘粉等，对房地产的价格影响很大。化工厂、屠宰厂、酒厂、酱油厂、厕所等都可能造成空气污染，因此，凡接近这些地方的房地产、价格较低。

（3）水污染。河流、地下水、江湖、海洋污染程度如何，对其附近的房地产价格也有较大的影响。

4. 行政因素

所谓行政因素，是影响房地产价格的制度、政策、法规、行政措施等方面的因素，主要有：

（1）土地制度。土地制度对土地价格的影响是最大的，例如，在我国传统的土地制度下，严禁买卖、出租或者以其他形式非法转让土地，可能使地租、地价根本不存在。在允许地价的制度中,科学合理的土地制度和政策,可以刺激土地利用者或投资者的积极性,促进和带动土地价格上涨;反之,则造成地价低落。

(2) 住房制度。住房制度与土地制度一样对房地产价格的影响也是很大的。实行低租金、福利制,必然造成房地产价格低落。

(3) 城市发展战略、城市规划、土地利用规划。这些对房地产的价格都有很大的影响,特别是城市规划中的土地规定用途、容积率、建筑密度、建筑高度等指标。就规定用途来看,不同用途对土地条件要求是不同的。反过来看,在土地条件一定情况下,规定用途对土地价格有着很大影响。规定用途对地价有两方面的影响,就某一块土地而言,它会降低地价,但从总体上看由于有利于土地的健康协调利用,因此,有提高地价的作用。但是如果用途不妥,缺乏科学的理论和方法指导也会两败俱伤,既降低了单块土地的价格,也会降低整片土地的利用率,而使地价下降。规定用途对地价的影响在城市郊区表现得特别显著。在城市郊区由于城市发展已使郊区某些土地很适合于城市用,但政府规定只能维持农业用途,地价必然很低,而如果一旦政府改变用途,地价将会成倍上涨。

(4) 房地产价格政策。房地产价格政策抽象看有两类:一类是高价政策;一类是低价政策。所谓高价政策,一般指政府对房地产价格放任不管,或有意通过某些措施抬高房地产价格;低价格政策,一般是指政府采取种种措施抑制房地产价格上涨。因此,高价格政策促使房地产价格上涨,低价格政策造成房地产价格下落。但值得注意的是,低价格政策并不意味着造成房地产价格的绝对水平低下。同理,高价格政策也不意味着造成房地产价格的绝对水平高。抑制房地产价格的措施是多种多样的。它们影响房地产价格低落的速度和幅度不尽相同。

(5) 税收。直接或间接地对房地产课税,实际上是减少房地产收益,因而造成房地产价格低落。但是不同的课税种类和大小,对房地产价格的影响是不同的。另外,考虑到课税对房地产价格的影响时,必须注意课税的转嫁问题。如果某种对房地产的课税可以通过某种途经部分或全部转嫁出去,那么它的房地产价格的影响就小,甚至不起作用。

(6) 交通管制。交通管制对房地产价格影响要看管制的内容和房地产的使用性质。对某些房地产来讲,实行某种交通管制也许会降低房地产价格,但对另一些房地产来讲,实行这种交通管制可能提高房地产的价格。如在住宅区道路上禁止货车通行,可以减少噪声和行人行走的不安全感,因此,会提高房地产价格。

(7) 行政隶属关系变更。可以推测或想象,将某个非建制镇升格为建制镇,或将某个市升格为地级市、省辖市、直辖市,无疑会促进这一地区的房地产价格上涨。同样将原属某一落后地区的地方划归另一个较发达地区管辖,会促进这一地区房地产价格上涨。相反则会导致房地产价格下落。

(8) 特殊政策。对于某些地区实行开发优惠政策,往往会提高该地区房地产的价格。我国深圳市变为经济特区,海南岛成立海南省并享受特区的政策,中央决定开发上海浦东,都使这些地区的房地产价格大幅度上涨。

5. 经济因素

影响房地产价格的经济因素主要有以下经济发展状况:①储蓄、消费、投资水平;②财政收入及金融状况;③物价(特别是建筑材料的价格)④建筑人工费;⑤贷款利率;⑥居民收入;⑦房地产投资。这些因素对房地产价格的影响复杂,限于篇幅不能详尽论述,故略。

6. 人口因素

市场供求预测中已做说明，不再表达。

7. 社会因素

影响房地产价格的社会因素主要有政治安定状况，社会治安程度和城市化。

（1）政治安定状况。一般来说，政治不安定，意味着社会动荡，因而造成房地产价格低落。

（2）社会治安程度。社会治安程度是指小偷、抢劫、杀人这些社会犯罪情况。房地产开发项目所处的地区，若经常发生此类犯罪案件，则意味着人们的生命财产没有保障，因此造成房地产价格低落。

（3）城市化。一般说来，城市化意味着人口向城市地区集中，造成城市房地产需求不断增加，带动城市房地产价格上涨。

8. 国际因素

国际因素是指国际经济、军事、政治等环境对房地产价格的影响因素。主要有以下4个方面：

（1）国际经济状况。国际经济发展良好，一般有利于房地产价格上涨。

（2）军事冲突情况。一旦发生战争，则战争地区的房地产价格会陡然下落。

（3）政治对立情况。若发生政治对立，则不免会出现国与国之间实行经济封锁、冻结贷款终止往来等，一般会导致房地产价格低落。

（4）国际竞争。主要是国与国之间为吸引外资的竞争，竞争激烈，房地产价格一般会下跌。

（四）经济效益预测

房地产投资项目是特殊的商品。在生产和流通过程中，各个环节都影响着投资项目的正常进行，影响房地产开发企业的经济效益。搞好投资项目的经济效益预测是进行预测的主要内容，是决定项目取舍的重要依据。在生产过程中，影响经济效益的因素主要有：资金因素、规划因素、征地拆迁因素、建设周期因素等。

1. 资金因素

投资项目的资金主要来源于开发企业自有资金，银行贷款和商品房销售预收款。以上三种资金的运转在项目建设过程中影响很大。

（1）资金不足，直接影响开发项目的实施。根据要求，投资项目的自有资金不能低于30％，不足部分则需依靠银行贷款和商品房销售预收款解决，保证资金的流量在各个阶段平衡和总量平衡。三种资金一旦发生困难，就会破坏资金平衡，导致因资金不足而推迟投资项目建设进度，使开发企业处于被动困难的境地。

（2）贷款利息负担过重加大项目成本

房地产开发企业如果自有资金不足，在商品房预售不理想的情况下，只能依靠贷款。我国目前的银行贷款基本是计划体制，而且多数商品房贷款没有列入计划。即使得到贷款，也要根据银行的贷款计划投资，而不是根据投资项目的进度拨款。贷款计划与开发计划是脱节的。加上开发项目的控制计划又受计划部门制约，使开发企业难度加重。开发企业为解决资金来源，不得不提前申请贷款，如此不仅造成有一个时期资金在帐面上积压，而且常常高于计划利率。开发项目往往不遂人意，出现跨年度工程，企业常常负担超期利息。不合理的资金流量，使贷款利息超过计划成本。成本提高，企业经济收益降低。

2. 规划设计因素

规划设计是项目建设的具体方案。一个好的规划设计方案，在经济上是合理的，技术上是先进的，会提高投资项目的经济效益。否则，会降低项目的经济效益。

（1）规划用地合理。建筑物、道路、绿化、人均占地面积都要达到规定容许的最佳指标，最大限度地利用土地面积将给开发企业带来好的经济效益。

（2）容积率应达到规定范围的最理想的标准。容积率愈高，出房率愈高，经济效益愈好。其公式是：

$$容积率 = \frac{总建筑面积}{总建筑用地面积}$$

当然容积率不能随心所欲地提高，应当控制在国家规定的标准之内。

（3）合理搭配建筑物层数。规划方案中建筑物高低错落，合理搭配，既要考虑景观，又要考虑经济效益。一般住宅小区多层建筑（6～7层）最经济，高层建筑可以节约用地，但由于增加电梯，加宽通道，增加结构强度，增加高压泵房和垃圾道等，造价比多层建筑提高很多，因此，高层建筑要选择出房率较高的最经济、最合理的层数。

（4）采用新技术、新材料、新工艺。先进技术、材料和工艺，有利于节约原材料，降低工程成本。

（5）合理增加建筑使用面积。设计方案在舒适、方便、安全、卫生、美观的前提下增加出房面积。如在住宅设计技巧上，南北朝向的条式住宅楼可在南侧加建半层建筑面积，不影响北楼采光。合理降低建筑高度既可节约用地，又可节约成本，所以从设计方案中找出房面积是开发企业十分重视的经济指标，也是经济预测的一个方面。

3. 征地搬迁因素

征地搬迁发生的费用是投资项目前期费用的主要组成部分，开发企业在征地拆迁中应着眼于经济因素，重视赔偿费用预测。

（1）征地补偿要充分依靠政府裁定，一次解决。开发企业在征地过程中，一定要按照国家有关规定和政府的裁决，一次性补偿安置原土地所有者和使用者。稍有退让或有法不依，都将给企业造成较大的经济损失，加大开发费用总成本。对征地中的特殊情况也应有所估计，有利于经济效益的预测。

（2）拆迁安置中应重视的问题：第一，要计算商品房出房率。在旧城改造中发生三种不同的比例关系。

建筑面积与拆迁面积之比。建筑面积愈多，拆迁面积愈少，出房面积就愈多。

安置面积与新建面积之比。安置面积愈少，余房面积愈多。

安置面积与拆房面积之比。安置面积愈少，出房面积愈多。

以上三个比例是旧城改造项目经济效益预测的依据，也是企业决策的主要依据。第二个问题，是十分重视拆迁房屋的调查，准确掌握拆迁改造区的建筑面积，住房户数、产权分类等情况。

4. 建设周期因素

建设项目的建设周期直接影响资金的周转率和项目成本，归根到底影响企业的经济效益。因此，在投资项目经济效益预测中，正确预测项目建设周期是预测工作的一项重要内容。预测时要从资金供应，物质保证，施工队伍，施工条件等方面入手进行分析和研究。

第四节 房地产投资项目预测的方法

房地产投资项目预测的方法很多，大体可分为两大类，一类是定性预测法，一类是定量预测法。房地产投资经营人员，应当具备有关预测方法的一般知识，这些方法如果使用得当，可以收到良好效果。下面介绍几种简单的预测方法。

一、经验判断法

经验判断法是预测者根据自己掌握的资料和了解的情况，加上在以往工作中总结出的经验，对未来市场情况做出预测。预测精度的高低，依赖于预测者对房产经营业务的熟练程度，经验和综合分析能力。这种预测往往由企业领导人员施行，加上业务人员的估算来完成。使用这种方法简便易行，若对房地产经营业务十分熟悉，常常能做出正确的预测，取得良好的经济效果。但这种方法随意性很大，容易发生疏忽和失误。

二、专家意见法

专家意见法是依靠专家的知识，经验和分析判断能力，在对过去发生的事件和历史信息资料进行分析综合的基础上，对未来发展作出判断的一种预测方法。专家意见法可以分为专家会议法和专家征询法两种形式。

1. 专家会议法

这种方法一般由预测组织者邀请有关专家，针对某一开发项目或某一问题，进行开会讨论，找出问题的核心，并得出比较接近市场实际的预测结果。

2. 专家征询法

专家征询法在国外称为德尔菲法。它是由美国兰德公司的研究人员在40年代末创立的一种定性预测方法。它的基本特征是采用函询调查方式征求专家对某一开发项目或市场开发的展望或预见。具体做法是，预测组织者将某一开发项目有关资料寄给有关专家和行家，请他们发表意见，然后将这些意见汇集整理，反馈给每个专家和行家，请他们重新考虑并再次发表意见。如此反复几次，使之对问题的看法渐趋一致，以此做为预测的依据，这种方法应用较广。

三、集合意见法

集合意见法是将与预测内容有关的人员集中起来进行讨论。每人提出自己的预测意见，由决策者集中起来，并且根据每个人的身份、工作性质、发表意见的权威大小等因素，分析整理各种意见，最后确定为一个集体的意见。其预测过程是：

首先由企业经理、管理人员、业务人员分别提出各自的预测方案，进行定性分析。在此基础上，确定三个定量数据，一是未来可能出现的几种情况；二是各种情况下可能达到的估计值；三是各种情况下的概率。最后以三项定量数据为依据计算个人预测方案的期望值，并以期望值为基础确定综合预测值。

例如：某房地产开发企业有三位经理，他们依据个人的判断能力，经过综合分析，分别提出预测数据，并计算出期望值（见表3-3）。

期望值＝销售好的益损值×概率＋销售一般的益损值×概率＋销售差的益损值×概率。

对于经理人员、管理人员和业务人员各自的预测方案，一般应运用加权平均法，综合为各自的统一方案。例如：对于上表中经理人员的方案，其权数应依据各经理在企业中的地位、作用和权威性而定。若甲为主管业务的经理，其预测方案应有较大权威，因此给较大权数（1.5），乙、丙经理给予1的权数，则经理人员的统一方案为：

$$\frac{60 \times 1.5 + 55.6 \times 1 + 57.8 \times 1}{1.5 + 1 + 1} = 58.1$$

表3-3

经理	销售好		销售一般		销售差		期望值
	益损值	概率	益损值	概率	益损值	概率	
甲	62	0.2	60	0.7	56	0.1	60
乙	60	0.1	56	0.7	52	0.2	55.6
丙	64	0.1	58	0.8	50	0.1	57.8

其次，确定企业的综合预测值，也是经理人员、管理人员、业务人员三个方面预测方案的加权平均值，其权数也应根据各方面的地位作用而定。设上述三方面人员的权数分别为3、2、1。并假设管理人员的业务人员的统一方案分为52和49，则公司的综合预测值为：

$$\frac{58.1 \times 3 + 52 \times 2 + 49 \times 1}{3 + 2 + 1} = 54.55$$

最后，确定企业的最后的预测方案。上面的综合预测值，还不是最后的预测方案，还需要召集有关人员，集思广益，做必要的调整，经过调整的预测值，才是最后确定的预测值。

四、标定需要预测法

30年代末，欧洲一些国家开始对住宅建设进行预测。二次世界大战后，许多发展中国家也开展了对住宅需求的预测。标定需要预测法和有效需求预测法是国外流行的住宅需求的两种预测方法。

标定需要预测法亦称客观需要预测。它是由国家有关部门首先制定出一个社会所能认可接受的住房标准，然后与实际居住水平比较，计算出缺房量与未来需要量。预测期一般为5～20年。现在世界上比较广泛地采用的标准是一户一套，一些发达国家标准更高，为一人一室，而一些发展中国家，由于国力有限，多采用一套住宅居住大于一户的标准（如一套1.5户）。我国城镇居民居住水平较低，因此采用标定需要预测法时，应用"居住面积"和"套"两个数据。如我国本世纪末城镇居民要实现平均每人居住面积$9m^2$，每户一套住宅的居住小康水平。例：某城市到2000年市区人口发展达147万人，实现住房小康水平，需有成套住宅42万套,建筑面积2352万m²(每套居住人口3.5人,每套建筑面积56m²);1995年有住宅31.85万套,建筑面积1783.6万m²;1996~2000年5年期间,需新建住宅10.15万套,建筑面积568.4万m²,每年平均建设住宅2.03万套,建筑面积113.68万m²。

五、有效需求预测法

有效需求预测法亦称主观需求预测。它是根据住户对住宅的支付(购买或租用)能力,预测住宅市场的需求量。它侧重于反映住户的主观要求和支付能力。对于以市场经济为主的国家,这种办法更适用。目前,我国城镇住房制度正在改革,大力推行旧房出售,逐步实行住宅商品化,彻底改变住房的主观需求与个人支付能力相脱节的状况,力求把人们的住房需求与个人支付能力结合起来,这就为把"标定需要预测法"和"有效需求预测法"结合起来进行预测创造了条件。

六、销售实际对比预测法

销售实际对比预测法是以本期房屋销售实际较上期增减百分比,做为下期房屋销售的增减比例,用以推算出下期的房屋销售量,公式为:

$$下期房屋销售预测值 = 本期房屋销售实际 \times \frac{本期房屋销售实际}{上期房屋销售实际}$$

【例1】 某市1994年商品住宅销售量为140万m²,1995年销售量为150万m²,试预测1996年商品住宅销售量。

即:$150 \times \frac{150}{140} = 160.71$ 万m²

这种方法简便宜行,适用于房屋销售增加趋势比较稳定的预测。

七、趋 势 分 析 法

趋势分析法亦称作时间序列分析法,简称趋势法。它是根据过去的历史资料,依据一组观察值来推算事物未来发展的情况。例如:把过去的某类房地产销售价格数字资料,按照发生时间先后顺序排列成时间数列,分析这个数列,从中找出其变化规律,用它来推测未来的市场销售趋势。

趋势分析法主要有以下几种:

(一)平均增减量趋势法

平均增减量趋势法,具体又有平均增减量趋势法和平均发展速度趋势法两种:

(1)平均增减量趋势法。就是以第一观察期数额为基数,加上观察期乘以逐期上涨数额的平均值,做为下期的预测值,其计算公式如下:

$$V'_n = V_0 + nd$$

式中,V'_n 表示房地产价格的趋势值;V_0 表示第一期房地产价格实际值;n 表示趋势值的顺序数;d 表示逐年上涨额的平均值。

【例2】 见表3-4。

某类房地产1988—1992年的价格(单位:元/m²)

表 3-4

年 份	房地产价格实际值	逐年上涨额	房地产价格趋势值
1988	681		
1989	713	32	715
1990	746	33	750
1991	781	35	784
1992	818	37	818

d 的计算公式为：

$$d=\frac{(V_1-V_0)+(V_2-V_1)+(V_3-V_2)+\cdots\cdots+(V_i-V_{i-1})}{i}$$

或 $d=\frac{V_i-V_0}{i}$

式中，i 表示第二期至末期的顺序数；$V_1, V_2, V_3\cdots\cdots, V_i$ 分别表示第二期至末期的房地产价格的实际值。

上例房地产价格逐年上涨额的平均值为：

$$d=\frac{32+33+35+37}{4}=34.25$$

或：$d=\frac{818-681}{4}=34.25$

预测93年的该类房地产价格为：

$$V'_5=681+5\times 34.25=852(元/m^2)$$

（2）平均发展速度趋势法：是根据逐期发展速度计算其平均数，据以推算各期的趋势值。

【例3】预测某房地产1995年的价格，已知该类房地产1990~1994年的价格及逐年上涨速度（见表3-5）。

某类房地产价格表（单位：元/m²） 表 3-5

年 份	房地产价格实际值	逐年上涨速度（%）	房地产价格趋势值
1990	560		
1991	675	120.5	678
1992	820	121.5	820
1993	985	120	990
1994	1200	121.8	1200

据上表可以计算4年的平均上涨速度，并用平均上涨速度推算1996年的趋势值。其具体计算公式：

$$V'_n=V_0\cdot t^n$$

式中，V'_n 表示房地产价格的趋势值；V_0 表示第一期房地产价格实际值；n 表示趋势值顺序数；t 表示逐年上涨速度的平均值。

$$t = \sqrt[i]{\frac{V_1}{V_0} \cdot \frac{V_2}{V_1} \cdot \frac{V_3}{V_2} \cdots \cdots \frac{V_i}{V_{i-1}}} = \sqrt[i]{\frac{V_i}{V_0}}$$

式中，i 表示第二期至末期的顺序数；$V_1, V_2, V_3, \cdots\cdots V_i$ 分别表示第二期至末期的房地产价格的实际值。

上例房地产价格逐年上涨速度的平均值为：

$$t = \sqrt[4]{\frac{1200}{560}} = 1.21$$

预测该房地产 1995 年的价格为：

$$V'_5 = 560 \times (1.21)^5 = 1452 (元/m^2)$$

预测该房地产 1996 年价格为：

$$V'_6 = 560 \times (1.21)^6 = 1758 (元/m^2)$$

运用平均增减量或平均发展速度趋势法进行预测的条件是：房地产相关数值的变动过程，是一贯上升或下降的，同时逐期上升或下降的数值或速度大体接近，否则不宜用这种方法预测。

（二）移动平均趋势法

这种方法是以假定预测值同预测期相邻的若干观察期数据有密切关系为基础的，它是将观察的数据由远而近按一定跨越期进行平均，取得平均值，随着观察期的推移，按既定跨越期的观察数据也相应向前推移，逐一求得平均值，并将按近期最后一个移动平均值做为确定预测值的依据。

某类房地产 1993 年各月份的价格（单位：元/m²）　　　　表 3-6

月份	房地产价格实际值	每5个月的移动平均数	移动平均数的逐月上涨额	每3期逐月上涨额的移动平均数
1	670			
2	680			
3	690	684		
4	680	694	10	
5	700	708	14	11.3
6	720	718	10	12.0
7	750	730	12	11.3
8	740	742	12	11.3
9	740	752	10	9.3
10	760	758	6	
11	770			
12	780			

移动平均趋势法一般分为简单平均趋势法和加权移动平均趋势法两种:

1. 简单移动平均趋势法

例如:某类房地产1993年各月份价格如下表中第二栏。由于各月的价格受某些不定因素的影响,时高时低,变动较大。如果不分析不易显示某发展趋势,如果把每几个月的实际价格加起来,计算其平均数,就可以从平滑的发展趋势中明显地看出其发展变化的方向和程度,进而可以做出未来的价格预测。

在计算移动平均数的过程中,每次应采用几个月来计算其平均数,一般应依据时期数和变动周期来决定。如果序数多,变动周期长,可采用每6个月甚至每12个月来计算,本例采用每5个月的实际值计算其移动平均数,计算方法是:把1~5月的价格加起来除以5,得684元/m^2,把2~6月份的价格加起来除以5,得694元/m^2,依此类推,见表中第三栏。再根据每5个月的移动平均数计算其逐月上涨额,见表中第四栏。由于逐月的上涨额仍有起有落,所以再计算每3期的移动平均数,见表中第5栏,根据每3期逐月上涨额的最后一个移动平均数9.3,就可以计算趋势值。

假如预测该类房地产1994年3月份的价格计算方法如下:由于最后一个移动平均数9.3与1994年3月份相差6个月,所以1994年3月份预测价格为:

$$752+9.3\times6=808（元/m^2）$$

2. 加权移动平均法

加权移动平均法是将预测期前若干时期的数值经加权后,再采用类似简单平均移动法进行预测。由于各个时期数值对预测的影响不同,往往是接近预测期的数值影响愈大,因此,对几个时期的数值采用加权平均加以调整。这种权数是根据发展趋势的实际情况确定。一般愈接近预测期的数值给予的权数愈大,但各权数之和必须等于1。

【例4】1991~1994年某市住宅销售量分别为:90万m^2,120万m^2,120万m^2,100万m^2,分别给予0.1,0.2,0.3,0.4权数

$$\frac{90\times0.1+120\times0.2+120\times0.3+100\times0.4}{0.1+0.2+0.3+0.4}=109(万\ m^2)$$

则1995年预测销售量为109万m^2。

(三)指数平滑法

指数平滑法是一种用指数加权的办法来进行移动平均的预测方法,所取指数又叫平滑系数。采用这种加权的方法,可以克服移动平均法中各期资料均占相等比重的缺陷,使近期实际值在预测中占较大比重,进而能较准确地反映出总的发展趋势。指数平滑法以本期实际值和本期预测值为基数,分别给两者不同的权数,计算出平滑值,做为预测基础,其公式为:

$$V'_{t+1}=aV_t+(1-a)\cdot V'_t$$

式中　V_t——本期实际数;

　　　V'_t——本期预测数;

　　　V'_{t+1}——下一时期预测数;

　　　a——平滑系数（$0\leqslant a<1$）。

平滑系数a是由预测人员判断选定的,通常可以选用若干个a值做试验,计算出不同a值的预测误差加以比较,选取误差较小的a值用于预测。运用指数平滑法进行预测,需要

估计初始值,就是最早预测值,它不能从基本公式中求得,只能加以估计。比较简单的办法是选取前若干个观察值求出平均值做为初始值,或用最早的实际值直接代替预测值。

【例5】见表3-7

a 取0.9误差最小。

1994年预测商品房价格为:

$$V'_t + 1 = aV_t + (1-a)V'_t$$
$$= 0.9 \times 2825 + 0.1 \times 2137.18$$
$$= 2756(元/m^2)$$

表 3-7

时间	房价 元/m²	预测 a=0.3	误差	预测 a=0.5	误差	预测 a=0.7	误差	预测 a=0.9	误差
1989	713	—	—	—	—	—	—	—	—
1990	1000	713	287	713	287	713	287	713	287
1991	1283	799.1	483.9	856.5	426.5	913.9	369.1	971.3	311.7
1992	2230	944.3	1285.7	928.25	1301.75	1172.3	1057.7	1251.8	978.2
1993	2825	1329.8	1495.2	1105.63	1719.38	1912.7	912.3	2137.18	687.82
合计	8051		3351.8		3734.63		2626		2264.82

八、回归分析法

回归分析法是通过对两个以上变量之间的因果关系进行预测的方法。如果研究的因果关系只涉及两个变数叫做一元回归分析。如果涉及两个以上变数就叫做多元回归分析。在预测中一元回归分析法比较常用,它是运用两个变数进行市场预测的方法。如果两个变量之间呈现线性关系,就是一元线性回归。则运用的方程式就称为线性回归方程,公式为:

$$Y = a + bX$$

式中,Y 为因变量,即预测值。

X 为自变量,即引起因变量变化的某影响因素。

a,b 为回归系数,也称为未知常数。

a,b 的值通常用最小二乘法来确定。根据最小二乘法求的值分别为:

$$a = \frac{\Sigma Y - b\Sigma X}{N} \qquad b = \frac{N\Sigma XY - \Sigma X \Sigma Y}{N\Sigma X^2 - (\Sigma X)^2}$$

式中,N 为时间数列的项数,ΣX,ΣX^2,ΣY,ΣXY 的数值,可以分别从时间数列的实际值中求得。

【例6】1995年人口预测:

从下表中可以看出某城市人口上涨规律性很强,上升趋势基本逼近一条直线,用一元回归法分析比较适宜。

$$N = 11$$
$$b = \frac{11 \times 1240 - 0 \times 8995}{11 \times 110 - (0)^2}$$
$$= 11.27$$
$$a = \frac{8995 - 11.27 \times 0}{11}$$
$$= 817.72$$
$$Y_{92} = 817.72 + 11.27 \times 6 = 885.34$$
$$Y_{93} = 817.72 + 11.27 \times 7 = 896.61$$
$$Y_{94} = 817.72 + 11.27 \times 8 = 907.88$$
$$Y_{95} = 817.72 + 11.27 \times 9 = 919.15$$

应当指出，上述几种预测方法，各有优缺点，预测结果也不一定完全正确，主要是影响因素太复杂，因此，房地产开发企业在进行预测时，必须结合具体情况来选择预测方法，同时，将若干方法结合起来运用，以互为补充。

某市 1981~1991 年人口发展情况   表 3-8

年 份	N	Y（万人）	X	XY	X^2
1981	1	760	-5	-3800	25
1982	2	775	-4	-3100	16
1983	3	785	-3	2355	9
1984	4	796	-2	1592	4
1985	5	805	-1	-805	1
1986	6	815	0	0	0
1987	7	829	1	829	1
1988	8	839	2	1678	4
1989	9	852	3	2356	9
1990	10	866	4	3464	16
1991	11	873	5	4365	25
Σ		8995	0	1240	110

思 考 题

1. 房地产投资项目预测的概念，特点是什么？
2. 房地产投资项目预测调查内容有哪些？
3. 房地产投资项目预测方法有几种？如何运用？

第四章 房地产投资项目决策

第一节 决策的概念与特点

一、决策的概念与构成要素

（一）决策的概念和意义

所谓决策，是人们为了实现预期的目标，采用一定的科学理论，通过一定的程序和方法，对若干行动方案进行研究论证，从中选出最为满意的方案的过程。决策是行动的基础，没有正确的决策，也就没有合理的行动。

从决策这一含义中，可以看出科学的决策，一是要根据对客观规律性和环境条件的认识，提出符合客观可能性的决策目标；二是要有若干可供选择的方案；三是要讲求科学的决策程序和方法。

企业经营的重点是决策，决策对企业的生存与发展有决定性的作用。决策大多带有战略性意义。正确的决策产生正确的行为，得到好的结果；错误的决策产生错误的行为，得到坏的结果。因此，决策正确与否，在很大程度上决定着企业的兴衰存亡。

决策是适应经营环境变化的经营行为。企业经营与企业所处的内外环境紧紧相联，企业所处的环境复杂多变，影响因素甚多，特别是在企业经营的技术水平、经济环境急速发展，市场竞争日趋激烈的今天，所要决策的问题越来越多，也越来越复杂。企业经营管理者，只有在社会主义经营方针指导下，应用决策的理论和方法，及时作出正确决策，才能适应经营环境的变化，从而保证企业取得尽可能好的经济效益。

（二）决策的构成要素

一项决策作为一个过程，由以下要素构成：

1. 决策主体

决策主体，就是决策者，它可以是一个人，也可以是一个团体。

决策者对决策结果有重要影响，因为决策是人的行为，是一种意志作用结果。决策结果与决策者对决策资料与问题的理解程度，决策者所处的社会环境、决策人的文化素养和决策时的心理状态等因素有关，即它取决于决策人的个性与价值观。

2. 选择方案

选择方案是指可供决策者判断取舍的各个具体的行动方案。一个决策问题必须至少含有两个或两个以上的具体行动方案以供决策者选择。

3. 决策状态

决策状态是指决策所处的客观环境。决策的过程始终是在客观环境分析的基础上开展的。客观环境是决策者无法控制和改变的，是不以决策者的意志为转移的，如市场供需状况。

4. 衡量标准

衡量标准是决策者用来比较和选择方案时所用的标准，也就是决策者判断评价方案的尺度。

二、决策的特点

（一）决策具有针对性

决策要有明确的目标。如果没有目标就无所谓决策，而达不到目标的决策就是失策。

（二）决策具有择优性

决策与优选概念是并存的，决策中必须提供实现目标的几个可行方案，因为决策过程就是对诸方案进行评判选择的过程。合理的选择就是优选。优选方案不一定是最优方案，但它应是诸多可行方案中最满意的方案。

（三）决策具有现实性

决策是行动的基础，决策是现代化经营管理的核心。经营管理过程就是"决策——执行——再决策——再执行"反复循环的过程。因此说企业的经营活动是在决策的基础上进行的，没有正确的决策，也就没有合理的行动。

（四）决策具有风险性

风险就是未来可能发生的危险，决策应顾及到实践中将出现的各种可预测或不可预测的变化。因为经营环境是瞬息万变的，风险的发生具有偶然性和客观性，是无法避免的，但人们可设法去认识风险的规律性，依据以往的历史资料并通过概率统计的方法，对风险作出估计，从而控制并降低风险带来的风险。

决策是 60 年代以来，随管理科学、行为科学、系统理论等管理理论和技术的迅速发展而形成的一门年轻学科。它作为一项分析活动贯穿于整个经营管理过程的始终。各项工作都存在如何决策的问题，决策是企业经营管理的核心，也是经营管理中最本质的东西。

三、决策的分类

（一）战略决策、战术决策和实务性决策

这是根据决策问题的性质，按照决策目标的广度和深度以及重要程度进行划分的。

1. 战略决策

决策目标所要解决的问题带有全局性、长期性，且影响重大的决策就是战略决策，又称经营决策。战略决策决定企业的全局，决策人是企业中的高级干部，决策内容包括：经营目标，发展方向，经营方针和策略等重大经营问题。

2. 战术决策

带有局部性，短期性并为战略目标服务的决策就是战术决策。又称管理决策。它是为实施经营决策的目标而在人力、物力、财务和组织等方面所作的决策，它属于企业内部执行型决策。例如技术组织措施的决策，各职能部门的业务决策等。

3. 实务性决策

实务性决策又叫战斗性决策。是指提高企业内部工作效率的决策。这是实际工作决策。如科研命题的选定，施工操作的改进，思想政治工作等。

（二）程序化决策与非程序化决策

这是按决策问题出现的频率不同进行划分的。

1. 程序化决策

程序化决策是指决策过程的每一步都有规范化的固定程序，这些程序可以重复地使用以解决同类问题。如规定的奖惩制度等。

2. 非程序化决策

非程序化决策是指问题涉及面广，偶发性强或首次出现的，没有固定程序可遵循，只能在问题提出时进行特殊处理的决策。如新产品开发、开拓新的市场的决策等。在经营决策中重要而又困难的是非程序化决策，它要求决策者有丰富的知识和高超的经营艺术，并对有关的业务有较透彻的了解。

（三）定性决策和定量决策

这是根据决策的方法不同进行划分的。区分这种决策的基本标志，是看是否以数学模型作为决策的主要方法。

1. 定性决策

主要是决策者运用社会科学的原理，根据个人的经验和判断力从决策对象本质属性研究入手，掌握事物的内在联系及其运动规律。这种决策不依靠大量的数学运算，而是直接利用专家的经验，智慧和创造力进行决策。

2. 定量决策

是把决策问题的目标和因素用数学关系式表示出来，即建立数学模型，然后通过计算或推导，求得决策结果。

凡可以用数量来表示决策的条件的决策，应当尽量用定量决策方法来辅助决策者的决策。这样可以提高领导者的管理水平，做到心中有"数"，避免一般化领导。但定量决策不能取代决策者的智慧和创造力，而事实上很多决策问题也难以用数据描述。所以，定量决策与定性决策应当相互补充，相互结合，才可以使决策更加符合实际。

（四）确定型决策，不确定型决策和风险型决策

这是定量决策中按信息掌握的程度不同进行划分的。这是一种重要的分类方法。因为使用科学决策方法时，必须以识别和确定决策的模式为前提条件。模式不同，决策所运用的手段，特别是计算方法也不相同。

1. 确定型决策

确定型决策，又叫肯定型决策。是指只有一种肯定性的主观要求与客观条件，但却有多种可供选择方案的决策。即指对未来各种事件或变化趋势能做出明确决断的决策。

一般情况下，决策方案中有待实现的条件是确定的，这类决策问题为确定型决策问题。例如，某项房地产开发工程可以向三家银行贷款，其年利率分别是 8.5%、7.5%、8%，为使利息额最少，应选哪一方案。这很容易判断，通过比较向利率为 7.5% 的哪家银行贷款是最优方案。从例子可以看出，确定型决策比较简单，但加上其他条件有时在经营的实际工作中往往是很复杂的。作为确定型决策一般应具备以下条件：

（1）有一个（组）明确的决策目标；

（2）有两个以上可供选择的方案；

（3）实现方案的未来状态只有一个，而且决策前可确知；

(4) 不同方案在未来状态下的预测结果（如损益值）能计算出来。

2. 不确定型决策

不确定型决策，又称非确定型决策，这类决策存在着不可控因素，一个方案可能出现几种不同的结果。由于没有可供参考的统计资料和可借鉴的历史经验，决策人对未来可能发生的变化不能做出预期决定，完全要凭决策人的主观推断、冒险精神和机遇来应付事件的发生。作为不确定型决策，一般应具备以下条件：

(1) 有一个（组）明确的决策目标；
(2) 有两个以上可供选择的方案；
(3) 实现方案存在着两个或两个以上的未来状态（自然状态）；
(4) 未来状态出现的概率估计不出来；
(5) 不同方案在不同未来状态下的预期结果可以估算出来。

3. 概率型决策

概率型决策，又称风险型决策。这种决策事件的未来自然状态和变化趋势是随机的，一般从历史资料中可以获得一个客观概率，并由此计算出事件发生的期望值。一般情况下，若决策方案中有待实现的条件只能作出概率的估计，但不知未来一定出现哪一状态。在这种情况下根据随机的状态作出的决策往往要冒一定的风险，此类决策为风险型决策。作为风险型决策一般应具备以下条件：

(1) 有一个（组）明确的决策目标；
(2) 有两个以上可供选择的方案；
(3) 实现方案有两个或两个以上的未来状态（自然状态）；
(4) 未来状态出现的概率可以预先估算出来；
(5) 不同方案在不同状态下的预期结果可以估算出来。

4. 竞争决策

竞争决策是指有竞争对手存在的决策。在这种情况下，由于起作用的客观条件不是一般的自然状态，而是与自己同样运用智慧的竞争对手。因此，决策者以击败竞争对手为处理解决这类决策问题的基本出发点和原则，具体运用对策论方法解决。

了解决策的类别可以使决策者更好地掌握自己所决策问题的性质、作用和地位；可以帮助决策者选择相应的决策方法和技术，从而提高决策水平。从适应社会要求看，经营者要特别重视提高战略决策、非程序化决策、风险型决策、竞争决策的能力和修养。

第二节 决策程序和方法

一、经营决策程序

经营决策程序是经营决策过程的规律性表现。一个正确的经营决策的形成，要求决策者不仅要树立正确的经营决策观念，具备良好的思维能力，掌握一定的科学决策方法，而且要认识和遵循科学的决策程序。按照科学决策的理论，它可以分为以下6个基本步骤：

（一）发现问题

决策是针对所要解决的问题而进行的，所以发现问题，分析问题产生的原因是经营决策的起点。作为一名优秀的经营者应善于根据企业经营环境分析组织诊断，不断发现问题，而不能等待问题的出现，这是一个经营管理者的职责。如果不能经常的发现问题，也就无从作出决策。在房地产投资决策过程中，应根据投资战略收集资料，通过市场预测来发现问题，确定问题。

（二）确立经营目标

"经营目标"是指企业在经营活动过程中希望达到的结果。它是统一企业全体人员行动、指导企业领导者进行决策的依据。没有经营目标，将使企业整个经营活动陷于盲目状态，就会造成整个经营决策的失误。因此，确立经营目标，是企业经营决策的前提。

目标既区别于指标，也区别于工作标准。它是企业经营活动结果的期望值。企业经营目标的设立应满足以下基本要求：

1. 针对性。经营目标的提出应当针对所提出的问题，切中要害，把握开拓发展的最好机会。没有针对性就成为空洞目标，针对性错了，则是错误目标。目标的针对性来源于对问题的综合分析和判断。

2. 明确性。确定决策目标是为了实现它，因此，必须明确、具体，使人能够领会执行。从而要求经营决策目标的含义要准确，同时，必须严格规定决策目标的约束条件。所谓约束条件，就是一些限制因素，如经营决策时涉及的资源、人力、财力、物力，国家法令，制度等方面的限制性规定以及必须达到的起码的界限。

3. 整体性。在同一经营系统同时存在着多个目标时，必须分清主次，应从其可能性、可靠性、重要性等方面出发，按照主次先后进行排队，有取有舍，形成一个有机的整体。

4. 可行性。经营目标的可行性是指实现目标所必须的物质条件、信息条件和组织条件。只有实现目标的条件具备了，目标才能实现。经营目标必须建立在可行的条件基础上，企图超越条件的目标，将导致决策的失败。

企业经营目标的确立受企业经营环境的制约。为满足上述要求，制定经营目标时必须考虑以下几方面的因素：

（1）社会目标对企业的要求；

（2）党和国家有关经济建设的方针，政策；

（3）市场动态及有关技术经济情报资料；

（4）历史资料的反馈信息；

（5）企业的长远规划与近期计划；

（6）企业的内部环境等。

（三）拟制方案

根据决策目标，拟定备选方案，这是科学决策的关键。在决策过程中，一是要非常重视探索各种可能的方案，这需要发挥集体的智慧和作用，充分地思考和创造，以求增加方案的数量；二是要考虑方案的可行性，方案的可行与否，一般要进行可行性分析，从整体出发，要求拟定组织上可行、技术上可靠、经济上合理的方案，以提高方案的质量。

拟制供决策者选择的各种可行性方案是经营决策的基础。拟制方案时，应尽可能地把通向目标的所有各种方案都包括在内，又要注意各备选方案之间是相互排斥的，执行方案一，就不能执行方案二，只有这样才能进行方案的比较选择。

（四）分析评价

方案的分析评价就是在对方案进行选择之前，对每一个备选方案的技术、经济、社会环境等方面的条件、因素、潜在问题进行可行性分析，并与预先确定的目标进行比较，作出评价。

方案评价时，一定要根据经营目标来分析各个可行方案的费用和功效。评价比较方法有定性、定量两种方法。就定量方法来讲，有边际分析，费用—效益分析，价值分析，可行性研究和运筹学中的各种方法。

（五）选择方案

选择方案是整个经营决策的中心环节，也是决策者的主要职能。它体现了决策者的经营艺术和素质。

选择方案，就是对各种备选方案作出合理的评价后，决策者权衡总体作出最后决断。要正确有效地进行选择工作，必须掌握方案的选择标准。

选择标准是和经营目标紧密相联系的，并且能保证更好地实现决策目标。如在同样可以实现决策目标的前提下，要使得到的利益尽可能大；付出的代价尽可能小；实现经营决策目标把握尽可能大，副作用尽可能少等等。

选择方案就是选择最优方案。需要指出的是，所谓最优方案是相对的，要受到许多不确定因素的限制，因此在多个方案存在时，要想得到一个各方面均最优的"最优方案"往往很困难。在实际决策中，通常是在全盘考虑的情况下选择一个令决策者满意的方案，而不是理想中的各方面均全优的方案。

选择方案在某种程度上与决策者的经验、爱好及意志力的影响。在估计各种方案的不良后果后，有的决策者会选择风险大而期望效益好的方案。

（六）实施追踪

决策作出后，方案开始实施，决策正确与否接受实践考验。

任何一项决策不去实施，也只是一种空想。所以方案选定后，就要制定具体的实施方案，让决策目标得到实现。

决策实施过程中，必须建立一套追踪检查办法和信息反馈系统，以便实施结果与决策的期望取得一致。具体来说，应抓好以下两项工作。

1. 反馈控制。经营决策中的反馈控制是准确而及时地把决策过程的主客观之间矛盾的信息输送给决策者，从而使决策者根据经营环境的变化，对决策方案进行不断修正，以保证经营决策目标顺利实现。为保证反馈控制的及时、有效，应建立信息反馈网络并保持信息渠道畅通无阻。

2. 追踪决策。是指当原有决策的实施可能危及经营决策目标的实现时，或原有决策是正确的，但由于客观或主观条件发生重大变化时，对决策目标或决策方案进行的一种根本性修正。它是对原有决策的扬弃，并非是对原有决策的简单重复。

以上是决策过程的基本程序，其中每一个步骤都是经营决策过程所必不可少的。它们是相互联系，相互制约，构成经营决策的动态过程，可用图4-1表示。

二、决 策 的 方 法

在经营决策过程中，由于决策对象和决策内容的不同，相应地创造出不同的经营决策方法。概括起来可分为定性决策方法和定量决策方法两大类。

(一) 定性决策方法

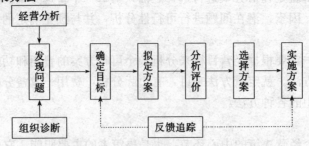

图 4-1 决策过程基本程序图

定性决策方法主要是决策者运用社会科学的原理，根据个人的经验和判断力，从决策对象本质属性研究入手，掌握事物的内在联系及其运动规律。这种方法是建立在社会科学的基础上，国外学者把这种方法叫做"软方法"。

常用的定性决策方法有：

1. 领导集体决策法

这种方法的特点是：发挥集体领导的作用避免个别领导的偏见与局限性，能够减少决策失误。但因缺少专业人员参加，往往决策质量不高。

2. 专家献策法

专家献策法是指成立专家组成的智囊团，由他们提供方案和论证可行性，最后由决策者"拍板"。这种方法成功率较高。

3. 畅谈法

畅谈法是指召开有关专家会议，各抒己见，广开思路，决策者从中吸取对决策有价值的内容。这种方法博采众长，对提出新方案、新建议有效。

定性决策方法实质上是直接利用专家的智慧和创造力进行判断的方法。在决策的整个过程中，专家的意见可以起很大的作用。首先，在选定决策目标时，什么目标合适，目标定高了还是定低了，估计有没有可能达到等，专家的意见是不可忽视的；其次，在拟定备选方案时，专家意见更为重要，它决定了方案的数量和质量；第三，在评价与选择方案时，对于复杂问题，受社会因素影响较大的问题、综合性较强的战略问题以及其他数学方法难于处理的问题，专家的评价和判断就显得特别重要。

(二) 定量决策方法

定量决策方法主要是运用数学模型和电子计算机解决决策问题。这种方法多属于运筹学的范围，具有定量化、数学模型化和计算机化的特点。它是把目标与变量以及变量之间的关系，用数学关系式表达出来，借助电子计算机求解，国外学者把这种方法叫做"硬"方法。它是在定性分析的基础上，对决策问题进行数量计算，为决策者提供数量分析。

决策定量分析作为一个过程，包括以下几个步骤：

(1) 确定决策目标及衡量效果指标；

(2) 提供达标的各种方法；

(3) 测定各方案可能发生的状态及其概率；

(4) 计算各方案的期望值；

(5) 根据决策者对待风险的态度，评价标准等，做出最满意的选择。

采用定量决策方法分析研究的问题多属未来有待实现的。根据拟定方案中有待实现的条件确定性如何，决策定量分析的问题可分为：确定型决策问题、风险型决策问题和不确定型决策问题。与之相应的有三种决策方法：确定型决策方法、风险型决策方法和不确定型决策方法。

1. 确定型决策方法

决策方案中有待实现的条件是确定的，其结果也是明确的，这类决策问题为确定型决策问题。确定型决策是指一个方案只有一种确定的结果，只要比较各个方案，就可以作出决策。例如，某城市甲、乙、丙三个地段的繁华程度依次递减，如果要建立一座购物中心，其地价和未来商业销售的收益是很容易确定的。如果以销售收益作为决策依据，决策人将会优先考虑甲地段投资的可能性。一般地说，涉及到房地产投资的土地费，建筑面积，建筑类型，专业人事费，利率广告费等项问题的决策属于确定型决策范围。

确定型决策方法包括：量、本、利分析法，线性规划法、盈亏分析法、效益费用分析法。这里仅介绍效益费用分析法。

这种方法是把目标体系分为两大类：一类是消耗费用 $C(X)$；另一类是效益价值 $B(X)$。如果 $C(X)$ 和 $B(X)$ 假设都用货币量计量，则效果指标就是效益费用比 $R(X)$，用公式表示为

$$R(X) = \frac{B(X)}{C(X)}$$

一个方案可能有一个或几个效益费用比。如果方案有几种形式，那么可能有不同效益和费用。在此种情况下，效益和费用之间有一个函数关系。通常，在各种备选方案 $R(X)$ 计算出来以后，$R(X)$ 值为最大的方案是最佳方案。若各方案的效益值相同，则选用 $C(X)$ 值为最小的方案。

【例1】某项开发工程有两个投资方案，投资分别为 200 万元与 100 万元，建设期限与经营期限相同，而两方案的收益分别为 600 万元与 250 万元。若标准效益费用比为2，则有：

方案1：$R_1 = \dfrac{600}{200} = 3$

方案2：$R_2 = \dfrac{250}{100} = 2.5$

R_1 与 R_2 都大于标准效益费用比2，但 $R_1 > R_2$，所以方案1为最优方案。现将不同情况下的效益费用比对方案选择的影响分述如下：

第一种情况：$C(X)$ 相等，$B(X)$ 不等，在此情况下，选择的原则应取高效益的方案。用公式表达为：

当 $C_1 = C_2$ 时，$B_1 < B_2$，取方案2。

或当投资额相等时，$B_1 > B_2$，则应取方案1。

第二种情况：$C(X)$ 不等，$B(X)$ 相等。在此情况下，选择的原则，应该取低费用的方案，用公式表达为：

当 $C_1 < C_2$ 时，$B_1 = B_2$，取方案1。

第三种情况：$C(X)$ 不等，$B(X)$ 也不等。这种情况下，又会出现两种不同的情况：

(1) 低费用，高效益，此情况是最理想的，用公式表达为：

当 $C_1 < C_2$ 时，$B_1 > B_2$，取方案1。

(2) 高费用，低效益，在此情况下，应取效益费用最大的方案，用公式表达为：

当 $\frac{B_1}{C_1} > \frac{B_2}{C_2}$ 时，取方案1。

或当 $\frac{C_1}{B_1} < \frac{C_2}{B_2}$ 时，取方案2。

2. 风险型决策方法

决策方案中有待实现的条件只能作出概率的估计，但不知未来一定出现哪一状态。在这种情况下根据随机状态作出的决策往往要冒一定的风险，这种决策称为风险型决策。决策的方法有最大可能法、期望值法、决策树法等。

(1) 最大可能法

这个方法是在若干个自然状态中，某一状态发生的概率值远远大于其他自然状态发生的概率值，而不同自然状态下的收益值相差又不十分大时，可以采取这种方法。这种方法的基本思想是将风险型决策化为确定型决策。根据概率论可知，一个事件的概率越大，发生的可能性就越大。因此，可以在风险型决策问题中选择一个概率最大的自然状态进行决策，其他自然状态可以不管，它就变成了确定型决策问题。最大可能法的实质，是认为概率最大的那个自然状态是必然事件，即发生的概率为1；其他自然状态看作不可能事件，即发生概率为0。如果在一组自然状态中，它们所发生的概率都很小，而且相互接近，就不宜采用此方法；否则，可能会引起严重错误。

(2) 期望值法

期望值是比较不同方案的经济效果的一个准则。如果决策方案考虑的是利润额，则在各方案中选取利润期望值最大的方案。如果决策方案所考虑的是支出费用，则在方案中选取支出期望值最小的方案。期望值就是概率中离散型随机变量的数学期望，一个方案的几种可能益损值与各自概率乘积之和，就是该方案的期望值。用公式表示为：

$$E(x) = \sum_{I=1}^{m} P_i x_i$$

式中：x_i 代表方案的益损值；P_i 代表未来状态出现的概率；m 代表未来状态数。

采用这种方法，决策人需要确定各种自然状态下的主观概率。

【例2】某开发公司有三个投资方案，根据市场调查和历史资料，确定自然状态的发生概率分别为0.6、0.2和0.2。各方案在自然状态下的益损值见表4-1。

投资收益表（单位：万元） 表4-1

投资方案 \ 自然状态 概率	好的投资收益 $P=0.6$	中等的投资收益 $P=0.2$	差的投资收益 $P=0.2$	期望值
A	850	680	−70	632
B	900	710	−180	646
C	700	550	−30	526

分别计算各方案的收益期望值得：

方案A 期望值＝0.6×850+0.2×680+0.2×（−70）

=632（万元）

方案 B 期望值=0.6×900+0.2×710+0.2×（-180）=646（万元）

方案 C 期望值=0.6×700+0.2×550+0.2×（-30）=526（万元）

由计算结果可知，方案 B 的期望值最大，所以应选择 B 方案。

期望值法的决策步骤通常分为：

1）收集与经营决策问题有关的资料数据；
2）找出可出现的自然状态；
3）列出所要而且可行的行动方案；
4）根据统计资料和专业技术人员的主观判断，确定出各种自然状态的概率；
5）利用有关资料和相应的科技知识，计算出每个行动方案在不同自然状态下的益损值。
6）列决策表；
7）计算各种方案的益损期望值；
8）选择期望值最大的方案为最优方案。

（3）决策树法

决策树法是指采用决策树来决策的方法。

决策树是一种决策分析工具，它是以方块和圆圈为结点，并用直线把它们连接起来构成树枝状图形。把决策方案可能产生的各种情况及其概率、各种情况的目标、后果、风险和益损期望值系统地在图上反映出来，供决策者分析和抉择（见图 4-2）。采用决策分析，具有思路清晰，决策形象化的优点。

一项经营活动可能存在着几个可选方案，只要计算出不同方案的益损值，就可运用决策树进行分析，其运用步骤为：

1）拟定若干可行备选方案，并用决策树的方案枝表示。
2）预测各种状态出现的概率及每一状态出现后的益损值，用概率分枝和预测结果表示；
3）计算期望值，决定方案取舍。

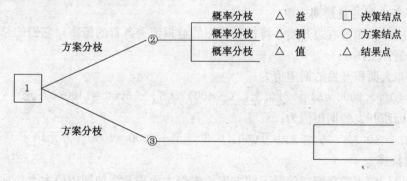

图 4-2

【例 3】　某房地产开发公司提出开发建设住宅小区的两个方案：一个方案是小面积开发建设，另一方案是大面积开发建设。两个方案的建设经营期限都是 5 年，大面积开发需要投资 5000 万元，小面积开发需要投资 3000 万元。据市场预测，房屋需求量高的概率为 0.7，需求量低的概率为 0.3。大面积开发，需求量高的益损值为 2000 万元，需求量低的益损值为-400 万元；小面积开发，需求量高的益损值为 800 万元，需求量低的益损值为 600

万元。试问选用哪个方案最好？

【解】 1. 整理和分析资料

本例中出现两个方案，大面积开发或小面积开发。两种可能性，需求量高或需求量低，获利 2000 万元、900 万元、600 万元，还有损失 400 万元等，决策者要达到收益最大。根据已有的资料分析见表 4-2。

某公司开发建设住宅小区资料表（单位：万元）　　　　表 4-2

方　案	各种自然状态下的益损值		投资额
	需求量高　概率 0.7	需求量低　概率 0.3	
大面积开发	2000	−400	5000
小面积开发	900	600	3000

2. 画出决策树见图 4-3

画决策树一般由左到右，画决策树过程就是拟定各种备选方案的过程，也是对未来可能发生的各种状态进行周密思考，对决策动向逐步深入推进的过程。

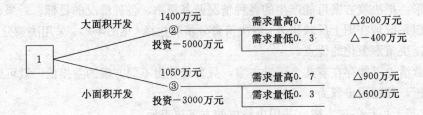

图 4-3

3. 计算各方案的益损期望值

计算方法，从图的右边开始，将每种状态的益损值乘各自的概率，它们的总和就是该方案的期望值。见图 4-3。

本例点②大面积开发的期望值为：

$$(0.7 \times 2000 \times 5) + [0.3 \times (-400) \times 5] - 5000 = 1400（万元）$$

点③小面积开发的期望值为：

$$(0.7 \times 900 \times 5) + [600 \times 0.3 \times 5] - 3000 = 1050（万元）$$

4. 方案抉择

一般来说，应当选择期望值最大的方案，本例大面积开发的期望值大于小面积开发的期望值（1400 万元＞1050 万元），故应选择大面积开发方案。

【例 4】假设把上例中问题分为前 2 年和后 3 年考虑，根据对该地区房产市场需求量的预测，前 2 年房产需求量高的概率为 0.7，则后 3 年房屋需求量高的概率为 0.9。如果前 2 年需求量低，则后 3 年需求量肯定低，在这种情况下进行大面积开发和小面积开发两个方案哪个较好？

【解】（1）整理资料结果见表 4-3。

(2) 画出决策树见图 4-4。

某公司开发建设住宅小区资料表（单位：万元） 表 4-3

方　案	各种自然状态下的益损值			投资额
	前　二　年	后　三　年		
	需求量高 0.7	需求量较高 0.9	需求量较低 0.1	
大面积开发	2000	2000	−400	5000
小面积开发	900	900	600	3000
	需求量低 0.3	需求量肯定低 1.0		
大面积开发	−400	−400		5000
小面积开发	600	600		3000

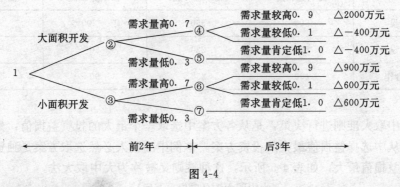

图 4-4

(3) 计算各点的期望值。

点④$=0.9\times2000\times3+0.1\times(-400)\times3=5280$（万元）

点⑤$=1.0\times(-400)\times3=-1200$（万元）

点②$=0.7\times2000\times2+0.7\times5280+0.3\times(-400)\times2+0.3\times(-1200)-5000=896$（万元）

点⑥$=0.9\times900\times3+0.1\times600\times3=2610$（万元）

点⑦$=1.0\times600\times3=1800$（万元）

点③$=0.7\times900\times2+0.7\times260+0.3\times600\times2+0.3\times1800-3000=987$（万元）

(4) 选择方案。

根据以上计算结果，大面积开发方案的期望值为 896 万元，小面积开发方案的期望值为 987，因此应选小面积开发方案。

上述例题，仅介绍了决策树法运用的基本原理与方法，在实际工作中，应结合项目的实际情况和客观条件灵活运用。

3. 不确定型决策方法

当决策者虽然知道将来面对的自然状态，有多种可能，但无法获知其概率值，就无法按照前述的办法进行决策，就需采用不确定型决策的方法。一般情况下，决策方案中有待实现的条件难以估计，此类决策问题为不确定型决策问题，又称非确定型决策问题。对这种类型问题决策由于未来出现的各种情况及其概率无法判明,只能凭决策者的主观判断。现代决策理论中还缺少解决此类问题的完美方法,只有若干不同的准则作为决策的依据。

(1) 乐观准则——大中取大准则

乐观准则,即决策者对未来市场客观情况总是抱乐观态度,按照这种准则进行决策选取方案中不同状态下估计益损值最大值中的最大值。采用这种方法的决策人往往敢于冒风险,竭力追求最大的投资收益。

【例5】某房地产开发公司计划在外地投资建设一住宅小区,3年建成。由于缺乏资料,公司对商品房需求量只能估计为较高、一般、较低、很低四种情况,而对每种情况出现的概率无法预测。为了开发建设,公司提出了独资建设、与当地有关部门集资建设、与外商合作三个方案,并计算出每个方案在3年内的收益值如表4-4所示。

住宅小区建设方案及益损值表(单位:万元)　　　　　　　　　表4-4

方　案	四种未来状态下的益损值			
	需求量较高	需求量一般	需求量较低	需求量很低
独资建设	800	350	−300	−700
集资建设	350	220	50	−100
与外商合作	400	250	90	−50

根据大中取大准则进行决策,是从各方案中选取一个最大的投资益损值,然后比较各个益损值,从中选择益损值最大的投资方案。本例中决策人必然选取方案是独资建设,因为它的投资益损值最大,如表4-5所示,这种准则又被称为大中取大法。

大中取大法(单位:万元)　　　　　　　　　表4-5

状态 方案	四种未来状态下的益损值				最大收益值
	需求量较高	需求量一般	需求量较低	需求量很低	
独资建设	800	350	−300	−700	800
集资建设	350	220	50	−100	350
与外商合作	400	250	−30	−50	400
最大益损值中的最大值					800
应取的可行方案					独资建设

(2) 保守准则——小中取大准则

又叫悲观准则,即决策者对客观情况抱悲观态度,从而尽量想把风险降到最低程度,在选取每套方案在不同状态下估计益损值时选取最小值中的最大值。由于小中取大准则是把投资的安全性放在首位,因此,一般为保守的决策人所采用。根据小中取大准则进行决策,首先是从每个方案中选择一个在不同状态下的最小益损值,然后再比较各个最小值,从中选择一个最大的投资益损值。例如,在表4-6"需求量很低"一栏中,比较出最大益损值是

—50万元，根据小中取大准则应选取与外商合作方案。

小中取大法（单位：万元） 表 4-6

状态 方案	四种未来状态下的益损值				最小益损值
	需求量较高	需求量一般	需求量较低	需求量很低	
独资建设	800	350	—300	—700	—700
集资建设	350	220	50	—100	—100
与外商合作	400	250	90	—50	—50
最小益损值中的最大值					—50
应取的决策方案					与外商合作

(3) 最大——最小后悔值准则

这种方法是以方案的机会损失的大小来判定方案的优劣。在多方案的选择中，当某一自然状态出现时，如果决策人未能选择一个投资益损值最大的方案，他必然感到后悔。最大—最小后悔值准则，就是设法使这种"后悔"变得最小，所以又把这种准则称为"大中取小决策法"或"最小后悔法"。

大中取小法的决策过程是：将每种自然状态的最大益损值定为该状态的理想值，并用它减去该状态中其他益损值，所得之差称为未达到理想的后悔值；列出各方案的最大后悔值；在各最大后悔值中选择最小的最大后悔值方案作为决策方案。

最大最小后悔值法（单位：万元） 表 4-7

状态 方案		四种未来状态下的益损值				最大后悔值
		需求量较高	需求量一般	需求量较低	需求量很低	
最理想值		800	350	90	—50	
后悔值	独资建设	0	0	390	650	650
	集资建设	450	130	40	50	450
	与外商合作	400	100	0	0	400
最大后悔值中最小值						400
应取的决策方案						与外商合作

仍以表 4-4 为例，将表 4-4 中同一自然状态下的最大益损值定为最理想值，用其减去每一方案的益损值，得出不同状态下每种方案的后悔值。如在表中"需求量较高"一栏中，最大益损值为 800 万元，用 800 万元分别减去该栏中的 800 万元、350 万元和 400 万元，得出该状态下每种方案的后悔值 0、450 万元和 400 万元。以此方法，在其他三栏做同样的计算，所得数据可以组成一个新表，见表 4-7。

从表 4-7 可以看到，每种状态下最大值的后悔值总是等于零。根据选择投资益损值最大的原则,任何选择非最大益损值的决策都意味着是一种损失,即后悔值。因此,必须把每一方案的最大后悔值设法降到最低程度。从表 4-7 可知:三个最大后悔值中最小值为 400 万元,其对应的投资方案为与外商合作。因此,与外商合作为大中取小法选择的最优方案。

(4) 机会均等准则

又称同等概率准则,决策者在决策过程中,不能肯定各种自然状态出现的概率,就"一视同仁",认为它们出现的概率是相等的。如果有几个自然状态,则每个自然状态出现的概率为 $\frac{1}{n}$。然后按照风险型决策方法,计算益损最大期望值即可,即选取期望值中最大者。

仍以表 4-4 资料为例,各状态出现的概率为 $\frac{1}{4}$,计算每种方案的期望值,所得数据如表 4-8,根据表中计算结果,选取与外商合作方案。

同等概率法(单位:万元) 表 4-8

决策方案	各方案的益损期望值		
独资建设	$(800+350-300-700) \times \frac{1}{4} = 37.5$		
集资建设	$(350+220+50-100) \times \frac{1}{4} = 130$		
与外商合作	$(400+250+90-50) \times \frac{1}{4} = 172.5$		
方案中的最大期望值	172.5	应选取的方案	与外商合作

从上述决策方法中可以看出,在同样决策信息前提下,决策的结果不尽相同。这主要是由于客观环境比较复杂,未来状况事先难以肯定,加上决策者对决策承担风险的看法和态度有所不同,也就是经验、知识和胆识不同,因而在同一条件下,决策的结果往往因人而异。一般来说,有 3 种类型的决策人:

(1) 冒风险型:冒风险型决策人的特点是大胆果敢,喜欢挺而走险,这种人尤其在高额投资收益的诱惑下,对投资风险的顾虑很小。

(2) 保守型:保守型决策人的特点是老成持重,对投资风险谨小慎微,而且特别敏感。对任何投资,考虑其风险的大小比考虑其收益的大小要多,总是瞻前顾后。

(3) 一般型:一般型决策人也称中间型决策人。其对投资收益和风险的考虑介于上述两种决策人之间。这种人为了获得投资收益愿意承担可能的风险。不过一旦风险超过了认定的限度,则可能放弃投资。

上面所讲的三种类型的决策人的特点只是一般的概括,在实际工作中,决策人的类型可能要复杂得多。

第三节 房地产投资项目决策的内容和重要性

一、房地产投资项目决策的内容

(一) 房地产投资地域的选择和分析

确定房地产投资地域是房地产投资决策中考虑的重要因素。因为投资地域是房地产增值的重要因素。因此投资者在投资决策前必须对所投资区域进行认真分析。产业自身的好坏有可能通过改建加以改善，而地点一经选定却是无法迁移和更改的。只有具有不断增值趋势的地区才能使投资获得较高的收益。

一般区域的选择要注意分析以下问题：

1. 通过调查和分析确定那些最有可能升值的土地，以此作为投资选择的对象。在房地产市场上，建筑用地常常被划分为"未开发的荒地"、"开发中的土地"和"已开发的土地。"这三类土地的市场交易价格相差很大，而且随着其他条件的变化时时浮动。

在荒地上建设房屋，虽然价格看起来并不贵，但建筑过程中的配套投资却相当大，如果经济发展不是很快，在这类地域投资房地产的短期增值幅度不会很大。因为房地产的增值总是与当地的社会经济规模的发展相关。

已开发的土地多指已经具备城镇规模的地域，这类土地不权价格比较高，而且可供利用的空间也相当少，建筑规模和居住人口均已趋于饱和，房地产在日后增值的可能性不会太大。

开发中的土地是已经完成了区域规划，具备了基本交通条件和供水,供电条件的地域，多是指城镇周围的郊区。这类土地的价格比较适中，投资后的增值潜力比较大。

2. 通过对房地产的分类，比照当地的需求和发展来决定投资。房产一般可分成两大类：民用房产和非民用房产，在投资决策中，究竟选择哪一类？要看当地的房产需求和具体的情况，如果一个城市的民用住宅紧缺，就可以果断地投资住宅建设，以供日后出租、出售。如果当地服务业尚不发达，就应当投资公共用房，这不仅可望有比较丰厚的收益，而且能带动当地经济结构的调整，形成投资—发展—收益的良性循环。

3. 通过对宏观地域选择之后，进行多项具体的地区生活指标的选择，以确认当地房地产投资的可行性。主要包括：

（1）区域既有的生活条件；

（2）该地域的就业状况；

（3）该地域的教育、交通及治安状况等。

（二）房地产投资时机的选择和分析

所谓投资时机包含两个方面的涵义。一个方面是指经济景气等宏观经济形势。经济学研究表明，任何国家的经济运行当中，都存在着经济萧条，经济复苏、经济高涨、经济衰退再到经济萧条的经济周期。如果说要研究经济周期对各个行业的影响的话，恐怕经济周期对房地产的影响最大。在经济由萧条走向高涨的时期，房地产价格猛涨；反之，在由经济高涨走向萧条的时期，房地产价格猛跌。因此，房地产投资者必须密切关注经济运行的宏观变化，把握宏观经济为房地产投资创造的时机，才能产生正确的决策。

时机选择的第二个方面的涵义是：选择房地产开发的哪一阶段投资。房地产作为一种产品，同其他产品一样，都存在着生产周期。一般来讲，房地产投资活动从地域选择、资金筹措、规划设计、施工建设、竣工验收、到出租出售，大约要1～5年的时间，其间所涉及的利润和风险不尽相同。在这个产品周期的不同阶段投资，有不同的效益，也有不同的风险。收益越大，风险也就越大。投资者的实力和胆魄决定了能否准确把握不同时机。在买地阶段进行投资，收益最大，但是由于此阶段不确定因素很多，投资者难以确定成功比率，因此，风险也最大。随着工作进展，从获得贷款，到建成出租，一切因素逐渐确定，风险随之减少，利润也随之减少。选择确定哪个阶段投资，只能根据每个投资者的实力来确定。

为了把握房地产投资的适宜时机，在房地产投资决策中，投资者必须注意当地报刊、广播、电视、广告和其他传播媒介，研究分析其中反映出来的房地产出租出售行情，以得到比较充分决策信息，并在投资决策过程中考虑市场风险、地理风险、法制风险，保持利润与风险的协调。

所谓考虑市场风险，就是在选择投资时机时，根据市场情况采取不同的投资选择，或等待时机，在条件成熟时进行投资。防止决策时机拖延造成追加风险。

所谓考虑地理风险，就是在选择投资时机时，注意当地自然条件和经济条件的变化。如当地原材料情况，当地的自然灾害和经济生活习俗。

所谓考虑法制风险，就是在投资决策时，对经营权、税制、土地使用规划、建设标准等进行深入地了解，不弄清现行的法规和可能的变化，就不能贸然决策，防止某些政策法规影响投资效益。

（三）房地产投资种类的选择和分析

房地产的种类很多，对于投资者来说，每个种类都是一个特殊的行业。种类不同，市场不同，必须进行深入地研究，才能掌握其经营之道，从而获得较高经济效益。

房地产投资的种类大致有如下几种：土地投资、住宅投资、商场投资、工业用房投资和其他物业类型投资。物业类型不同，其经济特性不同，投资的方式也不同。确定投资于哪一种房地产，需要在详尽调查研究之后进行认真的评估决策。

1. 生地投资

一般来讲，生地投资是物业类型中最具风险的一种投资。生地投资一般出于两种目的，一是用于将来房屋建筑，二是开发土地期待未来土地增值后再出售。不论哪种目的投资，在一段时期内难以收回成本，获得利润。特别是后一种土地开发，在较长的时期内完全是资金净流出，投资的风险性大。此外，与其他物业类型相比，土地闲置时不提折旧费，不具备避税能力，投入资金大，成本高，唯有土地快速增值才能补偿资金净流出的损失。因此，要看准城市规划的方向，通过调查和分析确定哪些是最可能升值的土地，作为经营选择的对象。投资决策应考虑以下几方面的因素：

(1) 该土地离市中心的距离；
(2) 土地的地形和地质条件；
(3) 交通的便利程度；
(4) 土地的规划等级和提高规划等级的可能性；
(5) 利用公用设施的便利条件；
(6) 利用未来公共服务项目（消防、警察、医疗）的可能性；
(7) 提高集聚效益（增加各种不同物业数量）的可能性。

2. 住宅投资

住宅投资为一般的投资者所熟悉，是一个热门的投资类型。住宅是人们的生活必需品，市场的潜在需求量很大，人们对住宅的需求往往随着收入的增加而改变对面积、舒适等方面的要求。相对来说，投资住宅的风险较小。进行住宅投资决策时，应注意以下问题：

(1) 选择适宜的地段。住宅地段应尽量选择交通便利、购物方便，离学校较近的地方；
(2) 注重环境质量；
(3) 分析该地的就业机会、种类和数额；
(4) 分析该地的教育、治安情况。

3. 办公楼投资

办公楼投资属于商业性投资，其收益高风险也大。因此在投资办公楼决策时要注意以下几方面：

(1) 一定要把建筑物选在位置显赫、交通方便的地段上，这样的地段通常四通八达，饮食和购物方便；
(2) 尽可能采用加速折旧方法；
(3) 搞好物业管理。对办公楼的管理一般要求较高。不卫生，不安全，或不注重日常服务（如正常养护、维修、电梯服务等）的办公楼宇，必然会增大租户的周转率和楼宇空置率。

在我国，第二和第三产业发展较快，对办公楼的需求量大幅度增长。从近几年看，空置率很低，而且出现租楼不如买楼的需求趋势。

4. 商场投资

商场是所有物业类型中最为复杂最具风险又盈利最高的不动产形式。商场的承租人可能有不同的经济成份，在管理上较为复杂。所谓风险，一方面指商场用地价格最高。另一方面指投资人的收益，主要取决于商场的承租状况。承租人经营状况好，租金就可能高；经营状况不好，租金就可能低。而承租人的经营状况又取决于市场竞争能力和各种外部因素。尽管投资商场的风险性大，但与其他物业类型相比，其回报率最高。

根据商场投资的特点，投资人在投资决策时要把握以下几点：

(1) 注意分析经济形势。要注意分析工资增长率，通货膨胀率，旅游人数及消费品的变化，这些因素直接与商场的收益有关。
(2) 出租合同要明确规定，可以定期调整基本租金。并将租金增长率与通货膨胀率挂钩。
(3) 除交纳基本租金外，承租人要按商品销售额的增长比例交纳比例租金。
(4) 在商场的管理方面，投资人可用"净租赁"的方式出租商场。净租赁就是在租约中规定租户负责商场的维修养护，并负责支付包括地产租，保险费等经营费用。

5. 工业用房投资

工业用房包括标准厂房和仓储两大类。标准厂房属于特定用途的建筑物，不容易转为其他用途。但如果地区经济结构发生转变，经济衰退，就可通导致工厂物业的损失和倒闭。

一般来说，工业用地的地质，地形条件要求复杂，投资工厂物业需具备专门知识和管理经验，而且投入的资金在较长时期完全是净流出，需要有雄厚的资金作为基础，因此，工厂物业不适宜于一般投资人，尤其是投资新手。

最常见的工厂物业投资是仓储或货栈投资。仓储量的增加有赖于内外贸易额的增长。在我国，对内对外贸易发展异常迅速，因此仓储投资大幅度增长。对于这种物业类型的投资要求掌握以下策略：

(1) 仓库要建在交通通达的地点。通达的交通条件是仓库市场价值的决定因素。

（2）把仓库租给有经济实力的大企业可以获得长租期和减少管理上的麻烦。不过租期长可能租金较低，投资人可以采取净租赁方式出租，这样不仅降低了管理开支，也减少了风险。

（3）将仓库租给若干个小租户使用，往往也可以得到较高的租金，不过零星出租的方式会加重投资人在管理上的负担，而且租期和租金收入也不稳定，可能会提高空仓率。

（4）在租约中要将租金增长率与通货膨胀率挂钩，保证收租人的正常收入。

6．其他物业类型投资

除了以上五种主要物业类型外，还有一些特殊用途的物业，如酒店、影剧院、娱乐场所等。这些特殊的物业类型除了具有一般物业类型的经济特点以外（保险、增值、避税等），还有其本质的投资经营特点。例如酒店投资收益往往与一个地区旅游业状况有关，而游客的多少在很大程度上受地区特点和旅游季节的影响。因此酒店选址，一般都考虑在风景胜地和交通枢纽的地方。影剧院的收益也受季节和节假日的影响，目前正受到广播电视的巨大冲击，其功能正发生深刻的变化。娱乐场所的收益与它的建筑规模、场地大小、位置条件的关系极大，而设施的投资比重大，对安全，新潮和维护要求高。这些都是在投资时应进行分析评估决策的内容。

（四）房地产投资形式的选择和分析

1．房地产投资形式的分析

当人们决定要进行房地产投资，就必须选择房地产投资形式。如果选择适当，就会为确保投资收益奠定良好的基础，反之会带来很大的风险。所以房地产投资形式的选择是十分重要的。

目前，我国房地产项目投资有如下几种形式：

（1）在出让土地上进行基础设施建设，将"生地"变成"熟地"，再转让"熟地"回收资金取得利润。

（2）在受让土地上（通过出让和转让方式得到）建造楼宇，建成后出售楼宇回收资金取得利润。

（3）在受让土地上建造楼宇，自我经营，由租金收入回收资金取得利润。

另外，还有合作建房，买房卖房等投资形式。

无论采用那一种投资形式，都存在投资方案的选择与比较问题。

在第一种投资形式中，当有几块土地可以出让而企业资金又有限时，就存在选择哪一块土地经济效益最好风险最小的问题。这属于土地方案选择问题。

在第二种投资形式中，当有多块土地出让或转让，多种类型楼宇可以建造时，选择哪一块土地建造何种类型楼宇经济效益最好风险最小，或购置哪几块土地建造哪些类型楼宇的组合方案经济效益最好风险最小。这就涉及到土地方案的选择和楼宇类型选择及其组合方案的选择问题。

在第三组投资形式中，出租或自我经营何种楼宇经济效益最好风险最小呢？这也是一个楼宇类型的选择问题。

在房地产投资时，土地方案选择和楼宇类型选择是必须认真考虑的问题。土地方案选择时通常具有两块或两块以上的土地，每一块都是土地的一个备选方案。楼宇类型选择时也有两种或两种以上的楼宇类型如住宅楼、写字楼、酒店、别墅等可供选择，其中的每一种类型就是一个备选方案。方案的选择,实质上就是从各备选方案中选择出最满意的方案。

2. 房地产投资项目方案的比较与选择

(1) 互斥方案的比较和选择

房地产投资项目互斥方案比较的目的是选择一个经济效益最佳,或者是选择一个投资风险最小的方案。比较的方法有三大类:第一类是指标直接对比法,第二类是增量分析法,第三类是风险分析选择法。

1) 指标直接对比法

将不同的各互斥方案的同一分析指标进行直接对比,判断方案优劣的方法称为指标直接对比法。具体包括以下三种方法:①"总额"比较法。比较的指标为净现值。②"比率"比较法。比较的主要指标为内部收益率。③"期限"比较法比较的主要指标为投资回收期。

具体运用时,选择哪一种方法进行比较通常取决于各方案的投资方式,投资数额和服务期等。

2) 增量分析法

增量分析法是互斥方案比较与选择的另一种常用方法。该方法是对两个不同方案对应金额的差额部分进行分析来判断方案优劣的一种比较分析方法。它是将差额部分看做一个假设方案,进一步运用内部收益率法研究假设方案的经济效益状况。如果假设方案的内部收益率大于或等于目标收益率或贴现率所预定的投资收益水平时,则认为增加投资是值得的,投资多的方案优于投资少的方案;反之,投资少的方案为最优方案。

3) 风险分析选择法

风险分析选择法是通过各方案的风险指标—变异系数大小的对比评定各方案的风险大小,从而选择风险最小的方案。

(2) 房地产投资项目独立方案的比较与选择

因为各独立方案之间互不排斥,选择了其中一个方案,另一些方案依然可能被采用,只要评价合格的方案都可能是被选择的方案。所以房地产投资项目独立方案的比较与选择不再是仅仅从所有备选方案中选择一个方案,而是要对如下两个问题给予明确答案。

1) 在总投资一定时,选择哪些独立方案组合所获得的整体经济效益相对最好。

2) 若按最佳组合方案取得最大经济效益时所需要的总投资是多少,原定投资规模应进行怎样调整。

上述两个问题都属于最佳组合方案的选择问题。最佳组合方案的评价指标一般为组合方案的内部收益率或净现值。组合方案的内部收益率或净现值愈高,该组合方案的经济效益愈显著。

二、房地产投资项目决策的重要性

(一) 房地产投资项目决策的意义

房地产投资项目决策是对房地产投资项目的一些根本性问题,诸如建设地点的选择、投资方案的确定等重大问题作出判断和决定,因此,房地产投资决策正确与否,直接关系到建设项目的成败,对房地产投资的经济效益和社会效益具有现实和深远的影响。总的来说,房地产投资项目决策有以下几方面的重要意义。

1. 房地产投资项目决策的意义，是由房地产投资项目建设的技术经济特点决定的。一方面，房地产项目建设往往构造复杂体积庞大，具有整体性和固定性，只有整个项目全部完成才能发挥投资经济效益，并且建设地点一经确定，就与土地连在一起，始终在那里发挥作用。房地产投资项目建设周期长、占用和消耗人力、物力、财力较多，一旦开工建设，就不可间断。否则，会拖延工期，积压和浪费已投入的大量人力、物力和财力。同时，由于拖延工期，房地产产品错过了最佳投入市场的时间，难以产生较好的投资效益。房地产项目建设本身的这些技术经济特点，就要求在房地产项目建设之前重视投资决策，必须对房地产建设项目投资建设的必要性和可行性进行认真的研究和论证，切实掌握和弄清项目建设的条件以及相关的各方面因素。如果稍有考虑不周，甚至决策不当就会对整个项目建设的直接效益以及项目建成投入使用后的最终效益产生重大影响，而且一旦投资决策失误，给国家，投资者带来的损失和危害就无法挽回和弥补。

2. 房地产投资决策的重要意义，还表现在它是满足人民生活和社会生产需求的有效手段。房地产既有满足人民生活需要的产品，如住宅等，又有满足社会生产需要的产品，如厂房等，前者属于消费资料，后者属于生产资料。就目前情况来看，我国房地产产品不仅总量有限，而且结构也不够合理，这就要求在进行房地产投资建设之前，根据目前人们的生活水平和社会发展经济状况，有针对性地确定该上哪些项目，不该上哪些项目，进行科学决策，搞好项目的调整和筛选，为人民生活和社会生产提供品种齐全，结构合理的房地产产品。

3. 房地产投资项目决策的意义，还在于它是合理控制建设规模的重要方法。房地产投资在整个社会投资中占有较大的比重。

一定时期里投资建设规模，必须与社会所拥有的人力、物力和财力相适应。合理控制投资建设规模是发展社会生产力；保持国民经济持续稳定协调发展的要求。而通过科学的投资决策，就可以对建设项目进行全面的分析和论证，从而进行合理的取舍，这样就可以使投资建设规模得到合理的控制。

三、房地产项目投资决策应遵循的原则

1. 科学化、民主化的原则

就是在房地产投资决策过程中必须尊重客观规律，按照一定的科学程序进行决策。同时，依靠群众的集体智慧，集中经济、技术和管理专家的意见，实行民主化决策。民主化是科学化的前提和基础。没有民主化，科学的投资项目决策就难以实现。

所谓科学程序，就是坚持"先论证，后决策"的原则，必须做到先对项目进行调查研究和论证，然后进行决策，杜绝"边投资，边论证"，更不应采取"先决策，后论证"的违反客观规律的做法。

2. 系统性的原则

这里所说的系统性原则，是指在投资决策前，应在进行深入调查搜集各方面的投资信息的基础上对以下几方面的问题作出系统性回答：

(1) 拟建项目在技术上是否先进；

(2) 经济上是否合理合算；

(3) 建设条件是否具备；

(4) 资源、人力、物力、财力是否落实；
(5) 需要多少投资；
(6) 资金如何筹集等。

同时必须考虑项目的相关建设和同步建设，项目建设对原有产业结构的影响，项目产品在国内外市场上的竞争能力和今后的发展趋势等一系列问题。在投资项目决策中，遵循系统性原则，就是要全面地考虑与项目有关的各个方面，切忌疏忽和遗漏。

3. 提高经济效益原则

投资项目建设必须带来经济效益，必须以提高投资的经济效益为核心，投资经济效益有微观经济效益和宏观经济效益，近期经济效益与远期经济效益之分。因此，在投资项目决策中，必须坚持微观经济效益和宏观经济效益相统一的原则，坚持近期经济效益与远期经济效益相统一的原则，从而实现投资建设的目的。

4. 投资项目决策责任制原则

房地产投资实际上是以风险为代价来获得收益，利益大，风险也大。因此说房地产投资是一项风险性的经济活动，投资决策工作必须建立在高度责任制的基础上。所谓责任制，就是要求决策者对其决策行为所带来的投资后果负责的制度。如果不这样，就不能保证投资项目决策的严肃性和科学性，难以避免决策的主观性和盲目性。

在西方经济发达国家，在商品经济的条件下，由于生产资料私有制，投资项目决策成败甚至直接关系到投资者的生死存亡。因此，经济发达国家投资者对投资项目决策非常慎重，不惜在投资前花费较长的时间和大量的费用进行可行性研究，经过周密的调查和财务经济论证，对项目是否应该投资进行认真的分析，在确保投资项目决策的可靠性以前，是不会冒风险而盲目投资上马建设的。

随着我国市场经济的建立，建立决策责任制已刻不容缓。配合今年的国有企业改革，国家推行国企"决策失误责任制"。其主要内容是决策者违背现代企业经营原则而导致决策失误，企业发生损害，决策者要承担应负的责任，这一制度的推行对房地产投资项目决策尤为重要，它促使决策者在决策前必须权衡利益和风险，对投资项目进行可行性研究和论证，不盲目"拍板"决定，从而可减少决策失误的机会。同时，随着这项制度的推行将推动投资决策责任制的建立和发展。

第四节 投资决策科学化

一、树立正确的投资决策指导思想

（一）树立按价值规律决策观念

房屋商品化、土地有偿使用、住房制度改革和房地产综合开发是建立有中国特色的房地产业的经济理论基础。从房地产生产与再生产过程看，它与其他商品生产过程一样，都经过了生产、交换、分配、消费各个环节；从经营方式看，不仅销售活动要遵循价值规律，房屋租赁、土地出让、转让和出租也要按价值规律办事。从而要求在综合开发投资项目决策中，树立按价值规律办事的观念，组织好房地产的生产、流通，实现土地的使用价值和房屋价值，积累资金，发挥房地产最大的效用，最大限度地满足人民不断提高的住房需要和社会经济发展对城市基础设施和各类房屋的需要。

（二）树立货币资金的时间价值观念

开发项目投资的效益，不仅取决于投资总额、成本费用、产品价格，还取决于它们的时间性。时间因素在投资决策中占有十分重要的地位。所谓货币资金的时间价值是对货币时间性的定量描述，是指随时间的推移，初始货币的增殖部分。比如，资金存入银行会有利息，资金投入某一项目会产生利润。利息或利润都是随时间推移所发生的增殖。增殖产生的原因是人们在时间推移的过程中，利用了资金，投入了劳动，创造了价值。人们的劳动给予了相应的劳动报酬（工资、奖金等），资金的利用显然也必然付出一定的报酬，而利息是借出的资金在一段时间以后所获得的合理补偿，包括延误贷款人使用资金的补偿；通货膨胀、货币贬值的补偿；风险行为的补偿等。这一报酬和补偿，就形成了资金的增值，称其为资金的时间价值。

货币资金具有时间价值的特点，要求在综合开发项目投资决策中做到：

1. 采用动态评价方法进行可行性研究和投资方案的比较、选择，并以复利计息来计算成本和收益。

2. 待选择的投资方案要具有相同的投资活动有效期，否则，必须做某些处理后才能进行比较和选择。

（三）树立投入产出的观念

在社会主义市场经济条件下，行业与行业，企业与企业之间，存在着相互联系，相互促进，相互依存，相互制约，相互竞争的关系，彼此都为对方提供产品，彼此又都为对方提供产品的销售市场，这种投入产出的依存关系，决定了在进行开发项目投资决策时，必须考虑资源、原材料、燃料、动力、交通运输和市场销售各个方面的需要进行综合平衡。开发建设一个住宅小区，不能只考虑本项目投资，还要考虑国家在相关配套项目投资上的承担能力。因此，对开发项目的投资决策，必须树立投入产出的观念，即考虑开发项目在资源配置上的相互依存性；又要注意拟建开发项目与配套项目同步建设，争取以尽量少的投入取得尽量大的产出，力求做到成本低，工期短，质量好。

二、掌握科学决策的准则

科学决策的准则具有标准和原则两个方面的含义。标准是科学决策应达到的效益目标；原则是决策科学性的基本要求。因此，遵循科学决策的准则是实现投资决策科学化的条件之一。科学决策准则具体包括如下七个方面：

1. 目标性

目标性是科学决策准则中最重要的一条标准。它的重要性在于，投资决策者的一切活动都是围绕着目标的实现而展开的。目标性包括两方面的含义：一是任何决策都是社会大系统的一个组成部分，都是在总体目标的指导下进行的；二是任何决策都是为了解决实际问题，而不是无的放矢。因此，任何决策都应制定一个具体、明确、符合实际的目标。

2. 正确性

正确性是指决策所确定的方向目标、方案、方法等必须切合实际，切实可行，符合客观规律。在投资决策中要做到这一点，首先必须深刻认识开发项目所处环境、客观条件等；其次，在对现状进行调查的基础上，进行系统分析，做出科学预测。这是投资决策的基础和前提。

3. 精确性

精确性是在正确性的基础上，认识的进一步深化。它要对决策所确立的目标、策略、方案、方法进行定量化和择优化，使之具有可靠性，可行性以至必然性。尤其对开发项目投资决策，精确性更具有重要意义。因为开发项目具有建设周期长，牵涉面广、投资额大的特点。因此，在投资决策中主要用净现值法、内部收益率法、期望值法等定量分析方法。

4. 及时性

投资决策的及时性是指决策必须在有效期内迅速、及时、果断地做出，它是决策科学性的具体要求和表现之一。对投资者来说，把握时机是相当重要的，如果错过了机会，再好的决策也将是无意义的。这就要求投资者要善于捕捉房地产市场时机，及时、果断地做出开发建设项目的投资决策，使企业在竞争中得以生存和发展。

5. 有效性

有效性是指决策所制定的目标最终能圆满实现；决策所制定的方案，能很好地为实现目标服务。它是决策科学性最根本的评价。衡量有效性的标准是：在客观条件相同的前提下，所实现的决策目标的效益必须最好；在目标效益相同的条件下，所付出的代价必须最少。

6. 规范性

规范性是指在决策活动中，要有严密的组织、严肃的态度、严格的程序、严谨的方法。它是将决策中人为因素偏差降低到最低限度，严格执行"先论证，后拍板"的程序，避免"目标不明决心大"的盲目投资决策。

7. 可选择性

可选择性是指在决策过程中，通过系统分析、价值工程等方法，尽量设计出各种可能方案。因为只有通过比较才能知道所选方案是否效益好且代价最小，只有各种行动方案齐全才能避免遗漏最佳方案。对投资方案的选择，不仅是对方案的比较过程，也是对方案的论证、评价、检验过程。

三、做好市场调查和市场预测工作

预测是科学决策的前提。预测是从对历史及现状的了解出发，对社会某种现象进行分析研究，从中发现其发展变化的规律，进而推断未来可能发展趋势的一种管理行为。

市场预测是根据市场调查所得的有关资料，对市场供需等因素进行细致的分析研究，并运用科学的方法，测算出未来一定时期内市场对房地产的需求量和变化趋势，为开发项目投资决策提供依据。市场调查是指对房地产从生产到消费过程中所发生的有关市场销售和供应方面的资料，作系统的收集整理、记录、以便掌握房地产的现实市场和潜在市场，并得出有无市场和市场大小的结论。市场调查是市场预测的前提，市场预测是在市场调查的基础上作出的科学分析。

总之，市场调查和市场预测就是根据有关资料对拟建项目的目前需求和供应情况进行调查分析，并对未来需求和供应的发展趋势进行预测。有关具体内容请参考本书第三章。

思 考 题

1. 什么是决策？决策的特点和意义是什么？
2. 什么是程序化决策和非程序化决策？
3. 什么是确定型决策，不确定型决策和风险型决策？
4. 经营决策程序包括那几个步骤？
5. 房地产投资项目决策的主要内容？
6. 房地产投资种类包括哪些？
7. 我国房地产项目投资有哪几种形式？
8. 房地产投资项目决策的意义是什么？
9. 项目投资决策的原则有哪些？
10. 投资决策科学化应树立什么样的投资决策指导思想？
11. 科学决策准则包括哪些内容？

习 题

1. 某开发公司有三个投资方案，根据市场调查和历史资料，确定自然状态的发生概率分别为0.3、0.4、0.3，各方案在自然状态下的损益值如表：

投资收益表（单位：万元）

方案 \ 自然状态 概率	好的投资收益 $P=0.3$	中等的投资收益 $P=0.4$	差的投资收益 $P=0.3$
方案一	250	200	180
方案二	400	350	150
方案三	600	300	100

试用最大可能法，期望值法和决策树法进行决策。

2. 某开发公司有两个投资方案，一个方案是大面积开发建设，另一个方案是小面积开发建设。两个方案的建设经营期限都是5年，大面积开发需投资2800万元，小面积开发需投资1400万元。根据市场预测，房屋需求量高的概率为0.5，需求量一般的概率为0.3，需求量低的概率为0.2。大面积开发，需求量高的损益值为1000万元，需求量一般的损益值为600万元，需求量低的损益值为－200万元；小面积开发，需求量高的损益值为250万元，需求量一般的损益值为450万元，需求量低的损益值为250万元。试用期望值法选择最优方案？并要求用决策树表示。

住宅小区建设方案及损益值表（单位：万元）

方案	三种状态下的损益值		
	需求量高	需求量一般	需求量低
独资建设	800	420	－350
集资建设	400	350	200
与外商合作	500	250	150

3. 某房地产开发公司计划在外地投资建设一住宅小区，2年建成，由于缺乏资料，公司对商品房需求

量只能估计为：需求量高、需求量一般、需求量低3种情况，而对每种情况出现的概率无法预测。为了开发建设，公司提出了独资建设，与当地有关部门合资建设，与外商合作3个方案，并计算出每个方案在2年内的损益值如上表所示。

　　试分别用乐观准则、保守准则、最大最小后悔值准则和机会均等准则进行决策。

第五章 房地产投资项目的时间因素

现代投资分析方法的一个重要特点是充分考虑了投资活动中资金运动的时间因素，树立了货币时间价值和投资风险价值两个重要的基础观念，产生了更趋科学合理的分析决策方法。本章前两节介绍货币时间价值及其计算，第三节介绍投资风险及风险价值。

第一节 货币时间价值

一、什么是货币时间价值

货币时间价值，也叫资金时间价值，是指资金经历一定时间的投资和再投资所增加的价值。商品经济中，有这样一种现象，即现在的1元钱和一年后的1元钱其经济价值不相等，或者说其经济效用不同。现在的1元钱比一年后的1元钱经济价值要大一些，即使不存在通货膨胀也是如此。比如，将现在的1元钱存入银行，假设存款年利率为10%，则一年后可得到1.1元，1元经过一年的投资增加了0.1元，这就是资金的时间价值。由于资金时间价值的存在，使现在的1元等于一年后的1.1元，或者说一年后的1.1元与现在的1元等效。

如果不将资金存入银行，而是投入生产领域或流通领域，随着时间的持续同样产生增值，获得一定的收益，而且这种价值的增加量是随着时间的延续而增大。资金的增值过程为：

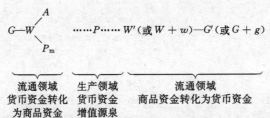

式中 G, G'——代表货币，$G'>G$；
　　W, W'——代表商品，$W'>W$；
　　A——代表劳动力；
　　P_m——代表生产资料；
　　P——表示生产过程；
　　w——代表增加的商品价值；
　　g——代表增加的货币资金。

$G'>G$，说明货币在流通过程中产生了增值，使货币产生时间价值。

从 G 到 G'，即资金在生产经营过程从货币形态又重新回到货币形态，称为完成一次资金循环，周而复始的资金循环称为资金周转。资金每完成一次循环就增加一定数额，周转的次数越多，增值额越大。

结合房地产开发投资而言，资金依次经过：

1. 流通阶段

用开发建设资金支付勘测费、设计费、土地购置费，购买建筑材料，订购附属设备等。

2. 建筑施工阶段

劳动力根据工程设计要求，运用生产资料建成开发项目，如住宅、写字楼、娱乐设施等各种物业。这一阶段一般由开发商通过招标由建筑承包商完成。

3. 回到流通阶段

投资项目竣工验收后出售，资金又回到货币形态，并产生增值。

对于房地产物业（置业）投资来说，资金运动过程是货币资金转化为商品资金（物业），经过经营过程（出租或再出售）又转化为货币资金，同样使资金产生增值，有了时间价值。

综上所述，资金具有时间价值是商品经济的一种客观经济现象。

实际工作中，人们习惯用相对数表示资金的时间价值，即用资金增加占投入资金的百分数表示，如上例资金的时间价值为10%。

由于资金随时间的增长过程与利息的增值过程在数学上相似，比如一项房地产投资活动需按一定的盈利率获得利润，而一笔贷款也要按一定的利率支付利息。因此在投资分析中对于资金时间价值的计算，广泛使用利息的计算方法。

二、利息及其计算

（一）什么是利息

利息反映资金的时间价值。它指使用资金所付的代价，或放弃资金使用所得的报酬。或者说，利息是借款者支付给贷款者的贷款报酬。

（二）利息计算的三要素

利息的多少取决于本金、利率和计息期数三个要素。

1. 本金

本金是指贷款给别人以收取利息的原本金额，亦称为母金。它是借款人或债务人在利息起算日的债务、贷款人或债权人在该日之债权。也是以后依约定利率计算利息的基数。例如方圆公司向银行借入100万元，1994年8月1日拨付，年利率12%，期限3年，每年计息一次，期满时本息一次付清。此时100万元即为本金。推广而言，可将本金视为投资的成本，如投资分期进行，则历次投入成本之和代表本金。如该公司将借到的款项分别于8月10日、9月10日和10月10日分三次各30万元投入某开发项目，则其本金为90万元。

本金还有名义本金与实际本金之分。如金利公司以年利率10%借入6万元，期限一年，每年计息一次，但银行要求预扣利息，期满时归还6万元即可。此时，名义本金为6万元，实际本金为5.4万元。从利息计算要求出发，实际中如遇这种情况，应以实际本金为准。

2. 利率

利率亦称利息率，是一定时期内所付的利息金额与贷款（或存款）金额的比率。利率代表每1元钱在一个计息期所生的利息，因此它也反映着资金时间价值的大小。利率通常用百分比表示，即：

$$利率 = \frac{一定时期的利息额}{贷款额（或存款额）} \times 100\%$$

例如：贷款 1000 元，满一年时付利息 125 元，则年利率为：

$$\frac{125}{1000} \times 100\% = 12.5\%$$

用以表示利率的时间单位，称为计息期。它是两次计息之间的时间间隔，因此又称计息周期。利率总是特定计息周期的利率，不同的计息周期，各有其相应的同期利率。

利率依计息期的不同可分为年利率、月利率与日利率等。在单利情况下，月利率乘以 12 为年利率。复利情况下则不成立。

利率还有名义利率和实际利率之分，后面将专题介绍。

3. 计息期数

计息期数是资金借贷期间的计息次数。如前述方圆公司借款的例子，借款期 3 年，每年计息一次，故期数为 3 期，每期一年。若是每月计息一次，则期数为 36（3×12），每期一个月。必须注意，利率的时间单位和期数的时间单位必须一致，即年利率配年期，月利率配月期，否则利息计算必定错误。

（三）单利计息和复利计息

利息的计算可分为两种，即单利计息和复利计息。

1. 单利计息

单利计息是指仅用本金计算利息，不将上一个计息周期中的利息累加到本金中去计息，即利息不再生利息。单利计息求本利和的计算式推导如下：

设利率为 i，把资金（本金）P 存入银行，则：

第一个计息周期末的本利和：

$$F_1 = P + P \cdot i = P(1+i);$$

第二个计算期末的本利和

$$F_2 = P + P \cdot i + P \cdot i = P(1+2i);$$

……

第 n 个计息期末的本利和

$$F_n = P(1+ni)。$$

即：$F = P(1+ni)$

式中 F 表示在利率为 i 时本金 P 经过 n 次单利计息后的本利和。

从 F 中扣除本金 P：

$$F - P = P(1+ni) - P = Pni$$

即为本金 P 经过 n 次单利计息的利息总额。

照此公式计算，前述方圆公司年利率为 12% 的 100 万元借款，在单利计息情况下，3 年后还本付息额（即本利和）为：

$100×(1+3×12\%)=136$ 万元，利息总额为 36 万元。

2. 复利计息

复利计息是指由本金加上上一个计息周期的累计利息总额的和进行计息，即利息再生利息。复利计息求本利和的公式推导如下：

设利率为 i，把本金 P 存入银行，则：

第一个计息周期末的本利和

$$F_1 = P + Pi \\ = P(1+i);$$

第二个计息周期末的本利和

$$F_2 = P(1+i)(1+i) \\ = P(1+i)^2;$$

······

第 n 个计息周期末本利和

$$F_n = P(1+i)^n \quad 即：$$
$$F = P(1+i)^n。$$

式中 F 为按利率 i、本金 P 经过 n 次复利计息的本利和。

从 F 中扣除 P：

$$F - P = P(1+i)^n - P \\ = P[(1+i)^n - 1]$$

即为利率为 i 时，本金 P 经过 n 次复利计息的利息总额。

前述方圆公司在复利计息情况下 3 年后还本付息的总额为：$100×(1+12\%)^3=140.4928$ 万元。利息总额为 404928 元，大于单利计息的利息总额。

由于复利计息比单利计息更符合社会再生产的实际情况，所以在投资分析中计算资金时间价值主要采用复利计息的方式。本章后述内容如不特别说明，均采用复利计息方式进行分析计算。

三、名义利率和实际利率

顾名思义，名义利率为名义上所负担的利率，实际利率为实际负担的利率。名义利率和实际利率在有些情况下是不等的。

1. 在利息预扣时实际利率大于名义利率。如前述金利公司借款的例子。名义利率为 10%，实际利率为：$\frac{6000}{54000}×100\%=11.1\%$

2. 贷款人通过收取手续费等其他费用使实际利率高于名义利率。

3. 同一期限既定利率的贷款，计息次数不同产生名义利率与实际利率的差别。这是经常遇到的一种情况。

例如贷款 1000 元，年利率为 12%（名义利率），如果按年复利计息，根据复利计息的本利和公式一年后的本利和为：

$$F_1 = P(1+i)^n \\ = 1000×(1+12\%)^1$$

$$= 1120 \text{ 元}$$

实际利率为 $\frac{1120-1000}{1000} \times 100\% = 12\%$ 与名义利率相同。

如果按月复利计息，上式中的利率 i 应由年利率换算成月利率，换算办法为年利率除以 12，本例为 $12\% \div 12 = 1\%$。公式中的计息次数 n 也相应由 1 换为 12，即计息次数由 1 次变为 12 次。这时一年后的本利和：

$$F_2 = 1000 \times (1+1\%)^{12}$$
$$\approx 1127 \text{ 元}$$

实际利率变为：$\frac{1127-1000}{1000} \times 100\% = 12.7\%$。由于计息次数的不同使实际负担的利率发生了变化，计息次数越多，实际利率越高。

依据上例可以推导出计息次数不同时名义利率和实际利率换算的一般公式。

设每年复利计息的名义利率为 r，一年中计息次数为 n，则每一期利率为 $\frac{r}{n}$，代入公式 $F = P(1+i)^n$ 则一年后的复利本利和为

$$F = P\left(1 + \frac{r}{n}\right)^n$$

实际利息额 I 应为：

$$I = F - P$$
$$= P\left(1 + \frac{r}{n}\right)^n - P$$

按定义，利息与本金之比为利率，故实际利率 i 等于：

$$i = \frac{I}{P}$$
$$= \frac{P\left(1 + \frac{r}{n}\right)^n - P}{P}$$
$$= \left(1 + \frac{r}{n}\right)^n - 1$$

在进行投资或筹资的方案分析中，有关利率的问题，应以实际利率作为比较的基础。

【例1】 某企业借款进行某项投资。甲银行提出的贷款条件为年利率 16%，按年复利计息。乙银行提出的贷款条件为年利率 15%，按月复利计息。不考虑其他因素，向哪家银行贷款为宜？

【解】 甲银行的实际利率就是其名义利率 16%，乙银行的实际利率为：

$$i = \left(1 + \frac{r}{n}\right)^n - 1$$
$$= \left(1 + \frac{15\%}{12}\right)^{12} - 1$$
$$= 16.075\%$$

乙银行的实际利率高于甲银行，故应向甲银行贷款为宜。

四、现 金 流 量

(一)什么是现金流量

把某一项投资活动作为一个独立的系统,计算期内,资金的收入与支出叫做现金流量。其中资金支出叫现金流出,资金收入叫现金流入。正现金流量通常表示收入,负现金流量通常表示支出。某一段时间内现金流入与现金流出的代数和为净现金流量,即:

净现金流量=现金流入—现金流出

在实际投资活动中,现金流入、流出既可能发生在每个计息周期的期间,也可能发生在计息周期的期末,为简化分析计算,习惯作法是将每个计息周期的净现金流量看成是在计息周期的期末发生,称为期末惯例法。现金流量可以用现金流量表或现金流量图两种形式进行表达。

(二)现金流量表

现金流量表就是通过列表的方式将投资项目建设经营期间的现金流入、现金流出及净现金流量的数量和时间体现出来。现金流量表是投资分析中的一种辅助工具。依据现金流量表可以计算投资决策所需的各项指标。

在房地产投资项目分析中将测算期内的现金流动,从开发企业的角度划分为流入和流出项,并与其发生时间对应排列,即可编制出开发项目的现金流量表。在投资决策中为比较不同方案的经济效果常将几个方案的现金流量列在一张表内以进行对比分析。表 5-1 即为一个简单的现金流量表。

现金流量表(万元) 表 5-1

现金流量＼年末＼方案	0	1	2	3
A	-300	160	240	
B	-450	100	250	300

(三)现金流量图

在研究房地产投资项目的投资效果时,常把投资项目在计算期内不同时间点上的现金流动情况及其变化和去向用现金流量图形象地表示出来,如图 5-1 所示。

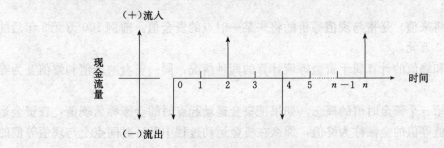

图 5-1 现金流量图

图中水平直线为时间坐标,该时间坐标划分为若干个时间单位,每个时间单位表示一个计息周期。图中时间点"0"表示资金运动的时间始点或某一基准时刻,不一定是日历年度的年初。1、2、……n 分别表示从第 1 到第 n 个计息周期的终点（或看作是下一个计息周期的起点）。时间坐标的垂线代表现金的流入（出）金额，垂线的长短按金额的大小成正比例画出，箭头表示资金流向，箭头向上表示流入，箭头向下表示流出。

现金流量图简明、直观形象地表明投资项目在不同时间的资金收支情况，是进行复利计算和投资分析的有效工具。

五、资金的等值、现值、终值

（一）资金等值

资金等值，又称资金等效值。是指在考虑资金时间价值的条件下，在不同时间点上绝对值不等而实际价值相等的资金。

例如，现借入 100 元，年利率 15%，按复利计息，根据公式 $F=P(1+i)^n$，一年后的本利和为 115 元，二年后为 132.25 元。即在利率 i 为 15% 时，由于资金时间价值的存在，现在的 100 元等于一年后的 115 元，二年后的 132.25 元。反过来也可以说利率为 15% 时，一年后的 115 元、二年后的 132.25 元等于现在的 100 元。三个时点不同、绝对值不同的数，实际价值相等，互为等效值。

在利率 i 一定的条件下，求某一（或若干个）时点上的资金数额的等效值的过程，称为等值计算。

以资金时间价值为基础的等值计算，是进行决策的一个基本工具。因为在实际投资活动中，不同的投资方案，其现金流量是不同的，难以直接进行对比分析，这时通过等值计算将不同方案的不同时点上支出与收入都折算到同一个时间点上，即可进行直接的对比，作出选择。举一简例：某开发项目当前开发可获利 100 万元，3 年后开发考虑物价上涨可获利 140 万元。但当前有年均获利 15% 的其他投资机会。什么时间开发更为有利呢？直观不易判断。如果将现在的 100 万元换算为 3 年后的价值，即求其 3 年后的等效值，结果就一目了然了。据 $F=P(1+i)^n$，现在的 100 万元约等于 3 年后的 152 万元。目前开发优于 3 年后开发。

（二）现值

现值即现在某一时点的资金值。常是相对于将来某一时点的资金值而言的。如上例 3 年后的 152 万元在利率为 15% 时的复利现值即为 100 万元。把将来某一时间点的资金值换算成现值的过程称为折现或贴现。贴现所采用的利率称为贴现率。

（三）终值

终值又称将来值。是指与现值等价的将来某一时点的资金值。前例 100 万元 3 年后的复利终值为 152 万元。

资金现值和终值的计算属于资金等值计算的两种情况，同一资金的现值和终值互为等效值。

这里再介绍一个资金时值的概念。如果把资金运动起点时的金额称为现值，在资金运动结束时与现值等值的金额称为终值，那么在资金运动过程中某一时间点上与现值等值的金额称为时值。

本节及下节在介绍资金时间价值的有关概念及计算中，基本上是以借贷关系为基础展开的，采用了本金、利息、利率、本利和等概念。在房地产投资活动中，站在投资者的角度进行分析时，这些概念、公式除了本身借贷关系的含义外，还可具体指投资者的支出、预期利润、投资报酬率（获利率）、投资收入等，这是在学习中需要注意的。

第二节 等值计算公式

上一节介绍了资金等值及等值计算的概念，等值计算是投资项目经济评价的基本工具。本节介绍各种情况下资金等值的计算公式，这些公式在投资项目的经济评价中是经常要用到的。

需要说明的是，等值计算按照计息方式的不同，可分为单利计息的等值计算（单利法）和复利计息的等值计算（复利法）。单利计息的等值计算比较简单，已知现值求终值时，直接按公式 $F=P(1+ni)$ 计算。已知终值求现值时，将上述公式变为 $P=F/(1+ni)$，也可进行计算。本节只介绍复利计息的等值计算。

在实际投资活动中，为了合理的利用资金，投资和贷款的具体方式是多种多样的。在对不同的投资方案进行评价选择时，不同方案的资金运动可能很不相同。有的要求一次投资（或一次贷款）；有的要求每期分批投资（或分期贷款）；有的要求定期定额投资（或定期等额贷款）一次结清（或一次偿还）；有的要求一次贷款等额分期偿还等等。这就要求我们在进行等值计算时根据不同的情况，进行恰当的处理。不同情况的等值计算公式如下：

一、复利终值公式

复利终值公式又称一次支付复利终值公式，就是期初一次性投入（或借贷），按给定的投资报酬率（或利率）期末一次性回收（或偿还本利和）的复利计算公式。即

$$F = P(1+i)^n$$

该式在上节介绍复利计息时已进行过推导，它是等值计算的一个基本公式，其他公式都是由它派生出来的。式中 $(1+i)^n$ 称为复利终值系数，表示为 $(F/P, i, n)$。其中 F/P 代表已知 P 求 F。在已知利率 i 和计息次数 n 时，可按 $(1+i)^n$ 进行计算，也可直接查复利系数表（本书附表一）。其含义是 1 元钱在利率为 i，期数为 n 时的复利本利和。

该公式反映的现金流量如图 5-2

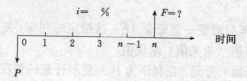

图 5-2 复利终值公式现金流量图

【例 2】 某房地产开发公司向银行借款 500 万元，年利率 15%，按复利法计算，2 年后偿还的本利和为多少？如 5 年后偿还又为多少？

【解】 2 年后偿还的本利和为：

$$\begin{aligned} F_2 &= P(1+i)^n \\ &= 500(1+15\%)^2 \\ &= 661.25（万元） \end{aligned}$$

5 年后偿还的本利和为：

$$F_5 = P(1+i)^n$$
$$= 500(1+15\%)^5$$
$$= 1005.68(万元)$$

利用复利终值公式还可以解决已知其他因素求 i 或 n 的问题。

【例3】某开发公司有资金500万元,拟投入报酬率为12%的投资机会,经过多少年可使现有资金增加一倍?

【解】
$$F = 500 \times 2 = 1000$$
$$F = P(1+i)^n$$
$$1000 = 500 \times (1+12\%)^n$$
$$(1+12\%)^n = 2$$
$$即:(F/P, 12\%, n) = 2$$

查 $i=12\%$ 的复利系数表的 F/P 栏最接近2的是1.974,其对应的 n 为6,即6年后可使资金增加一倍。

【例4】现有资金600万元,欲在9年后使其达到原来的3倍,选择投资机会时最低可接受的报酬率为多少?

【解】
$$F = 600 \times 3 = 1800$$
$$F = 600 \times (1+i)^9$$
$$1800 = 600 \times (1+i)^9$$
$$(1+i)^9 = 3$$
$$i = 13\%$$

即投资机会的最低报酬率为13%,可使原有资金在9年后达到原来的3倍。

二、复利现值公式

复利现值公式,又称一次支付复利现值公式。由复利终值公式 $F = P(1+i)^n$ 求得:
$$P = \frac{F}{(1+i)^n} = F(1+i)^{-n} \text{ 即为复利现值公式。}$$

式中 $(1+i)^{-n}$ 称为复利现值系数,表示为 $(P/F, i, n)$,已知 i, n 时可直接查复利系数表的 P/F 栏。

此公式的含义是:n 年后需要一笔资金 (F) 按给定的利率 i 复利计息,现在需一次性支付多少钱 (P)。即由终值(未来值)求现值。

【例5】欲在5年后得款1万元,在利率为10%复利计息的情况下,现在需要投入多少钱?

【解】
$$P = F(1+i)^{-n}$$
$$= 10000 \times (1+10\%)^{-5}$$
$$= 6209(元)$$

三、年金复利终值公式

在实际进行投资分析时,等额定期的系列资金收支是经常遇到的,除了逐年(或月、季)等额借贷外还有分期付款赊购、分期支付工程款、每年相等的销售收入、租金收入等等。这些等额定期的系列资金收支称为年金。下面我们讨论年金的等值计算问题。

（一）普通年金复利终值公式

普通年金，又称后付年金，是指各期期末收付的年金。普通年金复利终值公式，是按时间序列在每年年末逐年等额贷款，累计一次偿还本利和，或每年年末逐年等额投资，累计一次回收资金的复利计算方法。

设 n 年内，每年年末等额贷款 A 投入工程项目，年金终值公式要解决的是 n 年末需偿还的复利本利和 F 是多少。

首先可以绘出这个资金运动过程的现金流量图，如图 5-3 所示。

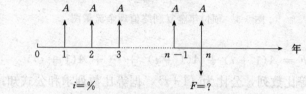

图 5-3 普通年金复利终值现金流量图

如果把每笔贷款 A 看成一项项独立的贷款，则它们到 n 年末的本利和分别为（用复利终值公式）：

第一年末的贷款 A 在 n 期末的复利本利和为 $A(1+i)^{n-1}$；

第二年末的贷款 A 在 n 期末的复利本利和为 $A(1+i)^{n-2}$；

……

第 n 期末的贷款 A 在 n 期末的复利本利和为 $A(1+i)^{n-n}=A$；

因此，n 期后各期末贷款的复利本利和的累计总额 F 为：

$$F = A(1+i)^{n-1} + A(1+i)^{n-2} + \cdots + A(1+i)^2 + A(1+i) + A \quad ①$$

用 $(1+i)$ 乘①式两边，得：

$$F(1+i) = A(1+i)^n + A(1+i)^{n-1} + \cdots + A(1+i)^2 + A(1+i) \quad ②$$

②－①得：

$$F(1+i) - F = A(1+i)^n - A$$

整理后得：

$$F = A\frac{(1+i)^n - 1}{i}$$

此式即为普通年金复利终值公式。式中 $\frac{(1+i)^{n-1}}{i}$ 称为普通年金终值系数。表示为 $(F/A, i, n)$，其含义为 n 个计息周期内每期末借入 1 元，在年利率为 i 时，第 n 期末应偿付的本利和。在已知 i，n 时可查复利系数表 F/A 栏。

【例 6】某开发项目投资总额 2 亿元，计划分 4 年投资，每年末投资 5000 万元，全部向银行贷款，设资金贷款年利率为 10%，问 4 年后应偿还的总投资复利本利和是多少？

【解】
$$F = A\frac{(1+i)^n - 1}{i}$$
$$= 5000 \times \frac{(1+10\%)^4 - 1}{10\%}$$
$$= 23205（万元）$$

（二）预付年金复利终值公式

预付年金是指在每期期初收付的年金,又称即付年金或先付年金。预付年金复利终值公式是每年年初等额贷款累计一次偿还本利和,或每年年初等额投资,累计一次回收资金的复利计算方法。

预付年金的现金流量图见图5-4。

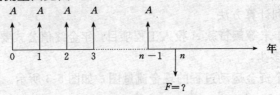

图5-4 预付年金复利终值现金流量图

由图5-4得:
$$F = A(1+i) + A(1+i)^2 + \cdots + A(1+i)^n$$

式中右边各项为等比数列,公比为$(1+i)$,据等比数列求和公式知:
$$F = \frac{A(1+i) \times [1-(1+i)^n]}{1-(1+i)}$$
$$= A \times \frac{(1+i)-(1+i)^{n+1}}{-i}$$
$$= A \times \left[\frac{(1+i)^{n+1}-1}{i} - 1\right]$$

式中$\left[\frac{(1+i)^{n+1}-1}{i} - 1\right]$称为预付年金终值系数,表示为$[(F/A,i,n+1)-1]$,可查$n+1$年的普通年金终值系数再减去1求得。

【例7】如果例6改为每年年初投资5000万元,4年后应偿还的总投资复利本利和是多少?

【解】
$$F = A[(F/A,i,n+1)-1]$$
$$= 5000 \times [(F/A,10\%,4+1)-1]$$

查表得 $(F/A,10\%,5) = 6.105$

所以
$$F = 5000 \times (6.105-1)$$
$$= 25525(万元)$$

四、偿债(或投入)基金公式

偿债或投入基金公式可以解决这样的问题:若计划在n年后积累一笔资金F,用于偿债或投资),在年利率为i复利计息的情况下,每年末需要等额存储多少数额的资金A。即已知普通年金终值求年金。用现金流量图可表示如下(图5-5)。

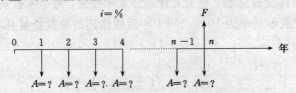

图5-5 偿债基金公式现金流量图

由于这种情况与普通年金复利终值要解决的问题正好相反,后者是已知A求F,现在

是已知 F 求 A，因此，只要变换一下普通年金复利终值公式即可。即由 $F=A\dfrac{(1+i)^n-1}{i}$ 得：

$$A=F\dfrac{i}{(1+i)^n-1}$$

式中 $\dfrac{i}{(1+i)^n-1}$ 称为偿债基金系数或投入基金系数。表示为 $(A/F,i,n)$，已知 i，n 时查复利系数表 A/F 栏可求得。

【例8】拟在5年后还清100万元债务（或用于投资），从现在起每年等额存入银行一笔款项，假设银行存款利率为12%，每年需存多少万元？

【解】
$$A=F\dfrac{i}{(1+i)^n-1}$$
$$=100\times\dfrac{12\%}{(1+12\%)^5-1}$$
$$=15.74(万元)$$

五、资金回收公式

该公式要解决的问题是：在年利率为 i 复利计息的情况下，为在第 n 年末将初始投资 P 全部收回，在 n 年内每年年末应等额回收多少数额的资金 A。用现金流量图表示如下（图5-6）。

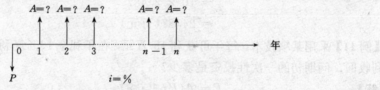

图5-6 资金回收公式现金流量图

资金回收公式可根据偿债基金公式和一次支付本利和公式求得。

因为
$$A=F\dfrac{i}{(1+i)^n-1}$$
$$F=P(1+i)^n$$

所以，
$$A=P(1+i)^n\dfrac{i}{(1+i)^n-1}$$
$$=P\dfrac{i(1+i)^n}{(1+i)^n-1}$$

式中 $\dfrac{i(1+i)^n}{(1+i)^n-1}$ 称为资金回收系数或资金还原系数，表示为 $(A/P,i,n)$ 可查表求得。

【例9】假设以15%的年利率贷款500万元，投资于某个寿命为10年的项目，每年至少要收回多少现金才是有利的？

【解】
$$A=P\dfrac{i(1+i)^n}{(1+i)^n-1}$$
$$=500\times(A/P,15\%,10)$$

$$= 500 \times 0.19925$$
$$= 99.625(万元)$$

六、年金现值公式

（一）普通年金现值公式

普通年金现值公式要解决的问题是：每年年末支付相同的资金 A，年利率为 i 复利计息，经过 n 年后的本利和折成现值是多少；或每年年末等额偿还资金 A，现在需贷款多少；或每年年末等额回收资金 A，现在需投资多少；或每年年末要从银行取款 A，现在应在银行存多少钱 P。

普通年金现值公式可以从资金回收公式导出，即：

$$P = A \frac{(1+i)^n - 1}{i(1+i)^n}$$

式中 $\frac{(1+i)^n - 1}{i(1+i)^n}$ 称为普通年金现值系数，表示为 $(P/A, i, n)$。

【例10】某单位欲租房3年，每年租金10万元，设银行存款利率10%，现在应准备多少钱存入银行？

【解】
$$P = A(P/A, i, n)$$
$$= 10 \times (P/A, 10\%, 3)$$
$$= 10 \times 2.487$$
$$= 24.87(万元)$$

【例11】采用某项技术，每年可获利15万元，在年利率10%复利计息时，4年即可连本带利收回，问期初的一次性投资是多少？

【解】
$$P = A(P/A, i, n)$$
$$= 15 \times (P/A, 10\%, 4)$$
$$= 15 \times 3.17$$
$$= 47.55(万元)$$

利用普通年金现值公式，可以计算年金偿还年限，即已知 P、A、i 求 n 有两种计算方法：

一是查复利系数表，见例12。

【例12】设一项投资1000万元，年利率12%复利计息，若投资后每满一年可收回177万元，问连续收多少年可收回全部投资的本利？

【解】　因为 $\quad P = A(P/A, i, n)$
所以 $\quad 1000 = 177(P/A, 12\%, n)$
即 $\quad (P/A, 12\%, n) = 5.65$

查利率为12%的复利系数表的 P/A 栏，知年金现值系数为5.65时对应的年限为10年。即连续收10年才可收回全部1000万元的本利。

第二种方法是直接从年金现值公式求得。

由 $P = A \frac{(1+i)^n - 1}{i(1+i)^n}$ 整理可得：

$$(1+i)^n = \frac{A}{A - P \cdot i}$$

$$= (1 - \frac{P \cdot i}{A})^{-1}$$

取对数：

$$n\lg(1+i) = -\lg(1 - \frac{P \cdot i}{A})$$

$$n = \frac{-\lg(1 - \frac{P \cdot i}{A})}{\lg(1+i)}$$

通过计算资金偿还年限可解决一些投资决策问题。

【**例 13**】 某企业拟购置一台节能型新设备，更新现有的高能耗设备，每月可节省电费 100 元，但价格比现有设备高出 3600 元，问新设备应使用多少年才合算（假设利率 12%，每月复利一次）？

【**解**】
$$P = 3600$$
$$P = 100 \times (P/A, 1\%, n)$$
$$(P/A, 1\%, n) = 36$$

查"复利系数表"可知 $n = 45$，即新设备的使用寿命至少应达到 45 个月（3 年零 9 个月），否则不如使用老设备。

（二）预付年金现值公式

预付年金求现值的流量图如下图 5-7。

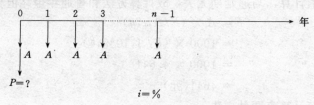

图 5-7 预付年金现值公式现金流量图

根据一次支付复利现值公式可知：

$$P = A + A(1+i)^{-1} + A(1+i)^{-2} + \cdots + A(1+i)^{-(n-1)}$$

式中各项为等比数列，首项是 A，公比是 $(1+i)^{-1}$，根据等比数列求和公式：

$$P = \frac{A \times [1 - (1+i)^{-n}]}{1 - (1+i)^{-1}}$$

$$= A \frac{1 - (1+i)^{-n}}{\frac{1+i}{1+i} - \frac{1}{1+i}}$$

$$= A \frac{[1 - (1+i)^{-n}](1+i)}{i}$$

$$= A \left[\frac{1 - (1+i)^{-(n-1)}}{i} + 1\right]$$

$$= A \left[\frac{(1+i)^{n-1} - 1}{i(1+i)^{n-1}} + 1\right]$$

式中 $\left[\dfrac{(1+i)^{n-1}-1}{i(1+i)^{n-1}}+1\right]$ 是预付年金现值系数，表示为 $[(P/A,i,n-1)+1]$。可查 $(n-1)$ 期的普通年金现值系数，然后再加 1 求得。

【例14】 5 年分期付款购入一处房产，每年初付 5 万元，设银行利率为 10%，该项分期付款相当于一次现金支付的购价是多少？

【解】
$$P = A \times [(P/A, i, n-1) + 1]$$
$$= 5 \times [(P/A, 10\%, 4) + 1]$$
$$= 5 \times [3.17 + 1]$$
$$= 20.85 (万元)$$

（三）递延年金现值的计算

递延年金是指第一次收付发生在第二期或第二期以后称为递延期的年金。递延期年金的收付形式如图 5-8 所示，

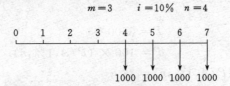

图 5-8 递延年金收付形式图

从图中可以看出，前 3 期没有发生资金支付，即本例递延期数为 3，递延期一般用 m 表示，第一次支付在第 4 期末，每期 1000 元，连续支付 4 期，即 $n=4$。

递延年金的终值计算，与递延期无关，故计算方法和普通年金终值相同：
$$F = A \times (F/A, i, n)$$
$$= 1000 \times (F/A, 10\%, 4)$$
$$= 1000 \times 4.641$$
$$= 4641 (元)$$

递延年金的现值计算有两种方法：

第一种方法，是把递延年金视为 n 期普通年金，求出递延年期末的现值，然后再将此现值调整到第一期初（即图 5-8 中 0 的位置）。
$$P_3 = A \times (P/A, i, n)$$
$$= 1000 \times (P/A, 10\%, 4)$$
$$= 1000 \times 3.170$$
$$= 3170 (元)$$
$$P_0 = P_3 \times (1+i)^{-m}$$
$$= 3170 \times (1+10\%)^{-3}$$
$$= 3170 \times 0.7513$$
$$= 2381 (元)$$

第二种方法，是假设递延期中也进行支付，先求出 $(m+n)$ 期的年金现值，然后扣除实际并未支付的递延期 (m) 的年金现值，即可得出最终结果。
$$P_{(m+n)} = 1000 \times (P/A, i, m+n)$$
$$= 1000 \times (P/A, 10\%, 3+4)$$

$$= 1000 \times 4.868$$
$$= 4868(元)$$
$$P_{(m)} = 1000 \times (P/A, i, m)$$
$$= 1000 \times (P/A, 10\%, 3)$$
$$= 1000 \times 2.487$$
$$= 2487(元)$$
$$P_{(n)} = P_{(m+n)} - P_{(m)}$$
$$= 4868 - 2487$$
$$= 2381(元)$$

七、定差数列现值公式

定差数列是一种定额增加或定额减少的现金流量数列。例如有一组现金流量，其第一年末的支付是 A_1，第二年末的支付是 A_1+G，第三年末的支付是 A_1+2G，……，第 n 年末的支付是 $A_1+(n-1)G$，即形成一个定差数列，如图 5-9 所示。

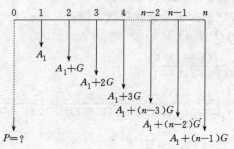

图 5-9

如何计算它的现值 P 呢？我们可以把图 5-9 分解为图 5-10 和图 5-11。

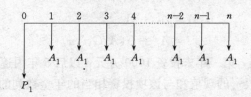

图 5-10

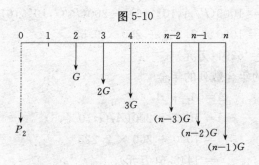

图 5-11

则 $P = P_1 + P_2$

$P_1 = A_1(P/A, i, n)$

$P_2 = \dfrac{G}{(1+i)^2} + \dfrac{2G}{(1+i)^3} + \dfrac{3G}{(1+i)^4} + \cdots + \dfrac{(n-2)G}{(1+i)^{n-1}} + \dfrac{(n-1)G}{(1+i)^n}$，即

$P_2 = G \cdot \dfrac{1}{i}\left[\dfrac{(1+i)^n - 1}{i(1+i)^n} - \dfrac{n}{(1+i)^n}\right]$

式中 $\dfrac{1}{i}\left[\dfrac{(1+i)^n - 1}{i(1+i)^n} - \dfrac{n}{(1+i)^n}\right]$ 称为定差现值系数，用 $(P/G, i, n)$ 表示。

因此，$P = A_1(P/A, i, n) + G(P/G, i, n)$

运用此式应注意定差值是从第 n 年末开始的。

八、定 差 年 金 公 式

定差年金公式即求与定差数列相当的年金数列的年金公式。

将图 5-11 所示的 P_2 等额分配到各年 A_2，再加图 5-10 中的 A_1 值，即是与图 5-9 所示的定差数列相当的年金数列的年金值。

将 P_2 值等额分配的办法是乘资金回收系数。即：

$A_2 = P_2(A/P, i, n)$

$\quad = P_2 \cdot \dfrac{i(1+i)^n}{(1+i)^n - 1}$

$\quad = G \cdot \dfrac{1}{i}\left[\dfrac{(1+i)^n - 1}{i(1+i)^n} - \dfrac{n}{(1+i)^n}\right] \cdot \left[\dfrac{i(1+i)^n}{(1+i)^n - 1}\right]$

$\quad = G\left[\dfrac{1}{i} - \dfrac{n}{(1+i)^n - 1}\right]$

式中 $\left[\dfrac{1}{i} - \dfrac{n}{(1+i)^n - 1}\right]$ 可表示为 $(A/G, i, n)$ 称为定差年金系数。

因此，$A_2 = G(A/G, i, n)$

所求年金 $A = A_1 + A_2$

$\quad\quad\quad\quad = A_1 + G(A/G, i, n)$

【例 15】某开发项目，第一年末投资 1000 万元，以后 5 年内逐年增加 200 万元，设年利率 10%，试求该项目投资的现值和与该项投资相当的年金数列的年金值。

【解】该项目投资的现值 $P = P_1 + P_2$

$P = 1000(P/A, 10\%, 6) + 200(P/G, 10\%, 6)$

$\quad = 1000 \times 4.355 + 200 \times 9.68$

$\quad = 6291(万元)$

与该项目投资相当的年金数列的年金

$A = A_1 + A_2$

$A = 1000 + 200(A/G, 10\%, 6)$

$\quad = 1000 + 200 \times 2.228$

$\quad = 1445.6(万元)$

前述定差数列现值公式和定差年金公式是以定差增加的数列为基础推导的，因此只适用于定差增加的数列，如遇定差减少数列，则需注意以下几点：

1. 在定差减少数列内，其基础金额（即公式中的 A_1）为最大金额；
2. 在定差减少数列内，定差 G 为负值，因此在计算定差减少数列现值 P 和与其相当的年金数列的年金 A 时，必须用 $-G(P/G, i, n)$ 和 $-G(A/G, i, n)$；
3. 定差的现值永远发生在定差开始的两年前，而 A 值仍从第一年末开始一直连续到最后的第 n 年。

下面以实例说明定差减少数列的现值和年金的计算。

【例 16】 若年利率为 8%，试计算图 5-12 所示定差减少数列的现金流量的现值和与这项投资相当的年金数列。

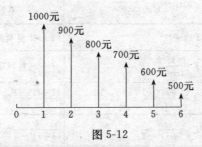

图 5-12

【解】将图 5-12 分解为图 5-13 和图 5-14。

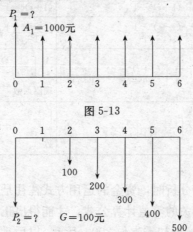

图 5-13

图 5-14

定差现金流量的现值 P 为：

$$P = P_1 + P_2$$
$$= 1000(P/A, 8\%, 6) - 100(P/G, 8\%, 6)$$
$$= 1000 \times 4.623 - 100 \times 10.523$$
$$= 3108.4 (元)$$

与该项投资相当的年金数列 A 为：

$$A = A_1 + A_2$$
$$= 1000 - 100(A/G, 8\%, 6)$$
$$= 1000 - 100 \times 2.276$$
$$= 672.4 (元)$$

以上我们系统介绍了复利等值计算的基本公式。掌握和熟悉这些公式，对于分析评价投资项目的经济效果是十分有用的。这些公式中的复利系数和标准形式是 $(Z/Y, i, n)$，Z 表示所求的是什么，Y 表示已知条件。在利率、期数 n 给定后 $(Z/Y, i, n)$ 即表示一个确定的系数，这个系数可查表也可按系数公式计算。系数求出后与已知的 Y 相乘即得出所求的 Z。例如：F/P 表示"已知 P 求 F"，而 $(F/P, 10\%, 20)$ 表示一个系数。这个系数与 P 相乘，即可求出按年利率 10% 复利计息时，20 年后的终值 F。表 5-2 汇集了本节所述的等值计算的基本公式及其系数。

等值计算基本公式及其系数表　　　　　　　　　　　表 5-2

公式名称	已知	求	基本公式	系数及其名称	系数代号
复利终值公式	P, i, n	F	$F = P(1+i)^n$	$(1+i)^n$ 复利终值系数	$(F/P, i, n)$
复利现值公式	F, i, n	P	$P = F \dfrac{1}{(1+i)^n}$	$\dfrac{1}{(1+i)^n}$ 复利现值系数	$(P/F, i, n)$
普通年金终值公式	A, i, n	F	$F = A \dfrac{(1+i)^n - 1}{i}$	$\dfrac{(1+i)^n - 1}{i}$ 普通年金终值系数	$(F/A, i, n)$
偿债(投入)基金公式	F, i, n	A	$A = F \dfrac{i}{(1+i)^n - 1}$	$\dfrac{i}{(1+i)^n - 1}$ 偿债(投入)基金系数	$(A/F, i, n)$
资金回收公式	P, i, n	A	$A = P \dfrac{i(1+i)^n}{(1+i)^n - 1}$	$\dfrac{i(1+i)^n}{(1+i)^n - 1}$ 资金回收系数	$(A/P, i, n)$
普通年金现值公式	A, i, n	P	$P = A \dfrac{(1+i)^n - 1}{i(1+i)^n}$	$\dfrac{(1+i)^n - 1}{i(1+i)^n}$ 普通年金现值系数	$(P/A, i, n)$
定差数列现值公式	G, i, n	P	$P = G \dfrac{1}{i} \left[\dfrac{(1+i)^n - 1}{i(1+i)^n} - \dfrac{n}{(1+i)^n} \right]$	$\dfrac{1}{i} \left[\dfrac{(1+i)^n - 1}{i(1+i)^n} - \dfrac{n}{(1+i)^n} \right]$ 定差现值系数	$(P/G, i, n)$
定差年金公式	G, i, n	A	$A = G \left[\dfrac{1}{i} - \dfrac{n}{(1+i)^n - 1} \right]$	$\left[\dfrac{1}{i} - \dfrac{n}{(1+i)^n - 1} \right]$ 定差年金系数	$(A/G, i, n)$

在实际进行投资项目经济分析时，资金的运用方式往往是呈多样性的，因此需要根据实际现实流量情况综合运用相关的等值计算公式，才能得出正确结论。

【例 17】某项物业投资，期初需支付 2000 万元，以后 5 年中每年末支付 1000 万元。另外，在第 3 年末和第 4 年末又各投资 1000 万元和 1500 万元。设年利率 10%，问第 5 年末该项目投资总额的复利本利和为多少？该项投资从第 6 年开始营运，每年获利润 2000 万元，问全部投资运营几年后可以收回？

【解】首先绘出现金流量图。如图 5-15 所示。

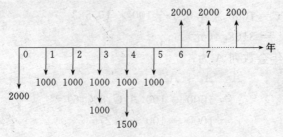

图 5-15

然后,针对投资的四种情况,分别计算如下:

(1) 期初一次支付 2000 万元,根据复利终值公式 5 年后的本利和为:
$$F_1 = P(1+i)^n$$
$$= 2000(1+10\%)^5$$
$$= 3221.02(万元)$$

(2) 每年末支付 1000 万元,根据普通年金终值公式,5 年后的本利和为:
$$F_2 = A\frac{(1+i)^n - 1}{i}$$
$$= 1000 \times \frac{(1+10\%)^5 - 1}{10\%}$$
$$= 6105.10(万元)$$

(3) 第 3 年末一次投入 1000 万元,根据复利终值公式,第 5 年末的复利本利和为:
$$F_3 = P(1+i)^n$$
$$= 1000(1+10\%)^2$$
$$= 1210(万元)$$

(4) 第 4 年末一次投入 1500 万元,第 5 年末的复利本利和为:
$$F_4 = P(1+i)^n$$
$$= 1500(1+10\%)$$
$$= 1650(万元)$$

第 5 年末投资总额的复利本利和为上述各期末数值的总和,即:
$$F = F_1 + F_2 + F_3 + F_4$$
$$= 3221.02 + 6105.10 + 1210 + 1650$$
$$= 12186.12(万元)$$

由于各年净利润相等,从第 6 年算起全部投资的资金偿还年限可根据普通年金的资金偿还年限公式计算,即:

$$n = \frac{-\lg\left(1 - \frac{P \cdot i}{A}\right)}{\lg(1+i)}$$

$$= \frac{-\lg\left(1 - \frac{12186.2 \times 10\%}{2000}\right)}{\lg(1+10\%)}$$

$$= 9.9(年)$$

上述计算过程中的复利系数,如果直接查复利系数表,可大为减少计算工作量。

第三节 投资风险与风险价值

一、风险的概念

如果企业的一项经营活动有多种可能的结果,其将来的财务后果是不肯定的,就叫有风险。例如:我们在预计一个投资项目的报酬时,不可能十分精确,也没有百分之百的把握。这是因为有些事情的未来发展我们事先不能确知，如价格、销量、成本等都可能发生我们预想不到并且无法控制的变化。相反如果一项经营活动只有一种后果，就叫没有风险。如将一笔款项存入银行，可以确知一定时期后的本利和，几乎没有风险，如果将其投资于股票则收益是不确定的，风险要大得多。

一般来说，风险是指在一定条件下和一定时期内可能发生的各种结果的变动程度。

首先，风险是指"一定条件"下的风险。比如投资房地产，在什么时间投，投资于哪一个或几个项目，投多少，风险是不一样的。这些问题一旦决定下来，风险大小你就无法改变了。这就是说，特定投资的风险大小是客观的，而你是否冒风险及冒多大风险，是可以选择和由主观决定的。

其次，风险是"一定时期内"的风险，风险的大小随时间延续而变化。如对一个投资项目的成本，事先预计可能不很准确，但越接近项目完工则预计越准。随着时间的延续，事件的不确定性在缩小，事件完成，其结果也就完全肯定了。因此风险总是"一定时期内"的风险。

第三，风险是指事先可以知道所有可能结果及每种结果的变动程度。变动程度常用标准方差来表示，以描述分散的各种可能收益与均值偏离的程度。一般说来，标准方差越大，各种可能收益的分布就越分散，投资风险也就越大，反之亦然。

严格来说，风险与不确定性是有区别的，风险可以知道事件所有可能的后果及每种后果的概率。不确定性则是不知道所有可能的后果，或者虽然知道可能后果，但不知道它们出现的概率。如在一个新区找矿，事前知道只有找到和找不到两种后果，但不知道两种后果的可能性各占多少，属于"不确定"问题而非风险问题。但是在面向实际问题时，两者也难区分，风险问题的概率往往不能准确知道，不确定性问题也难估计一个概率，因此在实务领域对风险和不确定性分析不作区分，都视为"风险"问题对待，把风险理解为可测定概率的不确定性。概率的测定有两种：一种是客观概率；另一种是主观概率，是在没有大量实际资料的情况下，人们根据有限资料和经验合理估计的。

风险可能给投资人带来超出预期的收益，也可能带来超出预期的损失。一般说来，投资人对意外损失的关切，比对意外收益要强烈得多，因此，人们研究风险时，侧重减少损失，主要从不利的方面考查风险，经常把风险看成是不利事件发生的可能性；从财务角度来说，风险主要指无法达到预期报酬的可能性。

二、房地产投资风险

房地产投资风险是指房地产投资获取预期投资收益的可能性大小，或遭受损失的可能性大小。房地产投资由于数额大，周转慢，变现能力差，因此，风险更大。为此，每个房地产投资者都应加强自己的风险意识，谨慎地参与房地产投资。

从影响房地产投资净经营收益的主要因素分析，房地产投资风险主要有以下几种类型。

1. 筹资风险

筹资风险是指因借款而增加的风险，是筹资决策带来的风险。

例如：甲公司有资本100万元，市场繁荣时，每年盈利20万元，资本报酬率20%，市场情况较差时，亏损10万元，资本报酬率-10%。假设公司预期今年市场情况不错，借入资金100万元，利息率10%，预期盈利40万元（200×20%），支付利息后盈利30万元

（40－100×10％）。资本报酬率上升为30％（30/100×100％）。这就是负债经营的好处。但是应同时看到，这个借款决策加大了原有的风险。如果借款后遇上了市场萧条，公司付息前应亏损20万元（200×10％），付息10万元后亏损30万元，股东的资本报酬率变为－30％，这就是负债经营的风险。

举债加大了企业的风险。运气好时赚得更多；运气不好时赔得更惨。如果企业不借钱，全部使用股东的资本，那么只有经营风险，没有财务风险。如果经营是肯定的（实际上总有经营风险），如肯定能赚10％，那么负债再多也没关系，只要利率低于10％，财务风险只是加大了经营风险。

应不应当借钱经营、应借多少，那要看风险有多大，冒风险预期得的报酬有多少，以及企业愿意不愿意冒风险。

2. 市场风险

房地产的不可移动性和受制于区域性需要，决定了房地产市场是一个地区性市场。不同国家、不同城市甚至一个城市内部的不同地区之间，房地产的市场条件、供求关系、价格水平等都是不可比的。例如：北京市朝阳区是北京市的主要对外商贸区，写字楼、酒店林立，而海淀区则是北京市的科学、文化、教育和高新技术集中的地区，两个区所依托的大环境不同，其房地产市场就不可比。因此投资于不同的房地产市场，其风险是不一样的。

由于房地产市场是地区性市场，因此，它受当地市场环境条件变化的影响比整个国家市场环境条件变化的影响要大得多。只要当地经济的发展是健康的，对房地产的需求就不会发生大的变化。房地产市场的地区性特点既是其优点也是其缺点。

对于许多城市来说，往往都有其主导产业。例如，我国的杭州、桂林是著名的国际旅游城市，但如果旅游业出现问题的话，尽管整个国家的经济是健康的，这两个城市的房地产市场也会受到很大的影响；相反，如果整个国家的经济处于衰退之中，但地区经济发展很正常的话，其房地产市场就不致受到太大的影响，例如美国著名的赌城拉斯维加斯，尽管整个美国的经济长期不景气，但该城赌博业的发展日新月异，带动了房地产市场的飞速发展。

房地产投资者并不象证券投资者那样有较强的从众心理，每一个房地产投资者对市场都有自己独特的观点。房地产市场投资的强度取决于潜在的投资者对租金收益、物业增值可能性等的估计。也就是说，房地产投资的决策只是基于对未来收益的估计。投资者可以通过密切关注当地经济的发展状况、细心使用投资分析的结果避免某些市场风险。

3. 利率风险

在市场利率发生变化的情况下，物业投资者的经营收益会发生变化，同时房地产的价值也会发生变动。一般来说，市场利率的微小变动会使房地产价值产生较大的变化。例如：假设一房地产的年净收益为1000元，市场利率为10％，那么该房地产的价值即为10000元，因为它的年收益相当于10000元人民币投入货币市场按10％利率所产生的收益，该房地产价值随市场利率变化而变动的情况如表5-3所示。

由表可知，当市场利率由5％上升到16％时，房地产价值由20000元降低到6250元，下降的幅度不可谓不大。因此利率变化给房地产投资带来的风险是毫无疑问的。其实作为证券投资者也同样面临这种风险。例如，股票投资者若持有盈利率为10％的股票，而市场上正在发行市盈率为12％的股票，那么他或者折价卖掉原来的股票，或者继续持有这种股票,但其价值已相对地减少了。两种情况都会使该项投资产生损失。

市场利率和房地产价值对照表　　　　　　　　　　表 5-3

市场利率（%）	5	6	7	8	9	10	11	12	13	14	15	16
房地产价值	20000	16667	14286	12560	11111	10000	9090	8333	7692	7143	6667	6250

长期以来,房地产投资所面临的利率风险并不显著,因为尽管抵押贷款利率不断上升,但房地产投资者一般能得到固定利率的抵押贷款,这实际上是将利率风险转嫁给了金融机构。然而现在就不同了,房地产投资者越来越难得到固定利率的长期抵押贷款,金融机构越来越强调其资金的流动性,盈利性和安全性,其所放贷的策略已转向短期融资或浮动利率贷款。因此,如果融资成本增加,房地产投资者的收益就会下降。房地产投资者即便得到的是固定利率贷款,在其转售物业的过程中也会因为利率的上升而造成不利影响,因为新的投资者必须支付较高的融资成本,从而使其物业投资的净经营收益减少,相应的新投资者所能支付的购买价格也就会大为降低。

对于物业投资者来说,为避免利率风险应尽量不去签署长期的大宗租约,通过及时调整租金的方法转移这种风险。由于所有的房地产投资者都面临着利率上升的情况,这种租金的调整有脱离整个房地产市场大趋势的危险。

4. 商业风险

商业风险是指房地产开发成本或物业投资的经营费用超过销售或营业收入的情况,商业风险来自成本费用和销售（营业）收入的不确定性。成本费用越高,销售（或营业）收入越小,这种风险越大。而作为影响开发成本和经营费用的主要因素的土地、建筑材料,劳动力等受市场及国家宏观调控的政策影响,其价格是不肯定的,因此成本费用风险是很难准确预测的。在成本费用一定的条件下,销售数量、价格、租赁价格成为获取投资收益多少的决定性因素,而在市场经济条件下,销售数量、价格和租赁价格受市场供求关系及国家政策等多种因素的影响,是很不确定或稳定的,这直接使投资者获取预期收益产生风险。

如何避免或减少商业风险所带来的投资损失。对于大型投资公司来说,房地产投资的损失可以充抵其他投资所带来的收益,使公司减少向政府交纳的税金,这时,政府实际上分担了由于房地产投资决策或经营管理不善所导致的损失或风险。投资者还可以通过委托物业管理的方式将物业投资的部分风险转嫁给专业物业管理公司,或通过抵押贷款的方式投资而将物业投资的部分损失转嫁给金融机构。

5. 变现风险

变现风险是投资者在将房地产转换成现金时,遭受损失的可能性。房地产投资周期长,变现性较差,因此很容易遭此风险。其中又以土地投资为甚,急于将土地投资转化成现金往往会导致巨额的损失。土地投资和其他房地产投资常常必须在经过一个合理的时间之后才能将财产在投资市场上出手。变现风险与商业风险既有联系又有区别,商业风险是一般经营者所共同面临的风险而变现风险突出了房地产投资周期长、变现性较差的特点,但变现风险最终又必然体现为商业风险。

6. 购买力风险

购买力风险是通货膨胀引起的。由于通货膨胀,今年的钱到明年就不能买到今年这么多东西,就象钱被窃走了一样。对于这种货币购买力的变动,投资者应该给予高度重视,不然,通货膨胀这个窃贼就会把他们的投资收益偷个精光。

对于某一项房地产投资,如果它的预期收益率为10%,但是由于通货膨胀的作用,它的实际收益率肯定达不到10%。如在通货膨胀率为6%的情况下,它的实际收益率则仅为4%。因此,投资者在考察投资收益时,不仅要考察名义上的收益率,更要考察实际收益率,因为实际收益率才是投资者的实际所得。

当收益是通过其他人分期付款的方式获得时,投资者就面临着最严重的购买力风险。如以固定租金方式出租物业的租期越长,投资者所承担的购买力风险就越大、通货膨胀导致未来收益的价值下降,换而言之,物业投资者以固定长期租金的方式承担了本来应由租客承担的风险。

目前,房地产投资者以固定租金的方式出租物业的租期一般是1~2年。这样,当经营成本例如房地产税或保险费增加的时候,投资者(业主)就可以通过调整租金在某种程度上减少经营成本突然增加带来的压力。物业的地段越好,提租的潜力就越大,抵抗通货膨胀的能力就越好。

7. 拖欠风险

拖欠风险是由于房地产购买者财务状况的好坏而使房地产投资及其报酬无法全部收回的可能性。房屋商品化的推行,房地产信用关系的发展,使这种风险大量存在于房地产市场中。如出租一栋高级住宅楼,价格300万元人民币,购楼公司分期付款,两年付清。但在此期间,该公司突然破产。根据法律规定,余款要排在破产公司支付清算费用、公司职员工资和各种税收之后,这样,房地产投资的收益就必然无法全部收回,甚至会血本无归。

当然,破产倒闭一般来说总能为投资者所预知,但比破产倒闭更常见的是购买方财务状况的恶化和债款的拖欠,它同样会使投资者遭受损失。

总之,房地产的购买方或租入方无论是破产还是拖欠,都会严重影响房地产投资收益的回收。

8. 政治风险

政治风险是指国家政策、法律变化所带来的风险。它往往给房地产投资收益带来直接或间接的影响。如国家控制固定资产投资规模,将影响市场需求量;控制农业用地向非农业用地转化及土地有偿使用,将导致土地供给的减少及开发成本的增加;鼓励个人拥有住宅,将引起房地产需求结构和购买力的变化。特别是有关税收政策的变化,直接影响到房地产投资收益的高低。例如,1994年1月1日开始实行的土地增值税,就使许多房地产投资者预期收益目标的实现遇到困难。

避免政治风险最有效的方法是选择政府鼓励的,有收益保证或有税收优惠政策的项目进行投资。例如,我国各城市均鼓励开发商投资旧城改造项目和普通居民居住项目,北京市对康居工程(居民普通住宅建设)投资的保底年投资收益为24%、广州为15%、天津市河西区对旧城危旧房改造项目有减免税收、免收地价款等优惠。

9. 或然损失风险

或然损失风险包括自然灾害风险和意外事故风险。自然灾害风险,是指由于人们对自然力失去控制或自然界本身发生异常变化造成损失的可能性。例如:火灾、雷电、龙卷风、暴风雨、洪水、海啸、地震、地陷、崖崩、雪灾、雹灾等。这些灾害一旦发生,就会造成巨大的损失，如毁坏房屋等。

意外事故除了包括上述的自然力破坏之外，还包括人们的过失行为或侵权行为，这种行为往往也会给房地产投资带来风险。例如，坏人纵火或小孩玩火，烧了房屋，毁了财产，造成很大的损失。但对于遭灾者来说，完全是一种意外的不幸事故。

对于自然灾害风险和意外事故风险，可以通过保险等手段将风险大幅度减少，但却不能完全消除。如一旦发生自然灾害或意外事故，虽通过财产保险能获得一定补偿。但房子变得不能再出租使用，租金收入自然也就没有了，所以有些投资者在对物业投保的同时，还希望其租金收入亦能有保障，因此也就租金收益进行保险。然而，虽说投保的项目越多，其投资的安全程度越高，但投保是需要支付费用的，如果保险费用的支出占租金收入的比例太大，投资者就差不多是在替保险公司投资了。所以最好的办法是加强物业管理，定期对建筑物及其附属设备的状况进行检查，防患于未然。

以上我们分析了房地产投资的风险因素。需要说明的是，房地产投资的具体项目是多种多样的，包括未开发的土地、公寓、住宅、写字楼、仓库、购物中心、宾馆、酒店等等。这些具体项目的投资特性不一样，因此面临的主要风险也不完全一样，这就需要投资者通过具体分析以有针对性地加强风险管理，提高房地产投资的经济效益。

三、风险的衡量

前述主要对风险问题作了定性分析。那么风险的大小或风险程度能不能进行定量的表述呢？回答是肯定的。目前人们主要是借助于概率和统计的方法进行衡量。

（一）什么是概率

在经济活动中，某一事件在相同的条件下可能发生，也可能不发生，这类事件称为随机事件。概率就是用来表示随机事件发生可能性大小的数值。通常把必然发生的事件的概率定为1，而一般随机事件的概率是介于0和1之间的一个数。概率越大就表示该事件发生的可能性越大，各事件发生的概率之和等于1。

【例18】某开发公司有两个投资机会，A项目是娱乐性项目，如状况良好，可获得很高利润、否则也可能利润一般甚至亏损。B项目是普通商品住宅楼，销售前景可准确预测出来。假设未来的市场状况只有繁荣、正常、衰退三种情况，其概率分布及各种情况的预期报酬率如表5-4。

表5-4

市场状况	发生概率	A项目预期报酬率	B项目预期报酬率
繁荣	0.3	120%	25%
正常	0.4	20%	20%
衰退	0.3	−80%	15%
合计	1		

表中市场状况的发生概率表示每一种市场状况出现的可能性，同时也就是各种不同预期报酬率出现的可能性。例如：未来市场状况出现繁荣的可能性为0.3，假如真的出现这种

情况，A 项目可获得高达 120% 的报酬，也就是说选择 A 项目获利 120% 的可能性是 0.3。当然报酬率作为一种随机变量，影响因素不可能只有市场状况一个，这里只是为了简化，假设其他因素都相同只有市场状况一个因素影响。还应注意各种市场状况出现的概率之和为 1。

（二）离散型分布和连续型分布

如果随机变量（例如报酬率）只取有限个值，并且对应于这些值有确定的概率，则称随机变量是离散型分布，前面所举例 1 就属离散型分布，报酬率取 3 个值，如图 5-16 所示。

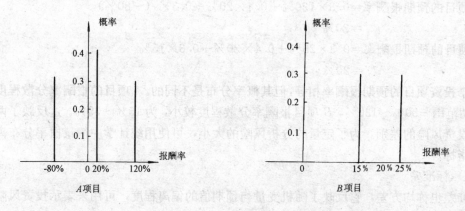

图 5-16

实际上，市场状况远不止三种，有无数可能的情况会出现，如果对每种情况都赋予一个概率，并分别测定其报酬率，则成为连续型分布，如图 5-17 所示。

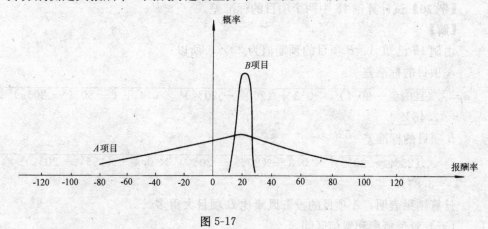

图 5-17

从图 5-17 可看出，所举例子的报酬率的概率分布为对称的钟型。我们称其为正态分布。实际上并非所有问题都按正态分布。但按统计学的理论，不论总体分布是正态或非正态，当样本很大时，如果被研究的量受彼此独立的大量偶然因素的影响，并且每个因素在总的影响中只占很小部分，那么这个总影响所引起的数量上的变化，就近似服从于正态分布。所以正态分布统计上被广泛运用。

（三）预期值

随机变量的各个取值，以相应的概率为权数的加权平均数，叫随机变量的预期值，也称数学期望或均值。它反映随机变量取值的平均化。

报酬率的预期值 $\overline{E} = \sum_{i=1}^{n}(P_i \times Z_i)$

P_i——第 i 种结果出现的概率；

Z_i——第 i 种结果出现后的预期报酬率；

n——所有可能结果的数目。

【例19】 计算例18中 A、B 项目的预期报酬率。

【解】

A 项目的预期报酬率 $= 0.3 \times 120\% + 0.4 \times 20\% + 0.3 \times (-80\%)$
$= 20\%$

B 项目的预期报酬率 $= 0.3 \times 25\% + 0.4 \times 20\% + 0.3 \times 15\%$
$= 20\%$

两个投资项目的预期报酬率相等,但其概率分布是不同的。A 项目的报酬率分散程度很大,变动范围 $-80\% \sim 120\%$,B 项目报酬率分散程度较小,为 $15\% \sim 25\%$。这反映了两个项目的投资风险的差别。为了定量的分析风险的大小,可使用统计学中衡量概率分布离散程度的指标。

（四）标准差

标准差也称均方差,它反映了随机变量与预期值的偏离程度,可用来表示投资风险的大小。

$$\text{标准差}(\delta) = \sqrt{\sum_{i=1}^{n}(Z_i - \overline{E})^2 \times P_i}$$

【例20】 试计算例18中两个项目的标准差。

【解】

由例19已知 A、B 项目的预期值为 20%,所以:

A 项目的标准差

$\delta = \sqrt{(120\% - 20\%)^2 \times 0.3 + (20\% - 20\%)^2 \times 0.4 + (-80\% - 20\%)^2 \times 0.3}$
$= 77.46\%$

B 项目的标准差

$\delta = \sqrt{(25\% - 20\%)^2 \times 0.3 + (20\% - 20\%)^2 \times 0.4 + (15\% - 20\%)^2 \times 0.3}$
$= 3.87\%$

计算结果表明,A 项目的投资风险比 B 项目大得多。

（五）置信概率和置信区间

利用统计学中置信概率和置信区间的概念,可以对风险投资的报酬率作进一步的分析。根据统计学的原理,在概率分布为正态分布的情况下,随机变量出现在预期值±1个标准差范围内的概率为 68.26%;出现在预期值±2个标准差范围内的概率为 95.56%;出现在预期值±3个标准差范围内的概率为 99.74%（如图5-18所示）。"预期值±Z个标准差"称为置信区间,相应的概率称为置信概率。置信概率实际上是正态分布曲线与置信区间所组成的面积。

由此可见,A 项目的实际报酬率有 68.26% 的可能性是在 $20\% \pm 77.46\%$ 的范围内,风险较大;B 项目的实际报酬率有 68.26% 的可能性是在 $20\% \pm 3.87\%$ 的范围内,风险较小。

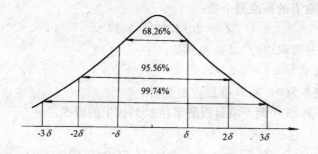

图 5-18

已知置信区间，可求出相应的置信概率，反之亦然。但这种计算比较麻烦，通常可编成表格以备查用（见本书附表2 正态分布曲线的面积），该表第一列和第一行组成标准差的个数。列和行交叉处的数字是相应的正态曲线下的面积占总面积的比重，即置信概率。但表中给出的只是对称轴一侧的面积，例如，1.00个标准差对应的数字是0.3413，则中轴两侧的面积占总面积的比重为68.26%（0.3413×2）。下面举例说明"正态分布曲线的面积"表的应用。

【例21】 试分析例18中 A 项目盈利的可能性有多大。

这个问题实际上是求置信区间为0～120%时的置信概率。即图5-19中斜线所示的正态分布曲线下的面积。

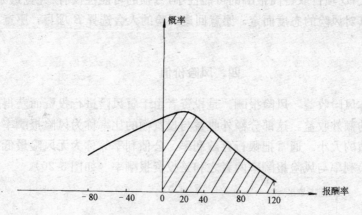

图 5-19

第一步可先计算0～20%（均值）的面积。该区间含有标准差的个数：
$$Z = 20/77.46 = 0.26$$
查表 $Z=0.26$ 时对应的面积是 0.1026。
20%～120%的部分占总面积的一半，所以：A 项目盈利的概率 $=50\%+10.26\%$
$$=60.26\%$$

A 项目亏损的概率 $=0.5-0.1026$
$$=39.74\%$$

同样可计算 B 项目盈利的概率。

在 0～20％区间含有的标准差个数：
$$Z = 20/3.87 = 5.17$$
查表知 $Z \geqslant 3.9$ 时面积均为 0.5，也就是：
B 项目盈利的概率为 $0.5 + 0.5 = 1$，
B 项目亏损的概率为 0，即 B 项目肯定盈利。

【例 22】 试分析例 18 中两个项目报酬率在 25％以上的概率。

【解】
$$Z(A) = (25 - 20)/77.46 \approx 0.07$$
查表得面积为 0.0279，所以：
A 项目报酬率 25％以上的概率为：$0.5 - 0.0279 = 47.21\%$
同样，可计算 B 项目的报酬率在 25％以上的概率：
$$Z(B) = (25 - 20)/3.87 = 1.29$$
查表得面积为 0.4015，所以：
B 项目报酬率为 25％以上的概率为：
$$0.5 - 0.4015 = 9.85\%$$
比较而言，B 项目取得 25％以上报酬率的可能性很小。

综上所述，两个项目的平均报酬率相同，但风险大小不同。A 项目可能取得高报酬，但亏损的可能性也大；B 项目取得高报酬的可能性小，亏损的可能性没有。究竟选哪一个项目，则由投资者根据其对风险的态度而定。愿意回避风险的人会选择 B 项目；愿意冒风险的人会选择 A 项目。

四、风险价值

风险价值又称风险收益，风险报酬。是投资者由于冒风险进行投资而获得的超过无风险资金时间价值的额外收益。这部分额外收益与投资额的比率称为风险报酬率。风险报酬率反映着风险价值的大小。通常把银行存款利率、公债利率等称为无风险最低报酬率或无风险利率。无风险利率与风险报酬率两者之和是投资报酬率（如图 5-20）。

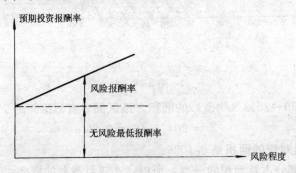

图 5-20

风险报酬率是风险的函数，且风险越大，要求的风险报酬率越高，否则投资者就不值得冒风险。假设风险和风险报酬率成正比，则：

$$\text{风险报酬率} = \text{风险报酬斜率} \times \text{风险程度}$$
$$\text{（风险价值系数）}$$

其中的风险程度可用标准离差等计算。风险报酬斜率取决于全体投资者的风险回避态度，可以通过统计方法来测定。如果大家都愿意冒风险，风险报酬斜率就小；如果大家都不愿意冒险，风险报酬斜率就大（见图5-21）。

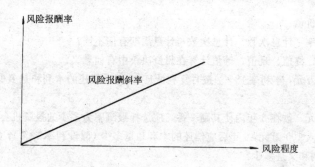

图 5-21

五、风险对房地产投资者的影响

房地产投资者面对着各种风险因素的作用，那么风险对房地产投资者的行为有哪些影响呢？下面作一简要分析。

风险对房地产投资者第一个影响就是投资风险令投资者根据风险大小，确定其合理的投资收益水平。

由于投资者的投资决策主要取决于对未来投资收益的预期或期望，所以不论投资的风险是高还是低，只要同样的投资产生的期望收益相同，那么无论是选择何种投资途径都是合理的。只是对于不同的投资者，由于其对待风险的态度不同而采取不同的投资策略。例如，在北京进行康居工程投资，政府保证24%的投资收益率，所以投资成功率几乎100%，除通货膨胀因素外没有其他风险。但如果一个开发商欲在北京投资娱乐项目，由于几乎受到所有风险因素的影响，其投资成功的可能性即风险率假设只有60%；开发商要想与投资康居工程获得同样的24%的收益率，其投资娱乐项目的年收益率必须达到40%（40%×60%＝24%）。对于两个开发商来说，后者可能会得到40%的投资收益，但也有可能连20%都达不到，因为其投资有较大风险；而对于前者来说，他可以保证得到24%的投资收益，但几乎放弃了得到40%投资收益的可能性。

风险对投资者行为的另外一个影响就是促使投资者尽可能回避、控制或转移风险。人们常说，房地产投资者应该是风险管理的专家，实践也告诉人们，投资的成功在很大程度上依赖于对风险的认识和管理，实际上即使在我们日常的工作和生活中几乎每一件事都涉及到风险管理。比如横穿马路为安全起见要对风险进行识别、分析和管理。人们的行动往往依赖于其对待风险的态度，但也要意识到不采取行动的风险可能是最大的风险。

风险管理于本世纪30年代起源于美国，现已成为一门独立的学科，广泛应用于投资管理、工程项目管理和企业管理等。风险管理包括风险的识别、评估、转移和控制。如前所述,房地产投资经营过程中充满了风险和不确定性。虽然房地产投资者尤其是开发商由于更容易接受不确定性和风险而被称之为市场上最大的冒险家,甚至有些开发商到了以风险变幻为乐的程度,但实际上他们是在进行过精心估算条件下的冒险。

考虑编写本书的目的,有关风险管理的详细内容不再赘述。

思 考 题

1. 什么是货币时间价值?
2. 什么是本金、利率、计息次数?计息次数与计息周期有何不同?
3. 什么是资金等值、终值、现值?等值计算在投资决策中有何意义?
4. 某公司贷款 100 万元,年利率 18%,按月复利计息,2 年后偿还的本利和是多少?该项贷款的实际利率是多少?
5. 现有资金 500 万元,欲在 3 年内使其翻一番,应选择报酬率为多少的投资机会?
6. 每年末向银行借入 100 万元,6 年后应偿还的本利和是多少(假设利率 12%)?如果每年年初借入,6 年后应偿还的复利本利和又是多少?
7. 某公司以年利率 12% 借款 600 万元,投资于某项目,如果要求第 5 年还清贷款,每年至少应回收现金多少万元?
8. 6 年分期购入一幢楼房,每年末付款 10 万元,设银行利率 12%,该项分期付款相当于一次现金支付的购价是多少?如果改由每年年初支付,结果又怎样?
9. 什么是房地产投资风险?房地产投资有哪些风险?风险对房地产投资者有何影响?
10. 某房地产公司有 A、B 两个投资机会,有关资料如下:

市场状况	发生概率	A 项目投资报酬率	B 项目投资报酬率
繁荣	0.3	90%	20%
正常	0.4	15%	15%
衰退	0.3	−60%	10%
合计	1		

要求:(1) 计算 A、B 项目的预期报酬率和标准差。
(2) 试分析两个项目盈利的可能性。
(3) 两个项目投资报酬率达到 20% 的可能性各是多少?

第六章 房地产投资项目的经济评价方法

房地产投资项目的经济评价是房地产投资项目可行性研究的核心，贯穿于可行性研究的全过程。它的最终目的是根据国民经济发展战略和城市发展规划的要求，在做好产品市场需求预测和工程技术研究的基础上，计算投资项目投入的费用和产出的效益。通过方案比较，对拟投资项目的经济可行性和合理性进行分析论证，作出全面的经济评价，为投资决策提供依据。

可行性研究中的投资项目经济评价有两种：一是在选择优化方案中的评价，用以比较和筛选方案，以寻求最佳或满意方案。二是确定推荐方案后，对投资项目进行最终的全面预测评价，作为上报可行性研究报告或编制设计任务书的依据，以协助决策者作出科学的投资决策。这两种评价方法基本相同。投资项目的经济评价根据评价角度的不同可分为财务评价和国民经济评价。财务评价是站在开发商的角度根据国家现行财税制度和现行价格管理办法，分析测算投资项目的效益和费用，考察开发项目的获利能力、清偿能力及外汇效果等财务状况，以判断投资项目财务上的可行性。投资项目的国民经济评价，是从国民经济综合平衡的角度分析计算投资项目可能产生的国民经济净效益，据以判断投资项目的经济合理性。这里主要介绍财务评价的指标和方法。

第一节 房地产投资项目的经济评价指标

房地产投资项目的经济评价方法有静态评价和动态评价两种方法。不考虑资金时间价值的评价方法称为静态评价方法。考虑资金时间价值的评价方法称为动态评价方法。两种方法都是通过计算分析一系列的评价指标来完成的。

一、房地产投资项目静态评价指标及计算分析

静态评价指标的计算比较简单易行，主要适用于投资较少，回收期短的投资项目的评价或对一些投资额大的中长期投资作较为概略的经济评价。

（一）单位建筑面积投资额

单位建筑面积投资额是反映投资节约效果的指标。在相同条件下，单位建筑面积投资额越少，就意味着开发成本越低，可能获得较好的投资效益。计算公式：

$$\phi = \frac{K}{m}$$

式中 ϕ——单位建筑面积投资额；

K——开发项目的投资总额；

m——开发项目建成后的总建筑面积。

对于从事住宅开发的房地产经营单位来说，一般是用余房量的综合单方造价（即余房

量的单位建筑面积投资额）来评价其开发的经济效益。余房量是指建成后的住宅量减去安置原有居民用房量而净得的住宅数量。

$$余房量的综合单方造价 = \frac{住宅建筑总投资}{住宅总建筑面积 - 拆迁安置用房面积}$$

这一指标越低，对开发商越有利。

（二）简单投资收益率

简单投资收益率是投资项目在计划经营期内的净收益与项目总投资之比。即：

$$R = \frac{S}{K}$$

式中 R——简单投资收益率；

S——投资项目在计划经营期内的净收益；

K——项目总投资额。

在一般情况下，简单投资收益率高于银行贷款利率，则可认为该投资项目是可行的；若在多个投资方案中进行选择时，如其他条件相同，则应选择投资收益率最高的方案。这个指标在对投资项目进行初步估计时具有实际意义。

（三）投资回收期（或还本期）

投资回收期是指从项目开始投资到项目产生的净收益补偿投资额为止所经历的时间。净收益对投资商而言包括净利润和折旧两部分。公式为

$$T = \frac{K}{F + D}$$

式中 T——开发项目投资回收期；

F——年净利润；

D——年折旧费；

K——开发项目总投资额。

直接用此公式计算投资回收期应具备三个条件：一是全部投资额均发生在第一年年初；二是投资当年即有净收益；三是每年的净收益相等。但由于一般情况下这三点条件难得同时具备，所以直接用公式不易准确计算出投资回收期。实践中一般是按开发项目的每年净现金流量（即净收益）进行推算。当累计净现金流量等于零时的年份，即为开发项目投资回收期。公式为：

$$投资回收期 = \left[\begin{array}{c}累计净现金流量出现\\正值的上一年份数\end{array}\right](年) + \frac{上一年累计净现金流量绝对值}{出现正值年份的净现金流量}$$

【例1】某投资方案的净现金流量如下（单位：万元）。

年末：	0	1	2	3	4	5	6……
净现金流量：	−50	−50	20	30	35	35	35……

试计算该项目投资回收期。

【解】计算过程如下：

年末：	0	1	2	3	4	5	……
累计净现金流量：	−50	−100	−80	−50	−15	20	……

累计净现金流量在第5年转为正值，根据公式：

投资回收期 $T = 4 + \frac{15}{35} = 4.43$（年）

在运用投资回收期对方案进行评价时，需要预先确定一个要求达到的回收期即基准回收期，如果项目的期望回收期短于基准回收期，便认为方案是可行的；如果开发商对两个或两个以上的方案进行选择时，投资回收期最短的为最佳方案。

投资回收期指标反映了投资回收的速度和项目的前期效益，它的最大优点是简便、直观，有利于投资者衡量投资风险。因为投资回收期越长，投资风险往往越大。但该指标也存在一些明显的局限性，除了没有考虑资金时间价值外，还有以下不足：一是只能反映项目在回收期内的效益，而不能反映项目在整个项目寿命期内的效益。例如，有 A、B 两个投资方案，A 方案前期净收益多，后期净收益少。B 方案恰恰相反。如果用投资回收期指标衡量得出的结论是 A 方案优于 B 方案，但实际上从总体上看 B 方案优于 A 方案。二是未顾及还本的速度。例 C、D 两个投资方案的净现金流量如下：

年末	0	1	2	3	4	5
C 方案净现金流量	-10000	500	1000	2000	3000	3500
D 方案净现金流量	-10000	3500	3000	2000	1000	500

计算结果表明，C、D 两方案的投资回收期都是 5 年，但 D 方案第一年便可回收投资的 1/3 以上，显然所承担的投资风险小些，而且收回的部分可以用以增加利润。三是基准投资回收期的制定是一件比较困难的事。所以投资回收期不是全面衡量投资效益的理想指标，必须和其他指标结合运用。

二、房地产投资的动态评价指标及计算分析

对房地产投资项目的一切现金流量都考虑它所发生的时刻及其时间价值来进行经济评价的方法，称为动态评价方法。动态评价能较全面准确地反映投资项目在整个寿命周期的经济效果。动态评价普遍适用于各类投资项目的经济评价，在一些投资额大的中长期投资项目经济效益评价中，更能显示其优越性。

（一）净现值

净现值是投资项目在投资活动有效期内的净现金流量按预先规定的折现率或基准收益率折算到投资项目实施开始的基准年（投资项目开始投入的年份）的数值。简而言之，净现值就是投资项目将来的全部现金流入与流出两者的现值之差。用净现值指标评价投资项目效益的好坏称为净现值法。

净现值计算公式如下：

$$NPV = \sum_{t=0}^{n}(CI_t - CO_t)(1+i)^{-t}$$

$$或 = \sum_{t=0}^{n}CF_t(P/F, i, t)$$

式中　NPV ——净现值；

CI_t ——年份 t 的现金流入量；

CO_t ——年份 t 的现金流出量；

i——折现率或基准收益率；

t——开发项目投资活动有效期（或折现期）；

CF_t——第 t 年的净现金流量；

$(P/F, i, t)$——第 t 年的复利现值系数。可以查复利系数表求得。

公式中的折现率反映了货币资金的时间价值，它的确定是动态分析的难点。一般由国家或部门制定基准收益率作为折现率。如果没有规定基准收益率，可以根据银行中长期贷款的实际利率确定，也可以由开发商根据要求的最低利润率来确定。

在利用净现值评价投资项目时，若 $NPV>0$，表明投资项目的收益率不仅可以达到基准收益率或折现率所预定的投资收益水平，而且尚有盈余；若 $NPV=0$，则表示投资项目的收益率恰好等于基准收益率或折现率所预定的投资收益水平；若 $NPV<0$，则说明投资项目的收益率达不到基准收益率或折现率所预定的投资收益水平。所以，只有 $NPV \geqslant 0$ 时，该投资项目在经济上才是可取的。

【例2】 设折现率为 10%，有 3 个投资机会，有关数据见表 6-1。

单位：千元　　　　　　　　　　　　　　　　　　表 6-1

期间	A 方案 净现金流量	B 方案 净现金流量	C 方案 净现金流量
0	−20000	−9000	−12000
1	11800	1200	4600
2	13240	6000	4600
3		6000	4600
合计	5040	4200	1800

试计算三个方案的净现值并进行方案选择。

【解】　A 方案的净现值 $= \sum_{t=0}^{n} CF_t (P/F, i, t)$

$= -20000 \times (P/F, 10\%, 0) + 11800 \times (P/F, 10\%, 1)$

$\quad + 13240 \times (P/F, 10\%, 2)$

$= -20000 \times 11800 \times 0.9091 + 13240 \times 0.8264$

$= 1669 (千元)$

B 方案净现值 $= -9000 + 1200 \times 0.9091 + 6000 \times 0.8264 + 6000$

$\quad \times 0.7513$

$= 1557 (千元)$

C 方案的净现值 $= -12000 + 4600 \times (P/A, 10\%, 3)$

$= -12000 + 4600 \times 2.487$

$= -560 (千元)$

式中 $(P/A, 10\%, 3)$ 为 $i=10\%$，$n=3$ 时的年金现值系数。

计算结果表明 A、B 两方案的净现值均大于零，说明投资收益率超过 10%，如果基准收益率是 10%，这两个方案是有利的，因而是可以接受的。A 和 B 相比，A 方案更好一些。

C方案净现值为负数,说明收益率达不到10%,应予放弃。

净现值法所依据的原理是:假设预计的现金流入在年末肯定可以实现,并把原始投资看成是按预定折现率借入的,则当净现值为正数时表明偿还本息后该项目仍有剩余的收益;当净现值为零时,偿还本息后一无所获;当净现值为负数时,项目收益不足以偿还本息。这一原理可通过A、C两方案的还本付息表说明,见表6-2,6-3。

A方案还本付息表 表6-2

年份	年初债款	年息10%	年末债款	偿还现金	债款余额
1	20000	2000	22000	11800	10200
2	10200	1020	11220	13240	−2020

C方案还本付息表 表6-3

年份	年初债款	年息10%	年末债款	偿还现金	债款余额
1	12000	1200	13200	4600	8600
2	8600	860	9460	4600	4860
3	4860	486	5346	4600	746

A方案在第二年末还清本息后尚有2020千元剩余,折合成现值为1669千元(2020×0.8264),即为A方案的净现值。C方案第三年末没能还清借款本息,尚欠746千元,折合成现值为560千元(746×0.7513),即为C方案的净现值。可见,净现值的经济意义是投资方案的折现后净收益。

(二)净现值率

净现值率亦称动态投资收益率。它表达了单位投资现值所获得的净收益现值的大小。用净现值率对投资项目进行分析的方法称为净现值率法。净现值率的计算公式如下:

$$NPVR = \frac{NPV}{PVI}$$

式中 $NPVR$——净现值率;

NPV——净现值;

PVI——投资总额的现值。

在用净现值率比较投资方案时,应采用相同的折现率和投资活动有效期,并选择净现值率最大的方案才能得出正确结果。

(三)效益—费用比

效益—费用比是投资方案未来现金流入现值与现金流出现值的比率。可以看成是1元原始投资可望获得的净收益。公式如下:

$$B/C = \frac{\sum_{t=0}^{n} CI_t(P/F,i,t)}{\sum_{t=0}^{n} CO_t(P/F,i,t)}$$

式中,B/C——效益—费用比。其他符号与净现值相同。

效益—费用比大于1,说明投资方案的收益超过成本,即投资报酬率超过预定折现率或基准投资收益率。若效益—费用比等于1,说明贴现后现金流入等于现金流出,投资报酬率与预定折现率相同。效益费用比小于1,说明达不到预定的报酬率。

【例3】利用例2资料计算3个方案的净现值率和效益——费用比。

【解】净现值率:

$$NPVR(A) = \frac{1669}{20000} = 0.083$$

$$NPVR(B) = \frac{1557}{9000} = 0.173$$

$$NPVR(C) = \frac{-560}{12000} = -0.047$$

效益—费用比:

$$B/C(A) = \frac{21669}{20000} = 1.08$$

$$B/C(B) = \frac{10557}{9000} = 1.17$$

$$B/C(C) = \frac{11440}{12000} = 0.95$$

计算结果表明无论是净现值率还是效益—费用比,B 方案均优于 A 方案。但由例2我们已经知道 $NPV(A)$ 又大于 $NPV(B)$,到底哪个方案更好呢?如果两个方案是互斥的,当然是 A 方案好;如果两个方案是独立的,则应根据净现值率或效益—费用比的大小来选择。B 方案就成为较优方案。净现值作为绝对数指标,反映的是投资的效益;净现值率和效益—费用比作为相对数指标反映的是投资的效率。进行独立获利能力的比较是这两个指标的优点。

(四)净年值(年度等值)

净年值,是按一定的贴现率,把各期的净现金流量折算成各期期末的等额支付。任何一个方案的净现金流量,都可以先折算出净现值,然后乘以资金回收系数,即可求出净年值,即

$$NAV = NPV(A/P, i, n)$$

$$= \sum_{t=0}^{n} CF_t (P/F, i, t) \frac{i(1+i)^n}{(1+i)^n - 1}$$

式中 NAV——净年值。

根据例2资料,A、B、C 方案的净年值计算如下:

$$NAV(A) = NPV_A \cdot (A/P, 10\%, 2)$$
$$= 1669 \times 0.57619$$
$$= 961.66(千元)$$

$$NAV(B) = NPV_B \cdot (A/P, 10\%, 3)$$
$$= 1557 \times 0.40211$$
$$= 626.09(千元)$$

$$NAV(C) = NPV_C \cdot (A/P, 10\%, 3)$$
$$= -560 \times 0.40211$$

$$= -225.18(千元)$$

由于在贴现率 i 和方案寿命期 n 既定的情况下，$(A/P, i, n)$ 是一个确定的常数（如上例中 B 方案和 C 方案），所以 $NAV = NPV \times$ 常数，也就是说，净现值和净年值是成比例的。因此，可以把净年值看作是净现值的一个派生指标，两者在性质上相同，对方案的评价结论也是一致的。

如果有两个投资方案 A 和 B，只要 i 和 n 不变，则必然存在下列关系：

$$\frac{NPV_A}{NPV_B} = \frac{NAV_A}{NAV_B}$$

净年值反映了方案在基准贴现率条件下每年的平均支付值。当某方案的 $NAV \geq 0$ 时，方案可行，在多个方案的评选中，NAV 最大的可行方案是最优方案。

（五）内部收益率（内含报酬率）

从净现值的公式可以看出，若现金流量不变，NPV 值将随贴现率 i 的变化而变化，而且两者变动方向相反。如图 6-1 所示。

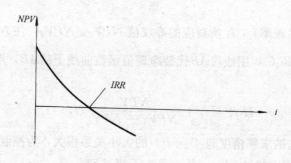

图 6-1 净现值函数曲线示意图

内部收益率就是指在项目寿命期内使投资方案净现值为零的贴现率 IRR。它应满足下式：

$$NPV = \sum_{t=0}^{n}(CI_t - CO_t)(1 + IRR)^{-t} = 0$$

$$或 = \sum_{t=0}^{n} CF_t(P/F, IRR, t) = 0$$

根据投资方案本身的内部收益率来评价方案优劣的评价方法称为内部收益率法。

净现值法和费用—效益比虽然考虑了时间价值，可以说明投资项目高于或低于某一特定的投资报酬率，但没有揭示项目本身可以达到的具体的报酬率是多少。内部收益率则揭示了投资项目实际达到的最高报酬率，它也是投资项目贷款所能支付的最高利率。因此可以用内部收益率确定接受贷款的最低条件。

在用内部收益率评价项目时，如果其大于基准收益率，则认为投资项目可行；否则不可行。如果没有规定的基准收益率，内部收益率应大于长期贷款的实际利率或银行贷款利率。在投资方案比较中，若不同方案投资规模相等，应选择内部收益率最高的方案。

前述求解内部收益率的方程是一个高次方程，解法比较复杂，常用的一种简易方法是线性插值法。

线性插值法求解内部收益率的解题思路如下（见图6-2）。

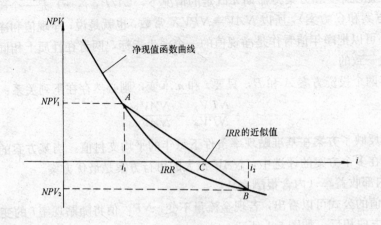

图 6-2

分别计算两个贴现率 i_1、i_2 所对应的净现值 NPV_1、NPV_2，使 $NPV_1>0$，$NPV_2<0$。在图中，$\Delta Ai_1C \backsim \Delta Bi_2C$，用线段 $\overline{AB}$ 代替净现值函数曲线上的 $\widehat{AB}$，用 C 作为 IRR 的近似值，则

$$IRR = i_1 + \frac{NPV_1}{NPV_1 - NPV_2}(i_2 - i_1)$$

由于线性插值法的求解精度与 (i_2-i_1) 的大小关系很大，为控制误差，试算的两个贴现率 (i_2-i_1) 一般不应超过 $1\%\sim 2\%$，最大不超过 5%。

【例4】利用例2资料，求 A、B、C 三个方案的内部收益率。

【解】由于 A 方案的净现值为正数，说明它的投资报酬率大于 10%，因此应提高贴现率进一步测试，假设以 18%（i_2）为贴现率测试，其结果净现值为 -499 元（NPV_2）。下一步将贴现率降低至 16%（i_1）重新测试，结果净现值为 9 元（NPV_1）。测试过程见表6-4。

A 方案内部收益率的测试　　　　　　　　表 6-4

年份	现金净流量	贴现率18%		贴现率16%	
		贴现系数	现值	贴现系数	现值
0	-20000	1	-20000	1	-20000
1	11800	0.847	9995	0.862	10172
2	13240	0.718	9506	0.743	9837
净现值			-499		9

由线性插值法公式得：

$$IRR(A) = 16\% + (18\% - 16\%) \times \frac{9}{9-(-499)}$$
$$= 16.04\%$$

B 方案用18%贴现率测试,净现值为-22元,用16%贴现率测试,净现值为338元。故:

$$IRR(B) = 16\% + (18\% - 16\%) \times \frac{338}{338 - (-22)}$$
$$= 17.88\%$$

用同样的方法可得 $IRR(C) = 7.33\%$。

假设企业要求的最低投资报酬率为10%,则 A、B 方案都可以接受,而 C 方案则应放弃。

内部收益率作为反映投资方案内在获利水平的指标是可以进行验证的。如果按投资方案的内部收益率作为贷款利率,通过借款来投资本项目,那么还本付息后将一无所获。以 C 方案为例,按7.33%的利率贷款投资,还本付息见表6-5。

C方案还本付息表　　　　　　　表6-5

年份	年初债款	利息(利率7.33%)	年末债款	偿还现金	债款余额
1	12000	880	12880	4600	8280
2	8280	607	8887	4600	4287
3	4287	314	4601	4600	-1

注:第三年末债款余额-1系四舍五入所致

内部收益率法和效益—费用比有相似之处,都是根据相对比率来评价方案。而不象净现值法那样用绝对数评价方案。在评价方案时要注意到,比率高的方案绝对数不一定大,反之亦然。A 方案净现值大,是靠2万元投资取得的;B 方案的净现值小,是靠9000元投资取得的。如果这两个方案是互相排斥的,即只能选择其中一个,那么选择 A 有利。A 方案尽管投资较大,但分析时已考虑到承担该项投资的利息。如果两个方案是相互独立的,也就是说采纳其中一个方案时不排斥同时采纳另一个方案,那么就很难根据净现值来排定优先次序。用内部收益率可解决这个问题,应优先安排内部收益率较高的 B 方案,如有足够的资金可以再安排 A 方案。

内部收益率法与效益—费用比也有区别。在计算内部收益率时不必事先选择贴现率,根据内部收益率就可以排定独立投资的优先次序,只是最后需要一个切合实际的基准报酬率来判断方案是否可行。效益—费用比需要一个适合的贴现率,以便将现金流量折为现值。贴现率的高低将会影响方案的优先次序。因此,人们普遍认为内部收益率法是分析评价投资方案的一个非常重要而又十分有效的工具。

(六) 动态投资回收期

为了克服静态投资回收期不考虑资金时间因素的缺点,在投资项目评价中可采取动态投资回收期。动态投资回收期是在基准贴现率条件下,从投资开始到项目净收益补偿投资额为止所经历的时间,即满足下式的 n 值。

$$\sum_{t=0}^{n} CF_t (1+i)^{-t} = 0$$

1. 动态投资回收期的一般公式

其推算方法是把投资项目各年的净现金流量按基准收益率或贴现率贴成现值后,再按推算静态投资回收期的办法求出。计算公式如下：

$$动态投资回收期 = 累计净现金流量折现值转为正值的前一年份 + \frac{前一年累计净现金流量折现值的绝对值}{出现正值年份的净现金流量折现值}$$

【例5】 某投资项目动态投资回收期推算表如表6-6所示。

动态投资回收期推算表　　　　表6-6

年份	净现金流量（万元）	i 为12%的净现金流量折现值（万元）	累计折现值
0	−5	−5	−5
1	−4	−3.57	−8.57
2	2	1.59	−6.89
3	2	1.42	−5.56
4	4	2.54	−3.02
5	4	2.27	−0.75
6	3	1.52	0.77

$$动态投资回收期 = 5 + \frac{0.75}{1.52} = 5.49（年）$$

2. 动态投资回收期的特殊公式

当投资项目的现金流量同时具备以下3个条件时：①全部投资额（P）均发生在第一年年初；②投资当年即有净收益；③每年的净收益相等（都为A）。则动态投资回收期成为满足下式的 n 值。

$$P = A \cdot \frac{(1+i)^n - 1}{i(1+i)^n}$$

式中 $\frac{(1+i)^n - 1}{i(1+i)^n}$ 为年金现值系数。

由此式可推导出：

$$n = -\frac{\lg\left(1 - \frac{P \cdot i}{A}\right)}{\lg(1+i)}$$

此式即为计算动态投资回收期的特殊公式，推导过程参见第五章普通年金现值公式中有关内容。

例如，对现金流量如下的投资项目（单位：元）

年　末	0	1	2	3	……	10
现金流量	−3500	1200	1200	1200	……	1200

如 $i=15\%$，则有

$$\text{动态投资回收期} = -\frac{\lg\left(1-\dfrac{3500\times 0.15}{1200}\right)}{\lg(1+0.15)} = 4.12(\text{年})$$

由于考虑了货币的时间价值,计算出的动态投资回收期要比静态投资回收期长一些。例5的静态回收期为4.25年,上例为2.92年,在项目采用银行贷款的情况下,项目投资回收期的估算显然是采用动态投资回收期比较合理。

（七）年成本（年度费用）

一个投资项目在寿命周期内的全部费用支出可称为这个投资项目的寿命周期成本。它包括两部分：一是初始投资,即项目购建的原始支出,在有效期结束时可能留下一部分残值；二是每年的使用费。即维持项目正常运营所支出的经常费用。包括运行费（人工、动力等费用）和年维修费。

投资项目的年成本是投资项目寿命周期内在基准贴现率条件下每年末的等额支出。计算年成本就是把投资项目寿命周期的全部成本支出,按基准贴现率折算成每年末的等额支出。由于投资项目各年的使用费用相差不大,为计算方便可以假定它们是相等的。因此只要把初始投资支出和残值收入折算为每年的等额支出（称为恢复费用）,再加上年使用费,即可求出投资项目的年成本。即：

年成本(AC) = 资金恢复费用 + 年使用费

资金恢复费用 = $P(A/P, i, n) - F(A/F, i, n)$

式中 P 表示初始投资,F 表示残值,$(A/P, i, n)$ 为资金回收系数,$P(A/P, i, n)$ 即将初始投资折算成每年末的等额支出。$(A/F, i, n)$ 为偿债基金系数,$F(A/F, i, n)$ 即将残值收入折算为每年的现金收入。

由于
$$\begin{aligned}F(A/F, i, n) &= F\cdot\frac{i}{(1+i)^n-1}\\ &= F\cdot\frac{i[1+(1+i)^n-(1+i)^n]}{(1+i)^n-1}\\ &= F\cdot\left[\frac{i(1+i)^n}{(1+i)^n-1}-i\right]\\ &= F(A/P, i, n)-F\cdot i\end{aligned}$$

因此,资金恢复费用 = $(P-F)(A/P, i, n) + F\cdot i$,如不计算残值,则资金恢复费用 = $P(A/P, i, n)$。

用年成本评选投资方案的方法称为年成本法。如果投资方案的寿命周期相同且建成后的功能相同,可只比较其年成本,年成本最小的方案就是最优方案。

【例6】某投资项目拟定了3个使用功能相同的建设方案,3个方案的费用支出情况如表6-7,残值均按初始投资的5%计算,$i_0=12\%$。试求最优方案。

三个方案的费用支出（单位：万元）　　　表6-7

年　末	支出项目	方　案		
		A	B	C
0	初始投资	1000	1500	2000
1~10	年使用费	210	120	100

【解】 $AC_A = 1000 \times (1-5\%)(A/P, 12\%, 10) + 1000 \times 5\% \times 12\% + 210$
$= 1000 \times (1-5\%) \times 0.1770 + 1000 \times 5\% \times 12\% + 210$
$= 384.15 \text{（万元）}$

$AC_B = 1500 \times (1-5\%) \times 0.1770 + 1500 \times 5\% \times 12\% + 120$
$= 381.23 \text{（万元）}$

$AC_C = 2000 \times (1-5\%) \times 0.1770 + 2000 \times 5\% \times 12\% + 100$
$= 448.3 \text{（万元）}$

由于 B 方案年成本最低，所以它是最优方案。

第二节 房地产投资的成本效益分析

成本效益分析是一种传统的评价方法。主要通过房地产投资的总开发成本与总收益之间的比较，来分析项目的回报率是否符合房地产投资收益率或投资利润率的标准。在成本和效益的计算上以现行财务、税收、金融等制度为依据，以现行价格体系中的价格为尺度。相关的变量主要有地价、建造成本、租金或售价、利息率、投资收益率、时间。

成本效益分析一般按以下步骤进行：

1. 分析拟购置地块上规划允许建设的最大建筑面积和可租售的面积；
2. 分析拟购置地块上规划允许的最佳用途；
3. 调查当地房地产市场上类似物业的销售价格和租金水平，同时决定拟开发项目最可能售价和租金；
4. 估算开发项目所需花费的总开发成本，包括土地成本、建筑成本、销售费用、管理费用和其他费用；
5. 计算投资该房地产开发项目的预期利润，确定投资方案是否可行。

下面举一简例说明成本效益分析的过程：

【例7】 某房地产开发公司拟在一块土地上建一座高级公寓，占地面积 $6000 m^2$，规划许可建设面积为 $16000 m^2$，地价为 8000 元$/m^2$，建造成本为 4800 元$/m^2$，预计项目建成后的售价为 15000 元$/m^2$（建筑面积），该项目分析过程如下（利率取 9%）。

1. 土地成本
(1) 地价：$6000 \times 8000 = 4800$（万元）
(2) 获取土地的代理费、律师费、印花税等相关费用（取地价的 1.2%）：
$$4800 \times 1.2\% = 58 \text{（万元）}$$
(3) 购买土地的总费用： $4800 + 58 = 4858$（万元）
(4) 从购买土地到项目销售完毕的利息支出
$$(24 \text{ 个月}, i = 9\%)：914 \text{ 万元}$$
(5) 土地总成本： $4858 + 914 = 5772$（万元）

2. 建造成本
(1) 建造成本预算：
$$16000 \times 4800 = 7680 \text{（万元）}$$
(2) 建筑师、预算师等专业人员费用（取建造成本预算的 8%）：

$$7680 \times 8\% = 614（万元）$$

(3) 利息支出（假设建造期12个月内费用均匀支出，出售期为6个月，$i=9\%$）：746万元。

(4) 建造总成本：　　　$7680+614+746=9040$（万元）

3. 销售成本：

(1) 物业代理费用（取销售收入的2%）：
$$16000 \times 15000 \times 2\% = 480（万元）$$

(2) 广告宣传费：假定为50万元

(3) 销售总成本：
$$480+50=530（万元）$$

4. 总开发成本：　　　$5772+9040+530=15342$（万元）

5. 预期净销售收入：
$$16000 \times 15000 \times (1-6.5\%) = 22440（万元）$$

(6.5%为销售税金及手续费)

6. 开发公司利润：
22440−15342=7098（万元）

7. 开发公司利润占总开发成本的百分数：
$$\frac{7098}{15342} \times 100\% = 46.3\%$$

一般来说，开发商的年成本利润率在15%～20%，就能满足其开发利润目标的要求，从本例计算结果看，该项目在经济上是可行的。

本例中，地价是已知的，在实际工作中开发商还可以预定其利润目标，然后推算其可接受的最高地价。这时，常用假设开发法（剩余法）来进行计算。

【例8】 某开发商拟购置一块写字楼用地，地块的规划条件是：土地面积4000m^2，容积率5，建筑覆盖率不大于50%。通过市场调查，初步确定写字楼的租金水平为70元/m^2·月（可出租面积），建造成本为800元/m^2，贷款利率10%。预计建设期为1年，租售期6个月，整个项目的开发周期为2年，试用假设开发法测算开发商能承受的地价。

分析计算如下：

1. 求预计的总开发价值（GDV）：

(1) 取综合还原利率为10.5%，建筑物可租售面积系数为0.75，出租成本为毛租金收入的25%。

(2) 预计年净租金收入：$70 \times 12 \times (4000 \times 5) \times 0.75 \times (1-25\%) = 945$（万元）

(3) 总开发价值：$945 \div 10.5\% = 9000$（万元）

2. 求总开发成本（TDC）：

(1) 建造成本：$800 \times (4000 \times 5) = 1600$（万元）

(2) 专业人员费用（取建造成本的10%）：160万元。

(3) 利息支出（建设期12个月内费用均匀支出，出租期6个月，$i=10\%$）：176万元

(4) 物业代理费用（取GDV的1%）：90万元

(5) 广告宣传及市场推广费：20万元

(6) 开发商利润（开发期两年，取成本利润率为30%）：614万元
(7) 总开发成本（不含土地成本）：
$$1600+160+176+90+20+614=2660（万元）$$
3. 余值：$9000-2660=6340$（万元）

该余值由下述因素构成：

(1) 地价：$1.0x$（x为地价）

(2) 土地购置费用：$0.012x$（即假设购置费为地价的1.2%）

(3) 在24个月开发期内的利息（$i=10\%$）：$0.2125x$

(4) 总的土地成本：$1.0x+0.012x+0.2125x=1.2245x$

(5) 总土地成本利润（目标利润率30%）：
$$1.2245x\times 1.30=1.5919x$$

由 $6340=1.5919x$ 得土地价值 $x=3983$（万元）

土地单价：$3983\div 4000=9958$（元/m²）

楼面地价：$9958\div 5=1992$（元/m²）

这就是开发商在保证实现既定的目标收益率前提下，愿意支付的最高地价水平。在实际购买土地时，如成交价低于上述地价水平，则开发商就能获取高于目标收益率的利润，反之则会达不到目标收益水平。

从上面的两个例子我们可以看出，传统的评估方法能为开发商提供以下数据：

1. 确定开发商试图获得的拟开发地块的最高价格。

2. 确定开发商的期望利润。将项目总开发价值扣除土地费用、建设费用、投资利息及租售成本，则得到开发项目的利润，只有在该利润达到一定水平时，项目才被认为可行。

3. 确定开发中可能出现的最高费用，以保证开发利润保持在一个合理的范围，同时使整个开发项目的费用在开发过程的各个阶段得到有效的控制。

当开发项目用于出售时，传统评估方法的基本公式可表示为：
$$RV=GDV-(DC+DP)$$

式中　RV——购置开发项目用地的最高价格；

GDV——整个开发项目的期望售价或总开发价值；

DC——开发费用（包括租售费用）；

DP——开发利润。

当开发项目用于出租时，上述公式中的 $GDV=\dfrac{NR}{Y}$，其中，NR为项目建成后每年的平均净租金收入，Y为预定的投资收益率。

运用成本效益分析方法评价投资方案的关键是准确地估算有关变量和参数，包括开发项目的收入（或总开发价值），开发项目的费用（或总开发成本），投资收益率以及开发商利润等。

开发项目的收入是指项目出售或出租所得的毛收入中扣除有关税费。由于开发项目大多是在整个开发工程完成后才被出租或出售的，所以收入的计算原则上应以将来的价格水平为依据。但在实际评估时为方便起见，可依开发前的价格水平进行评估，因为在大多数情况下，项目的收入和支出受市场价格变动的影响大致相同，纯收益变化不大。但在房地

产需求旺盛的地区或时期,项目收入的增长可能大于费用的上升,此时,根据具体情况可将收益水平估算的高些。

项目开发费用,主要是地价和建造费用,当地价确定后,建造费用实际上就成了影响开发商利润的主要因素。对投资项目分析时,可以通过了解类似物业的建造费用情况或针对开发项目本身的有关设计图纸估算此项费用。计算费用时一般也以当前的价格水平为依据,费用的增长大致能和收益的增长相抵。

投资收益率是指开发项目达到正常盈利年份时,年纯收益与项目投资的资本价值之比。房地产投资收益率的确定,一般要综合考虑以下因素:一是当前的经济状况,银行贷款利率和其他各行业总的收益水平;二是房地产的类型、地点及对未来租金增长的期望;三是承租者能够连续付租的能力;四是房地产寿命的长短;五是投资规模的大小。通常情况下,如果开发商对项目建成后获利能力的期望值越高,那么他确定的投资收益率便会低些;反之,如果项目预期收入增长缓慢,开发商就应将投资收益率定得高些,以便尽快收回投资。从目前的情况看,我国房地产投资的收益率依所处的城市和项目类型不同,大体在15%～20%之间,而许多西方发达国家的房地产投资收益率一般只有5%～7%。

开发商利润实际是开发商所冒开发风险的回报。一般说来,对于一个开发周期为3年的项目,其开发商利润大体应为总开发成本(含地价)的45%～60%之间,或总开发价值的30%～35%。

传统的成本效益分析方法在投资项目的评价中经常被采用,但它也是有缺陷的。一是费用支出和收入的时间分布没有弹性;二是分析计算过程主要依靠"最好的估计"这种单一情况,而没有体现开发过程中隐含的许多不确定性因素。三是没有充分考虑资金的时间价值。

第三节 房地产投资项目的盈亏平衡分析

盈亏平衡分析亦称量本利分析。它是通过对业务量、成本、利润相互关系的分析,判断企业对市场需求变化适应能力的一种不确定性分析方法。在房地产投资项目评价中,这种方法的作用是找出投资项目的盈亏临界,确定合理的投资面积,了解投资项目承担风险的能力。它特别适用于先开发后出售的投资项目的经济评价。

一、量本利的相互关系

盈亏平衡分析是以量本利相互关系的研究为基础的。企业的经营活动,通常以数量为起点,而以利润为目标。企业管理人员在决定业务量时,非常想知道对企业利润的影响,但是不知道收入和成本是难以预计利润的。预测收入可以根据业务量和单位售价来估计。而成本则不然,无论是单位成本还是总成本都难以把握。例如我们不能用单位成本乘以建筑面积来估计开发总成本。因为建筑面积变化后,单位成本也会发生变化。管理人员需要一个数学模型,这个模型应当除了业务量和利润之外,都是常数,使业务量和利润之间建立起直接的函数关系。这样就可以利用这个数学模型,在业务量变动时,估计其对利润的影响,或者在目标利润变动时计算出完成目标利润所需要的业务量水平。建立这样一个模型的主要障碍是成本和业务量之间的数量关系不清楚。为此人们首先研究成本和业务量之间的关系,并确立了成本按性态的分类,然后在此基础上明确成本数量和利润之间的相互关系。

量本利相互关系的研究,以成本和数量的关系为基础,它们通常被称为成本性态研究。所谓成本性态,是指成本总额对业务量的依存关系,在这里业务量是指企业的生产经营活动水平的标志量。它可以是产出量,也可以是投入量。可以使用实物度量、时间度量,也可以使用货币度量。例如产品产量、人工工时、销售额、运输吨公里等等,都可以作为业务量大小的标志。对于房地产开发投资来说,一般用建筑面积或销售额等表示业务量的多少。当业务量变化以后,各项成本有不同的性态,大体上可分为3种:固定成本、变动成本和混合成本。固定成本是不受业务量影响的成本。如房地产开发企业的固定资产折旧等。变动成本是随业务量增长而成正比例增长的成本。如房地产开发中建筑材料消耗等。混合成本是随业务量增长而增长,但不成正比例变化的成本。混合成本介于固定成本和变动成本之间,可以根据具体情况将其分解成固定成本和变动成本。这样,全部成本都可以分成固定成本和变动成本两部分。

在把成本分解成固定成本和变动成本两部分后,再把收入和利润加进来,成本、数量和利润的关系就可以统一于一个数学模型。这个数学模型可以用三种形式表达:

(一)损益方程式

1. 基本的损益方程式

用损益法计算利润,利润应等于一定期间的销售收入减去销售税金和与销售收入相配合的成本。即:

利润＝销售收入－销售税金－总成本

由于:

销售收入＝单位售价×销量

销售税金＝销售收入×税率

＝单位售价×销量×销售税率

总成本＝变动成本＋固定成本

＝单位变动成本×产量＋固定成本

假设产量和销量相同,则:

利润＝单位售价×销量－单位售价×销量×销售税率－单位变动成本×销量－固定成本

＝单位售价×销量×(1－销售税率)－单位变动成本×销量－固定成本

设 Z 表示利润;

P 表示单位售价;

Q 表示销量;

r 表示销售税率;

C_V 表示单位变动成本;

F 表示固定成本;

则上述公式可表示为:

$$Z = PQ(1-r) - C_V Q - F \qquad ①$$

此公式是明确表达量本利之间数量关系的基本方程式。它含有相互联系的6个变量,给定其中5个,便可求出另一个变量的值。

由于在对投资项目进行经济评价时，通常把单价，单位变动成本，固定成本，销售税率视为稳定的常量，只有销量和利润两个自由变量。给定销量时，可利用方程式直接计算出预期利润，给定目标利润时，可以直接计算出应达到的销售量。

【例9】 利达房地产开发公司拟开发一普通居民住宅，预计建成后，每 m^2 售价1500元，总开发建筑面积 $2000m^2$，销售税率5%，预计每 m^2 建筑面积的变动成本为800元，假设开发期间的固定成本为100万元，试计算该开发项目的预期利润。

【解】 该开发项目的预期利润：

$$Z = PQ(1-r) - C_V Q - F$$
$$= 1500 \times 2000 \times (1-5\%) - 800 \times 2000 - 1000000$$
$$= 25(万元)$$

2. 损益方程式的变换形式

基本的损益方程式把"利润"放在等号的左边，其他变量放在等号的右边，这种形式便于计算预期利润。如果待求的数值是其他变量，则可以将方程进行恒等变换，使等号左边是待求的变量，其他参数放在右边，由此可得出以下损益方程式的变换形式。

（1）计算销量的方程式：

$$Q = \frac{Z+F}{P(1-r) - C_V}$$

【例10】 假设例9中的利达房地产开发公司拟实现目标利润50万元，问应开发并销售多少建筑面积？

【解】 实现50万元利润应销售的建筑面积为：

$$Q = \frac{500000 + 1000000}{1500(1-5\%) - 800}$$
$$= 2400(m^2)$$

（2）计算单价的方程式：

$$P = \frac{Z + C_V Q + F}{Q(1-r)}$$

【例11】 假设例9中其他因素不变，但欲实现开发利润40万元，问每 m^2 售价应订为多少？

【解】 实现40万元利润的单方售价应为：

$$P = \frac{400000 + 800 \times 2000 + 1000000}{2000 \times (1-5\%)}$$
$$= 1578.9(元/m^2)$$

（3）计算单位变动成本的损益方程式

$$C_V = \frac{PQ(1-r) - F - Z}{Q}$$

【例12】 设例9企业在开发面积、单位售价、固定成本都不变的情况下欲实现30万元利润，每平方米变动成本应降为多少？

【解】 实现30万元利润的单位变动成本应为：

$$C_V = \frac{1500 \times 2000 \times (1-5\%) - 1000000 - 300000}{2000}$$

$$= 725(元/m^2)$$

（4）计算固定成本的方程式

$$F = PQ(1-r) - C_V Q - Z$$

【例13】 假设例9企业在其他因素不变的情况下，欲实现30万元的利润，固定成本应控制在什么水平？

【解】 固定成本 $F = 1500 \times 2000 \times (1-5\%) - 800 \times 2000 - 300000 = 95$（万元）

3. 计算税后利润的损益方程式

前述损益方程式中的利润是企业税前销售利润总额，若预计企业的税后净利润，还需扣除所得税。所得税是根据利润总额和所得税税率计算的，既不是固定成本，也不是变动成本。

税后利润 = 利润总额 − 所得税
　　　　 = 利润总额 − 利润总额 × 所得税税率
　　　　 = 利润总额 ×（1 − 所得税税率）

将损益方程式①代入上式的利润总额，则：

$$Z' = [PQ(1-r) - C_V Q - F](1 - r')$$

式中 Z' 为税后利润，r' 为所得税税率。

此式经常被用来计算实现目标利润所需的销量，为此常用下式表达：

$$Q = \frac{F + \dfrac{Z'}{1-r'}}{P(1-r) - C_V}$$

【例14】 试计算在所得税税率为33%时，例9企业欲实现20万元的税后利润，应开发并销售多少 m^2 的建筑面积。

【解】 应销售的建筑面积为：

$$Q = \frac{1000000 + \dfrac{200000}{1-33\%}}{1500 \times (1-5\%) - 800}$$

$$= 2077.6(m^2)$$

（二）边际贡献损益方程式

1. 什么是边际贡献

边际贡献是指销售收入扣除销售税金和变动成本以后的差额。即：

边际贡献 = 销售收入 ×（1 − 销售税率）− 变动成本
　　　　 = 销量 × 单价 ×（1 − 销售税率）− 销量 × 单位变动成本
　　　　 = 销量 ×［单价 ×（1 − 销售税率）− 单位变动成本］

式中，［单价 ×（1 − 销售税率）− 单位变动成本］称为单位边际贡献。用 M 表示边际贡献，用 m 表示单位边际贡献，则有：

$$M = Qm$$
$$m = P(1-r) - C_V$$

【例15】 利达房地产开发公司，开发一居民住宅，每 m^2 售价1500元，销售税率5%，每 m^2 变动成本800元，共开发销售 $2000m^2$，试求边际贡献和单位边际贡献。

【解】边际贡献＝1500×2000×（1－5％）－800×2000
　　　　　＝125（万元）
　　单位边际贡献＝1500×（1－5％）－800
　　　　　　　　＝625（元）

边际贡献，是产品扣除销售税金和自身变动成本后给企业所做的贡献，一个企业所有产品的边际贡献之和首先用于收回企业的固定成本，如果还有剩余则成为企业的利润，如果不足以收回固定成本则发生亏损。

2. 边际贡献率（m'）

边际贡献率，是指边际贡献在净销售收入（扣除销售税金）中所占的百分比。

$$边际贡献率（m'）＝\frac{边际贡献}{销售收入（1－销售税率）}×100\%$$

$$＝\frac{单位边际贡献×销量}{单价×销量×（1－销售税率）}×100\%$$

$$＝\frac{单位边际贡献}{单价×（1－销售税率）}×100\%$$

由于：
单位边际贡献＝单价×（1－销售税率）－单位变动成本

所以又有：

$$m'＝\frac{单价×（1－销售税率）－单位变动成本}{单价×（1－销售税率）}×100\%$$

$$＝[1－\frac{单位变动成本}{单价×（1－销售税率）}]×100\%$$

这是边际贡献率的又一种表达形式。

【例16】试根据例15资料计算利达公司开发产品的边际贡献率。

【解】

$$m'＝[1－\frac{800}{1500×（1－5\%）}]×100\%$$

$$＝43.86\%$$

边际贡献率，可以理解为1元销售收入中边际贡献所占的比重，它反映产品给企业实现利润做出贡献的能力。

与边际贡献率相对应的概念是"变动成本率"。变动成本率是指变动成本在净销售收入中所占的比率。

$$变动成本率＝\frac{变动成本}{销售收入×（1－销售税率）}×100\%$$

$$＝\frac{单位变动成本×销量}{单价×销量×（1－销量税率）}×100\%$$

$$＝\frac{单位变动成本}{单价×（1－销售税率）}×100\%$$

例15中开发产品的变动成本率为：

$$\frac{800}{1500×（1－5\%）}×100\%＝56.14\%$$

由于净销售收入被分为变动成本和边际贡献两部分，前者是产品自身的耗费，后者是给企业的贡献，两者百分率之和应为1。

$$变动成本率 + 变际贡献率 = \frac{单位变动成本}{单价 \times (1 - 销售税率)} \times 100\%$$
$$+ \left[1 - \frac{单位变动成本}{单价 \times (1 - 销售税率)}\right] \times 100\% = 1$$

根据例15计算的结果：

变动成本率＋边际贡献率＝43.86％＋56.14％＝1

3. 基本的边际贡献损益方程式

由于创造了"边际贡献"这个新概念，前边介绍的基本损益方程式①可以改写成新的形式。

因为：
$$Z = PQ(1-r) - C_V Q - F$$
$$= Q[P(1-r) - C_V] - F$$

式中 $[P(1-r) - C_V]$ 为单位边际贡献。

所以：
$$Z = Qm - F \qquad ②$$

这个方程式也可以明确表达量本利之间的数量关系。

用此式计算例9中利达房地产开发公司开发居民住宅的预期利润同样为25万元。计算过程：

$$Z = 2000 \times 625 - 1000000 = 25(万元)$$

公式②，可以根据需要变换成其他形式：

$$Q = \frac{F+Z}{m}$$

$$m = \frac{F+Z}{Q}$$

$$F = Qm - Z$$

4. 边际贡献率损益方程式

上述边际贡献损益方程式，还可以利用"边际贡献率"改写成下列形式：

因为：
$$边际贡献率 = \frac{边际贡献}{销售收入 \times (1 - 销售税率)} \times 100\%$$

所以　　边际贡献＝销售收入×（1－销售税率）×边际贡献率

又因为：

利润＝边际贡献－固定成本

所以：

利润＝销售收入×（1－销售税率）×边际贡献率－固定成本

用 S 表示销售收入（$S=PQ$）则上式可表达为：

$$Z = S(1-r)m' - F \qquad ③$$

根据例9的资料和例16的计算结果，利达开发公司开发居民住宅的预期利润又可计算如下：

$$Z = S(1-r)m' - F$$
$$= PQ(1-r)m' - F$$
$$= 1500 \times 2000 \times (1-5\%) \times 43.86\% - 1000000$$
$$= 25(万元)$$

公式③根据需要可以改写成下列变换形式

$$S = \frac{F+Z}{m'(1-r)}$$

$$m' = \frac{F+Z}{S(1-r)}$$

$$F = S(1-r)m' - Z$$

边际贡献率损益方程式，也可以用于多品种企业。由于多品种产品的销售收入可以直接相加，所以问题的关键是计算多种产品的加权平均边际贡献率。

$$加权平均边际贡献率 = \frac{\sum 各产品边际贡献}{\sum 各产品销售收入(1-销售税率)} \times 100\%$$

【例17】 宏银房地产开发公司开发 A、B、C 三种不同类别的房地产，固定成本200万元，其它有关资料见表6-8，试计算其预期利润。

销售和成本资料　　　　　　　　　　表6-8

开发产品	单位售价	销售税率	单位变动成本	单位边际贡献	销量（平方米）
A	1500	5%	800	625	2000
B	900	5%	600	255	3000
C	800	5%	400	360	1800

根据6-8的资料计算：

$$加权平均边际贡献率 = \frac{625 \times 2000 + 255 \times 3000 + 360 \times 1800}{(1500 \times 2000 + 900 \times 3000 + 800 \times 1800) \times (1-5\%)}$$
$$= 39\%$$

预期利润 Z = 销售收入 × (1−销售税率) × 边际贡献率 − 固定成本 = (1500×2000 + 900×3000 + 800×1800) × (1−5%) × 39% − 2000000 = 71.2（万元）

（三）量本利图（盈亏平衡图）

将销量、成本、利润的关系反映在直角座标系中，即成为量本利图，因其能清晰地显示企业不盈利也不亏损时应达到的产销量，故又称盈亏平衡图。用图示表达量本利的相互关系，不仅形象直观，一目了然，而且容易理解。

根据资料的多少和目的不同，量本利图有多种形式。

1. 基本的量本利图

图6-3，是根据例9绘制的基本的量本利图：

绘制基本的量本利图应按下述步骤进行：

（1）选定直角坐标系，以横轴表示销售数量，纵轴表示成本和销售收入的金额。

（2）在纵轴上找出固定成本数值，以此点为起点，绘制一条与横轴平行的固定成本线。

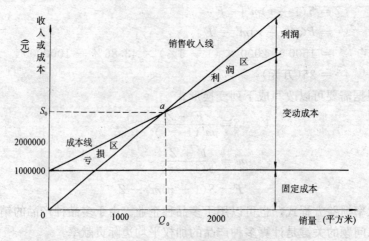

图 6-3　基本的量本利图

本例固定成本为 100 万元。

(3) 以固定成本线的始点为起点，以单位变动成本为斜率，绘制成本线。

(4) 以座标原点为起点，以单价为斜率，绘制销售收入线。

基本的盈亏平衡图表达的意义如下：

(1) 固定成本线与横轴之间的距离为固定成本值，它不因产量增减而变动。

(2) 成本线与固定成本线之间的距离为变动成本，它随产量而成正比例变化。

(3) 成本线与横轴之间的距离为总成本，它是固定成本与变动成本之和。

(4) 销售收入线与成本线的交点 a 是盈亏平衡点。它在横轴上对应的销售量是 $1600m^2$，表明企业在此销售量下总收入扣除销售税金后与总成本相等，既没有利润，也不发生亏损。在此基础上，增加销售量，销售收入超过总成本，收入线与成本线之间的距离为利润值，形成利润区；反之，形成亏损区。

2. 边际贡献式的量本利图

图 6-4 是根据例 9 的有关资料绘制的边际贡献式的量本利图。

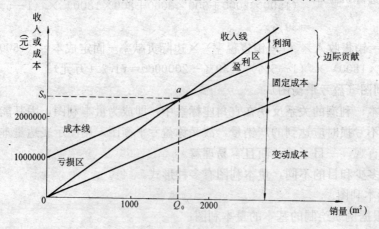

图 6-4　边际贡献式量本利图

这种图绘制的特点是先画变动成本线，然后在此基础上以纵轴上的固定成本数额为起点，画一条与变动成本线平行的总成本线。其他部分绘制方法与基本的盈亏平衡图相同。

这种图的主要优点是，可以表示边际贡献的数值。企业的销售收入，随销售量正比例增长。这些销售收入扣除销售税金后，总先用于弥补产品自身的变动成本，剩余的是边际贡献。边际贡献随销量增加而扩大，当其达到固定成本值时（a 点），企业处于盈亏临界状态，当边际贡献超过固定成本后，企业进入盈利状态。

二、盈亏平衡分析

盈亏平衡分析亦称盈亏临界分析或保本分析。它主要研究如何确定盈亏临界点，有关因素变动对盈亏临界点的影响等问题。它可以为投资决策提供何种业务量下企业将盈利，以及在何种业务量下会出现亏损等问题。

（一）盈亏临界点的确定

盈亏临界点，是指企业收入扣除销售税金后和成本相等的经营状态，即边际贡献等于固定成本时企业所处的既不盈利又不亏损的状态。通常，用一定的业务量来表示这种状态。

1. 盈亏临界点销售量

就单一产品企业来说，盈亏临界点的计算并不困难。

令基本损益方程式 $Z=PQ(1-r)-C_VQ-F$ 中的利润 $Z=0$，此时的销量 Q_0 即为盈亏临界点销量。即：

$$Q_0 = \frac{F}{P(1-r)-C_V}$$

由于 $P(1-r)-C_V$ 即为单位边际贡献，所以上式又可写成：

$$Q_0 = \frac{F}{m}$$

【例18】根据例9资料，计算利达房地产开发公司只开发居民住宅的盈亏临界点。

【解】由例9知：$F=1000000$ 元，$P=1500$ 元/m²，$r=5\%$，$C_V=800$ 元/m²，则：

$$Q_0 = \frac{1000000}{1500(1-5\%)-800}$$
$$= 1600 (\text{m}^2)$$

2. 盈亏临界点销售额

单一产品企业在现代经济中只占少数，大部分企业产销多种产品。多品种企业可以使用销售额来表示盈亏临界点。

令边际贡献率损益方程式 $Z=S(1-r)m'-F$ 中的利润 $Z=0$，则盈亏临界点的销售额：

$$S_0 = \frac{F}{m'(1-r)}$$

此公式既可用于单品种企业，也可用于多品种企业。

本节例9中利达房地产开发公司的盈亏临界点销售额为：

$$S_0 = \frac{F}{m'(1-r)}$$

$$= \frac{1000000}{\left[1 - \frac{800}{1500 \times (1 - 5\%)}\right](1 - 5\%)}$$

$$= 240(万元)$$

例17 中宏银房地产开发公司多品种开发的盈亏临界点销售额为：

$$S_0 = \frac{F}{m'(1-r)}$$

$$= \frac{2000000}{39\%(1 - 5\%)}$$

$$= 539.8(万元)$$

3. 盈亏临界点作业率

盈亏临界点作业率，是指盈亏临界点销售量占企业正常销售量的比重。所谓正常销售量，是指正常市场和正常开工情况下，企业的销售数量，也可以用销售金额来表示。

盈亏临界点作业率的计算公式如下：

$$盈亏临界点作业率 = \frac{盈亏临界点销售量}{正常销售量} \times 100\%$$

这个比率表明，企业保本的业务量在正常业务量中所占的比重。

例9 中利达公司的盈亏临界点作业率按销售量计算：

$$\frac{1600}{2000} = 80\%$$

按销售额计算可得同样结果。

（二）安全边际和经营安全率

安全边际，是指正常销售量超过盈亏临界点销售量的差额，它表明销售量下降多少企业仍不致亏损。

安全边际（C）＝正常销售量－盈亏临界点销售量。

经营安全率是安全边际占正常销量的比重，见图6-5。

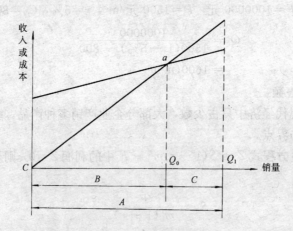

图6-5 安全边际和经营安全率

图中 C 为安全边际，则经营安全率为：

$$经营安全率 = \frac{C}{A} \times 100\%$$

$$= \frac{Q_1 - Q_0}{Q_1} \times 100\%$$

上式分子分母同乘单位售价 P,则

$$经营安全率 = \frac{PQ_1 - PQ_0}{PQ_1} \times 100\%$$

$$= \frac{S_1 - S_0}{S_1} \times 100\%$$

式中 S_1——为现实销售额;
S_0——为保本点销售额。

经营安全率是反映企业经营状况的一个重要指标。当它接近于 0 时,经营状况不佳。增加销量而保本点不变,可增大经营安全率,采取措施,降低保本点产量,也可以增加经营安全率。一般可根据以下数值来判断经营安全状态(见表 6-9)。

表 6-9

经营安全率	30%	25%~30%	15%~25%	10%~15%	10%以下
经营安全状态	安全	较安全	不太好	要警惕	危险

【例19】利用例 9 资料,试计算利达公司开发建筑面积为 2000m² 和 2500m² 时的经营安全率。

【解】建筑面积为 2000m² 时,经营安全率

$$= \frac{Q_1 - Q_0}{Q_1} \times 100\%$$

$$= \frac{2000 - 1600}{2000} \times 100\%$$

$$= 20\%$$

建筑面积为 2500m² 时,

$$经营安全率 = \frac{2500 - 1600}{2500} \times 100\%$$

$$= 36\%$$

可见,该公司开发面积为 2000m² 时经营状况是不太好的,开发面积达到 2500m² 时,经营上是安全的。

三、用盈亏平衡分析预计开发利润的应用条件。

盈亏平衡分析方法的成立是以许多约束条件为前提的。在房地产开发项目经济评价中了解这些约束条件,对于正确使用这个方法和估计运用此方法得出的结论的参考价值是有益的。运用盈亏平衡分析,预计房地产开发利润的条件主要有:

1. 开发量与销售量相等,即开发项目的建筑面积能全部销售出去;
2. 在所分析的销售量范围内固定成本不发生变化。
3. 变动成本是建筑面积(产销量)的正线性函数。

4. 销售收入完全随建筑面积的变化而变化，而变动并呈线性关系。在分析过程中，平均单方售价是不变的。

第四节 房地产投资项目敏感性分析

房地产投资项目评价中的敏感性分析，是分析和预测投资项目经济效果的主要指标（如内部收益率、净现值、投资回收期、开发商利润等）对主要变动因素变化而发生变动的敏感程度。如果某变动因素变化幅度很小，但对投资项目经济指标的影响很大，则认为项目对该变量的不确定性很敏感。

敏感性分析的目的，就是要在众多的不确定性因素中，找出对项目经济效果影响较大的因素，并判明其影响程度，为投资者提供有用的信息。

目前对投资项目的经济指标进行敏感性分析，多是进行单变量敏感性分析即假设各变量之间相互独立，每次只考察一个变量，其他变量保持不变，以考察该变量对经济指标的影响。通过对多个变量的测试，可以找出哪些变量是最关键的变量。单变量敏感性分析是敏感性分析的基本方法。

敏感性分析一般按以下步骤进行：

1. 确定分析指标。

分析指标的确定，与进行分析的目标和任务有关，项目可行性研究的不同阶段，即机会研究，初步可行性研究和可行性研究，由于目标和任务各不相同，故选择分析的指标也有所不同。

机会研究，主要是对项目的设想和鉴别，确定投资方向和投资机会。此时，各种经济数据不完整，且可信程度低，常采用的指标是投资收益率和投资回收期。

初步可行性研究和可行性研究，已进入了可行性研究的实质性阶段，经济分析指标主要有：预期利润、净现值、内部收益率、通常还辅之以投资回收期。

2. 列出影响项目盈利能力的各个因素，且从中确定主要因素。

影响项目盈利能力的因素很多，如投资额的变化，施工周期的变化，销售价格的变化，开发成本的变化等。

3. 分析每个影响因素的波动程度及其对分析指标可能带来的增减变化情况，确定敏感性因素。

4. 如果进行敏感性分析的目的是对不同的投资项目（或某一项目的不同方案）进行选择，一般应选择敏感程度小、承受风险能力强、可靠性大的项目或方案。

敏感性分析既可用于对不考虑资金时间价值的静态指标的分析，也可用于对考虑资金时间价值的动态指标的分析，下面我们分别举例说明。

【例20】鸿运房地产开发公司明年只有开发某住宅小区一项任务，预计开发建筑面积1万m^2，开发固定成本120万元，每m^2变动成本600元，预计售价每$m^2$1000元，销售税率5%。

开发此住宅小区的预期利润为：

$$Z = PQ(1-r) - C_V Q - F$$
$$= 1000 \times 1 \times (1 - 5\%) - 600 \times 1 - 120$$

$$= 230(万元)$$

试对该目标利润进行敏感性分析。

此例为量本利关系的敏感性分析问题，分析指标是预期利润。在量本利关系中，计算预期利润是假定其他参数都是确定的。但是，实际上由于市场的变化（原材料价格、产品价格、供求数量等波动），都会引起模型中参数发生变化，使原来计算的预期利润、盈亏临界点失去可靠性。经营人员希望事先知道哪一个参数影响小，哪一个参数影响大，影响程度如何。他们掌握这些数据有重要的实用意义，可使之在情况发生变化后及时采取对策，调整企业计划，使经营活动经常被控制在最有利的状态之下。

对量本利关系中的利润指标进行敏感性分析，主要研究与分析有关参数发生多大变化会使盈利转为亏损，各参数变化对利润变化的影响程度，以及各因素变动时如何调整销量，以保证原目标利润的实现等问题。

（一）有关参数发生多大变化使盈利转为亏损

单方售价、单方变动成本、开发销售的建筑面积、固定成本的变化，会影响利润的高低。这种变化达到一定程度，会使企业利润消失，进入盈亏临界状态，使企业的经营状况发生质变。当然，销售税率的变化对利润也有影响，但由于税率除非国家税法调整一般不发生变化，所以这里我们作为常数对待，不再分析其对利润的影响。敏感性分析的目的之一，就是提供能引起目标利润发生质变的各参数变化的界限，其方法称为最大最小法。

1. 单方售价的最小值

单方售价下降会使利润下降，下降到一定程度，利润将变为零，它是开发公司能忍受的单价最小值。

开发利润为 0 时有下式：

$$P \times 1 \times (1 - 5\%) - 600 \times 1 - 120 = 0$$
$$P = 757.89(元/m^2)$$

每 m^2 售价降至 757.89 元时，即降价 24.2% 时，企业由盈利转为亏损。

2. 单方变动成本的最大值

单方变动成本上升会使开发利润下降，并逐渐趋近于零，此时的单方变动成本是企业能忍受的最大值。

$$1000 \times 1 \times (1 - 5\%) - C_V \times 1 - 120 = 0$$
$$C_V = 830(元/m^2)$$

单方变动成本由每 m^2 600 元上升至 830 元时，企业利润由 230 万元降为 0。此时，单方变动成本上升了 38.3%。

3. 固定成本最大值

固定成本上升也会使利润下降，并趋近于零。

$$1000 \times 1 \times (1 - 5\%) - 600 \times 1 - F = 0$$
$$F = 350(万元)$$

固定成本增至 350 万元时，企业由盈利转为亏损、此时固定成本增加了 191.7%。

4. 开发销售建筑面积的最小值

开发销售量的最小值，即盈亏临界点销售量，其计算方法上节已介绍过。

$$Q_0 = \frac{F}{P(1-r) - C_V}$$
$$= \frac{1200000}{1000 \times (1-5\%) - 600}$$
$$= 3428.57(m^2)$$

销售计划如果只完成34.3%（3428.57/10000），则企业利润为零。

（二）各参数变化对利润变化的影响程度

各参数变化都会引起利润的变化，但其影响程度各不相同。有的参数发生微小变化，就会使利润发生很大的变动，利润对这些参数的变化十分敏感，称这类参数为敏感因素。与此相反，有些参数发生变化后，利润的变化不大，反映比较迟钝，称之为不敏感性因素。

反映敏感程度的指标是敏感系数：

$$敏感系数 = \frac{目标值变动百分比}{参量值变动百分比}$$

1. 单方售价的敏感程度

设单价增长20%，则：
$$P = 1000 \times (1 + 20\%) = 1200(元)$$

按此单价计算，利润为：
$$Z = 1200 \times 1 \times (1 - 5\%) - 600 \times 1 - 120$$
$$= 420(万元)$$

利润原来是230万元，其变化率为：

$$目标值变动百分比 = \frac{420 - 230}{230} = 82.6\%$$

$$单价的敏感系数 = \frac{82.6\%}{20\%} = 4.13$$

这就是说，单方售价对利润的影响很大，从百分率来看，利润以4.13倍的速率随单方售价变化。涨价是提高盈利的最有效手段，价格下跌也将是企业的最大威胁。经理根据敏感系数知道，每降价1%，企业将失去4.13%的利润，必须格外予以关注。

2. 单方变动成本的敏感程度

设单方变动成本增长20%，则：
$$C_V = 600 \times (1 + 20\%) = 720(元)$$

按此单方变动成本计算，利润为：
$$Z = 1000 \times 1 \times (1 - 5\%) - 720 \times 1 - 120$$
$$= 110(万元)$$

利润原来是230万元，其变化率为：

$$目标值变动百分比 = \frac{110 - 230}{230} = -52.2\%$$

$$单方变动成本的敏感系数 = \frac{-52.2\%}{20\%} = -2.61$$

由此可见，单方变动成本对利润的影响比单价要小，单方变动成本每上升1%，利润将减少2.61%。但是，敏感系数绝对值大于1，说明变动成本的变化造成利润更大的变化，仍属于敏感因素。

3. 固定成本的敏感程度

设固定成本增长20%，则：

$$F = 120 \times (1 + 20\%) = 144(万元)$$

按此固定成本计算，利润为：

$$Z = 1000 \times 1 \times (1 - 5\%) - 600 \times 1 - 144$$
$$= 206(万元)$$

原来的利润为230万元，其变化率为：

$$目标值变动百分比 = \frac{206 - 230}{230} = -10.43\%$$

$$固定成本的敏感系数 = \frac{-10.43\%}{20\%} = -0.52$$

这说明固定成本每增加1%，利润减少0.52%。

4. 销售量的敏感程度

设销量增长20%，则：

$$Q = 10000 \times (1 + 20\%) = 12000(m^2)$$

按此计算利润：

$$Z = 1000 \times 12000 \times (1 - 5\%) - 600 \times 12000 - 1200000$$
$$= 300(万元)$$

利润的变化率：

$$目标值变动百分比 = \frac{300 - 230}{230} = 30.43\%$$

$$销量的敏感系数 = \frac{30.43\%}{20\%} = 1.52$$

销售量对利润的敏感系数，亦称经营杠杆系数。在企业经营中，杠杆作用是指销量的较小变动会引起利润的较大变动。就本例而言，两者变动的百分比的比例为1∶1.52。

综上所述，鸿运房地产开发公司影响利润诸因素中，最敏感的是单方售价（敏感系数4.13），其次是单方变动成本（敏感系数-2.61），再次是销售量（敏感系数1.52），最后是固定成本（敏感系数-0.52）。其中敏感系数为正值的，表明它与利润同向增减，敏感系数为负值的，表明它与利润反向增减。

敏感系数提供了各因素变动百分比和利润变动百分比之间的比例，但不能直接显示变化后利润的值。为了弥补这种不足，有时需要编制敏感分析表，列示各因素变动百分率及相应的利润值，如表6-10所示。

单因素变动敏感分析表　　　　　　　　　　　表6-10

利润＼变动百分比＼项目	-20%	-10%	0	+10%	+20%
单方售价	40	135	230	325	420
单方变动成本	350	290	230	170	110
固定成本	254	242	230	218	206
销量	160	195	230	265	300

上述表格中,各因素变动百分比通常以±20%为范围,便可以满足实际需要。本表以10%为间隔,也可以根据实际需要改为5%。

列表法的缺点是不能连续表示变量之间的关系,为此,人们又设计了敏感分析图,见图6-6。

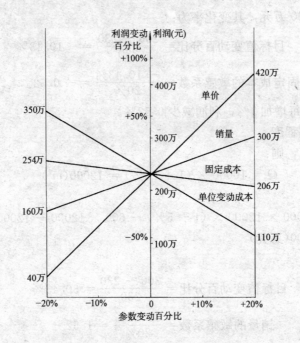

图6-6 各因素对利润的敏感分析

图中横轴代表单位变动成本、固定成本、销量、单价等各因素变动百分比;纵轴代表利润。根据原来的目标利润点(0,230)和单位变动成本变化后的点(+20%,110),画单位变动成本线。这条直线反映单位变动成本不同变化水平时所对应的利润值和利润变动百分比。其他因素的直线画法与变动成本线类似。这些直线与利润线的夹角越小,对利润的敏感程度越高。

下面我们以净现值和内部收益率指标为例,说明动态评价指标的敏感性分析方法。

【例21】某房地产开发公司计划投资1亿元人民币开发建设某写字楼,营造期为5年,项目寿命周期30年,项目投资收益率不低于10%,正常情况下该项目的投资及收入、支出情况如表6-11。下面对该项目的内部收益率、净现值进行敏感性分析。

(1)计算正常情况下项目的净现值和内部收益率。

净现值(NPV)为1682.15万元,计算过程见表6-11。

运用线性插值法确定内部收益率(IRR)。我们知道:

$$IRR = i_1 + (i_2 - i_1) \times \frac{NPV_1}{NPV_1 - NPV_2}$$

式中 i_1——偏低贴现率;

i_2——偏高贴现率；

NPV_1——与 i_1 对应的正净现值；

NPV_2——与 i_2 对应的负净现值。

当 i 为12%时，$NPV=344.7$ 万元。

当 i 为13%时，$NPV=-152.76$ 万元。

因此，$IRR = 12\% + (13\% - 12\%) \times \dfrac{344.7}{344.7 - (-152.76)} = 12.69\%$

(2) 项目投资额增加的敏感性分析

假设该项目投资额增加10%即增加1000万元，由于该项目的营造期为五年，这1000万元增加到不同的年份对净现值和内部收益率将有不同的影响，假定第一年增加1000万元，则该项目的净现值将变为773.05万元（计算过程见表6-12）。

运用线性插值法计算内部收益率：

当 i 为10%时，$NPV=773.05$ 万元。

当 i 为11%时，$NPV=-548.54$ 万元。

$$IRR = 10\% + (11\% - 10\%) \times \dfrac{773.05}{773.05 - (-548.54)}$$
$$= 10.58\%$$

(3) 项目建设周期延长一年的敏感性分析

项目建设周期延长一年，总投资额的分布将发生变化。净现值也变为1196.05万元（计算过程如表6-13）。

运用线性插值法计算项目内部收益率：

当 i 为10%时，$NPV=1196.05$ 万元。

当 i 为11%时，$NPV=-167.79$ 万元。

$$IRR = 10\% + (11\% - 10\%) \times \dfrac{1196.05}{1196.05 - (-167.79)}$$
$$= 10.88\%$$

(4) 项目营业成本增加10%的敏感性分析

正常情况下项目营业成本为2850万元，增加10%变为3135万元，假设增加的285万元的营业成本为第3年增加200万元，第4年增加85万元，则营业成本变动后该项目的净现值变为1473.83万元（计算过程见表6-14）。

运用线性插值法计算项目内部收益率：

当 i 为12%时，$NPV=148.82$ 万元。

当 i 为13%时，$NPV=-343.51$ 万元。

$$IRR = 12\% + (13\% - 12\%) \times \dfrac{148.82}{148.82 - (-343.51)}$$
$$= 12.3\%$$

(5) 价格下降造成营业收入减少5%敏感性分析

营业收入减少5%，变为37430万元，假设共计减少的1970万元为第3年减少700万元，第4年减少800万元，第5年减少470万元。则营业收入减少5%后该项目的净现值为318.02万元（计算过程见表6-15）。

运用线性插值法计算内部收益率：
当 $i=10\%$ 时，$NPV=318.02$ 万元。
当 $i=11\%$ 时，$NPV=-965.38$ 万元。

$$IRR = 10\% + (11\% - 10\%) \times \frac{318.02}{318.02-(-965.38)}$$

$$= 10.25\%$$

从表 6-16 可以看出，各个因素的变动，对项目收益的影响程度即敏感程度是不同的，按照由低到高的排列顺序是：营业成本增加 10%，项目周期延长一年，投资额增加 10%，营业收入减少 5%。对于敏感性因素在项目的开发管理中应格外注意加以控制，以保证投资项目取得预期收益。

敏感性分析还可用于不同的投资项目或某一个项目的不同方案的选择。上例中如果追加投资，延长工期等还有另一套方案，那么可就相同的因素对两套方案进行敏感性分析，最后应选择敏感性低的方案。因为敏感性程度低，说明其承受风险的能力强，可靠性大。

投资方案收入、支出的正常情况（单位：万元） 表 6-11

年份	项目投资额	营业收入	营业成本	净现金流量	10%贴现系数	净现值
①	②	③	④	⑤=③-②-④	⑥（查附表）	⑦=⑤×⑥
1	1000			-1000	0.9091	-909.10
2	2000			-2000	0.8264	-1652.80
3	3000	800	80	-2280	0.7513	-1712.96
4	2000	900	80	-1180	0.6830	-805.94
5	2000	1000	90	-1090	0.6209	-676.78
6		1000	85	915	0.5645	516.52
7		1200	100	1100	0.5132	564.52
8～30		1500△	105△	1395△	4.5582	6358.69
合计	10000	39400	2850	26550		1682.15

注："△"表示每年的数值

增加投资敏感性分析（单位：万元） 表 6-12

年份	项目投资额	营业收入	营业成本	净现金流量	10%贴现系数	净现值
1	2000			-2000	0.9091	-1818.20
2	2000			-2000	0.8264	-1652.80
3	3000	800	80	-2280	0.7513	-1712.96
4	2000	900	80	-1180	0.6830	-805.94
5	2000	1000	90	-1090	0.6209	-676.78
6		1000	85	915	0.5645	516.52
7		1200	100	1100	0.5132	564.52
8～30		1500△	105△	1395△	4.5582	6358.69
合计	11000	39400	2850	25550	—	773.05

建设周期延长一年敏感性分析（单位：万元） 表 6-13

年份	项目投资额	营业收入	营业成本	净现金流量	10%贴现率	净现值
1	3000			-3000	0.9091	-2727.3
2	2000			-2000	0.8264	-1652.8
3	3000	800	80	-2280	0.7513	-1712.96
4	1000	900	80	-180	0.6830	-122.94
5	500	1000	90	410	0.6209	254.57
6	500	1000	85	415	0.5645	234.27
7		1200	100	1100	0.5132	534.52
8～30		1500△	105△	1395△	4.5582	6358.69
合计	10000	39400	2850	26550	—	1196.05

营业成本增加 10％敏感性分析（单位：万元）　　　　　　　表 6-14

年份	项目投资额	营业收入	营业成本	净现金流量	10％贴现率	净现值
1	1000			－1000	0.9091	－909.10
2	2000			－2000	0.8264	－1652.80
3	3000	800	280	－2480	0.7513	－1863.22
4	2000	900	165	－1265	0.6830	－864.00
5	2000	1000	90	－1090	0.6209	－676.78
6		1000	85	915	0.5645	516.52
7		1200	100	1100	0.5132	564.52
8～30		1500△	105△	1395△	4.5582	6358.69
合计	10000	39400	3135	26265	—	1473.83

营业收入减少 5％敏感性分析（单位：万元）　　　　　　　表 6-15

年份	项目投资额	营业收入	营业成本	净现金流量	10％贴现率	净现值
1	1000			－1000	0.9091	－909.10
2	2000			－2000	0.8264	－1652.80
3	3000	100	80	－2980	0.7513	－2238.87
4	2000	100	80	－1980	0.6830	－1352.34
5	2000	530	90	－1560	0.6209	－968.60
6		1000	85	915	0.5645	516.52
7		1200	100	1100	0.5132	564.52
8～30		1500△	105△	1395△	4.5582	6358.69
合计	10000	37430	2850	24580	—	318.02

以上敏感性分析的结果如表 6-16。

敏感性分析结果（单位：万元）　　　　　　　表 6-16

敏感性因素变动情况 \ 对项目收益的影响	内部收益率（％）	内部收益率与正常情况的差异	净现值	净现值与正常情况的差异
正常情况	12.69	0	1682.15	0
投资额增加 10％	10.58	－2.11	773.05	－909.1
项目建设周期延长一年	10.88	－1.81	1196.05	－486.1
营业成本增加 10％	12.3	－0.39	1473.83	－208.32
营业收入减少 5％	10.25	－2.44	318.02	－1364.13

需要说明的是：敏感性分析虽然对于项目分析中不确定因素的处理是一种简便易行的、具有有效实用价值的方法。但它也是有局限性的，如对各种因素变动的可能性程度，主要依靠分析人员凭借主观经验来分析判断、难免存在片面性。而且在分析某一因素的变动中，是以假定其它因素不变为前提的，这种假定条件，在实际经济活动中是很难实现的，因为各种因素的变动都存在着相关性。

第五节 房地产投资方案的比较与选择

房地产投资方案的比较与选择是房地产投资项目决策的最后环节。它是在对不同投资方案进行分析比较的基础上确定最优方案的过程。一般备选的方案有独立方案和完全相斥方案两种。独立方案的选择问题，实质上就是对投资方案的评价问题，可以采用投资项目的经济评价指标和分析方法进行比较。对于相斥方案的选择除采用经济评价指标进行比较外，还有如下选择方法。

一、投资规模不同的方案选择

对于相斥并且投资规模不同的方案选择，可以通过计算不同方案现金流量差额的内部收益率来判定投资方案的优劣。这种方法叫投资增量内部收益率法，简称增量法。它的选择准则是：如果投资增量内部收益率大于或等于基准收益率或折现率所预定的投资收益的水平，则认为投资规模大的方案优于投资规模小的方案；反之，投资规模小的方案为最优方案。

增量法的一般计算步骤如下：

第一步，将备选的投资方案按其投资规模大小顺序排列起来。

第二步，计算投资规模最小方案的内部收益率。如果所求得的内部收益率小于基准收益率或折现率所预定的投资收益的水平，则淘汰此方案，再重复这一步，计算次最小方案的内部收益率，若所求得的内部收益率大于或等于基准收益率或折现率所预定的投资收益水平，则转入第三步。

第三步，计算投资规模最小方案与其相邻的投资方案的现金流量差额，求出投资增量的内部收益率。如果所得到的内部收益率不能达到预定的投资收益水平，则淘汰投资规模大的方案，否则淘汰投资规模小的方案，再转入下一步。

第四步，如果只剩下一个投资方案，则此方案就是最优方案；若剩下不止一个方案，再转入第三步，直到剩下一个投资方案为止。

【例22】某房地产开发公司对经过开发后的土地，提出将该土地出租给使用单位（A_1）；投资建设住宅出租和出售（A_2）以及投资建设旅游宾馆饭店（A_3）等三个方案。设三个方案的投资活动有效期5年，折现率10%，现金流量如表6-17所示。试问应选择哪一个方案？

现金流量表（单位：万元）　　　　　　　　　　　　　　　　　　　　表6-17

现金流量＼年末＼方案	0	1	2	3	4	5
A_1	0	400	400	400	400	400
A_2	−1000	700	700	700	700	700
A_3	−1500	700	800	900	1000	1100

第一步，按照投资规模，将投资方案按大小顺序排列起来，即 A_1，A_2，A_3。

第二步，对 A_1 方案，因为将经过开发后的土地出租给使用单位，可以认为不需要投资而每年得到 400 万元的收入，因此，其内部收益率 $IRR_1=\infty$。

第三步，计算 A_2-A_1 的现金流量差额，并求出投资增量的内部收益率 IRR_{2-1}，即：
$$-1000+300(P/A, IRR_{2-1}, 5)=0$$

运用线性插值法求得：
$$IRR_{2-1}=15.06\%$$

因为 $IRR_{2-1}>10\%$，所以淘汰 A_1 方案。

第四步，计算 A_3-A_2 的现金流量的差额，并求出此投资增量的内部收益率 IRR_{3-2}，即：
$$-500+100(P/F, IRR_{3-2}, 2)+200(P/F, IRR_{3-2}, 3)$$
$$+300(P/F, IRR_{3-2}, 4)+400(P/F, IRR_{3-2}, 5)=0$$

运用线性插值法求得 $IRR_{3-2}=19.48\%$

由于 $IRR_{3-2}>10\%$，故淘汰 A_2 方案。

第五步，此时只剩下 A_3 方案，因此 A_3 方案最优。

由例 22 的分析可知，对于若干个实际内部收益率大于基准收益率或要求的折现率的相斥方案，决不能认为哪一个投资方案的内部收益率最大则方案最优。在例 22 的 3 个方案中，A_1 方案的内部收益率为无限大，假如按投资方案本身的内部收益率大小来判断方案的优劣，必然会得出 A_1 方案为最佳的结论，实际上，A_2、A_3 方案都优于 A_1 方案。

为什么一个内部收益率为无限大的方案反而不如其他方案呢？因为我们进行方案选择时，总有一个前提条件，目前这个前提条件就是在折现率为 10% 的条件下，哪个方案为最优？A_1 方案在内部收益率为无限大时，每年收入 400 万元，而当在折现率为 10% 时，此方案的每年收入显然为零。而 A_2 方案对于 10% 的折现率，再加上每年准备的 200 万元还本，一年收入 300 万元，而现在每年收入 700 万元，所以 A_2 方案优于 A_1 方案。因此，用内部收益率比较和选择投资规模不等的方案时，一定要用投资增量内部收益率，而不能直接用内部收益率的大小来进行比较。

二、有效期不等的投资方案选择

在投资方案选择时，要求备选的投资方案必须具有相等的投资活动有效期。然而，方案的投资有效期是客观的，并不一定相等。因此，在比较与选择时，必须作某些处理。

（一）最小公倍数法

最小公倍数法，适用于可以重置的投资方案。这种方法是选择若干方案的投资活动有效期的最小公倍数作为共同的有效期，为此各方案有可能重复数次，而每次重复时（方案重置）都假定投资与现金流量均不变，即不考虑方案重置过程中可能具有的通货膨胀与技术进步。

【例 23】某房地产开发公司计划投资建设一座公寓出售，有 A、B 两个投资方案。投资活动有效期分别为 2 年、3 年，折现率为 12%，现金流量如表 6-18 所示。试问应选择哪一个投资方案？

现金流量表（单位：万元） 表6-18

方案 \ 年末 现金流量	0	1	2	3
A	-200	110	160	
B	-350	50	200	250

为了简明、清晰，采用现金流量图进行分析、选择：

1. 画现金流量图（如图6-7所示）。

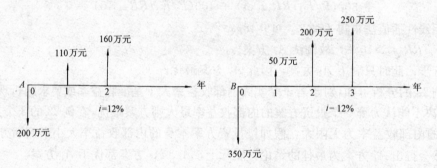

图6-7

2. 计算一次投资活动有效期内净现值。

$NPV_A = -200 + 110 \times (P/F, 12\%, 1) + 160 \times (P/F, 12\%, 2)$
$= 25.8 (万元)$

$NPV_B = -350 + 50(P/F, 12\%, 1) + 200(P/F, 12\%, 2) + 250(P/F, 12\%, 3)$
$= 32 (万元)$

3. 取A、B两个方案投资活动有效期的最小公倍数为6年，作为方案选择的基础，这样A方案重置两次，B方案重置一次，在方案重置过程中，现金流量状态不变，因此，最后比较的现金流量如图6-8所示。

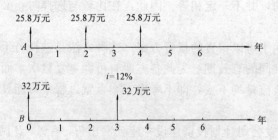

图6-8 方案重置后现金流量图

4. 计算方案重置后，6年有效期内的净现值。

$NPV_A = 25.8 + 26.8(P/F, 12\%, 2) + 25.8(P/F, 12\%, 4)$

$$= 62.8（万元）$$
$$NPV_B = 32 + 32(P/F, 12\%, 3)$$
$$= 54.8（万元）$$

由于 $NPV_A > NPV_B$，故 A 方案为最优投资方案。

（二）净年值法

最小公倍数法虽可解决不同寿命方案的优选，但计算比较复杂。采用年值法不需重复方案就可使寿命不等的方案具有可比性。因为一个方案无论重复多少次，其年值都是不变的，故此直接计算比较寿命不等的方案的净年值，即可得到与方案的无限次重复相一致的结论。

依例 23 资料：
$$NAV(A) = NPV_A(A/P, 12\%, 2)$$
$$= 25.8 \times 0.5917$$
$$= 15.27（万元）$$
$$NAV(B) = NPV_B(A/P, 12\%, 3)$$
$$= 32 \times 0.41635$$
$$= 13.32（万元）$$

$NAV(A) > NAV(B)$，每年平均多流入 1.95 万元，故应选择 A 方案。

三、含风险的投资方案选择

房地产开发项目投资过程中的不确定因素很多，它构成了投资效益的不确定性，从而使投资方案具有某种潜在风险。如果投资过程中的某些因素变化服从统计规律，是一种随机变量，就可以用期望值、决策树的方法进行方案选择。

（一）期望值法

对于一个随机变量，不能说某一时刻它有确定的值，而只能说它服从某种概率分布。而某一随机变量的概率分布的一个重要参数就是期望值。

一个离散随机变量的期望值定义为：
$$E(x) = \sum_{i=1}^{n} x_i P(x_i)$$

这里 $P(x_i)$ 是发生 x_i 的概率，且 $\sum_{i=1}^{n} P(x_i) = 1$

若某一投资方案的净现金流量 CF_t 是一个离散随机变量，就具有期望值 $E(CF_t)$。那么，这个净现金流量的现实价值的期望值等于净现金流量中发生在各年度净现金流量值的现时价值的期望值之和。即：
$$E(NPV) = \sum_{t=1}^{n} E(CF_t)(P/F, i, t)$$

式中 $E(NPV)$——净现值的期望值。

由概率论知道，期望值刻化了随机变量取值的"平均数"。为此，把每个投资方案的净现值的期望值求出来加以比较，如果决策目标是效益最大，则选择期望值最大的方案。对于成本来说，显然是期望值越小越好。

【例 24】某房地产开发公司拟开发建设住宅小区，有大面积开发建设和小面积开发建设两个投资方案。大面积开发需一次投资 3800 万元，小面积开发建设需 2300 万元，设两个投资方案建设经营期限为 6 年，折现率 10%，根据市场预测，每年付税前等年值现金流量及住宅需求量的概率如表 6-19 所示。请问应选择哪一个投资方案。

（单位：万元） 表 6-19

益损值 自然状态 投资方案	需求量高 $P_1=0.70$	需求量低 $P_2=0.30$
大面积开发方案	1500	−200
小面积开发方案	800	100

【解】分别计算两个方案的净现值的期望值，净现值的期望值大的方案为最佳投资方案。

$$E(NPV)_大 = -3800 + (1500 \times 0.70 - 200 \times 0.30)(P/A, 10\%, 6)$$
$$= -3800 + 990 \times 6.144$$
$$= 2282.56（万元）$$
$$E(NPV)_小 = -2300 + (800 \times 0.70 + 100 \times 0.30)(P/A, 10\%, 6)$$
$$= -2300 + 590 \times 6.14$$
$$= 1324.96（万元）$$

$E(NPV)_大 > E(NPV)_小$，故应选择大面积开发建设方案。

（二）决策树法

决策树法也是利用期望值进行投资方案的选择，只不过是把某个含风险的投资方案未来发展情况的可能性和可能结果所作的预测或预计，用树状图形反映出来。此法第四章已作介绍，这里不再赘述。

（三）效用曲线

以上讨论含风险的投资方案选择时是以货币的益损期望值为准。但是投资方案的选择是由决策者承担的，决策者的主观因素不能不对方案选择过程发生重要影响。如果完全按益损期望值作为选择的标准，那就会把方案选择过程变成机械地计算期望值的过程，从而完全把决策者排除在外，这是不合理的，也是不现实的。例如，有一投资 200 万元的房产，假如发生火灾的可能性为 0.001。公司经理将面临要不要保险的问题。若保险，每年支付 2 万元保险费，在一旦发生火灾后，保险公司可以偿还全部房产；如果不保险，发生火灾后公司经理承担房产损失的责任。这一问题若按货币益损期望值为准则进行选择，结论是不保险。因为房产发生火灾的损失期望值是 200 万元 × 0.001 = 0.2 万元，小于保险费。而这种情况（结论）往往与实际情况不一致。公司经理一般都愿意保险，并愿意每年支付保险费，而不希望发生火灾。于是就提出这样一个问题：同一货币在不同场合的情况下具有不同价值的含义。经济学家和社会学家用效用的概念来衡量人们对同一货币量在主观上的价值。因此，一些学者在决策分析中引入了效用的概念，并用计算与益损值相当的效用值和绘制效用曲线的方法，来代替单纯的期望值法。

效用是决策者对于利益和损失的独特兴趣、感觉和反映。它是由决策者对当前环境、未来展望、风险大小的不同反映和个人气质等因素综合作用形成的。实质上代表了决策者对风险的态度。效用曲线是根据决策者对风险的态度，在直角座标系内绘制的曲线，分三种类型，如图6-9所示。

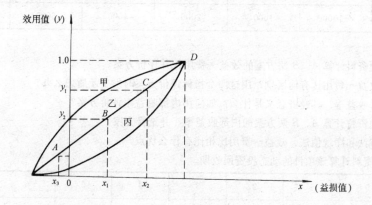

图6-9 效用曲线类型

1. 曲线甲所代表的决策者的特点是，他对肯定得到某一益损值的效用，经常大于他对带有风险的相同的益损期望值的效用。这就是说他宁愿选择例如得到50元的机会，而不愿选择 $0.5×200+0.5×（-100）=50$（元）的机会。此种类型决策者对利益反映比较迟缓，而对损失比较敏感，他是一种不求大利、避免风险、谨慎小心的保守型决策者。

2. 曲线乙所代表的是一种中间型的决策者。他把肯定得到50元的机会和 $0.5×200+0.5×（-100）=50$（元）的机会看成是没有差别的，有相等的效用值，即认为益损值的效用大小与益损值本身成正比。这种决策者只要用益损期望值作为选择方案标准即可，不需要效用曲线，是一种循规蹈矩、完全根据期望值大小选择投资方案的决策者。

3. 曲线丙所代表的决策者的特点是，宁愿选择 $0.5×200+0.5×（-100）=50$ 元的机会，而不愿接受肯定得到50元的机会。这种类型的决策者对于损失反映迟缓，而对利益比较敏感；是一种谋大利，不怕风险的决策者。

经过大量的调查研究，可以认为大多数决策者属于保守型的，属于另外两种类型的只是少数。

关于效用曲线在含风险投资方案选择中的应用涉及的内容较多，这里不再介绍。

思 考 题

1. 什么是投资回收期？用投资回收期评价投资方案有何局限性？
2. 试根据以下某投资方案的净现金流量资料计算该方案的投资回收期。

年末	0	1	2	3	4	5	6	7	……
现金净流量	-100	-50	30	40	60	60	60	60	

3. 什么是净现值？净现值的经济意义是什么？
4. 假定某公司拟从 A、B 两个方案中选择一个进行投资，基准投资收益率为12%，试通过计算净现值比较其优劣。有关资料如下：

t	0	1	2	3	4	5
A方案现金流量	-10000	3000	3000	3000	3000	3000
B方案现金流量	-10000	1000	2000	4000	6000	1000

5. 利用第4题资料计算A、B两方案的效益—费用比并评价方案。
6. 净现值和效益—费用比有何区别？用这两个指标评价方案时发生矛盾怎么办？
7. 什么是内部收益率？其经济意义是什么？如何用内部收益率评价方案？
8. 利用第4题资料计算A、B两方案的内部收益率，并选择方案。
9. 内部收益率法和净现值法、效益—费用比相比有什么优点？
10. 依据所给资料计算该项目的动态投资回收期。

年份	0	1	2	3	4	5	6	7
净现金流量（千元）	-8088	156	1231	1550	2063	2124	2184	2184

11. 什么是投资项目年成本？如何计算？
12. 某房地产开发公司拟开发一座公寓，设固定费用50万元，销售税金5%，单方建筑面积变动费用1000元，预计建成后单方售价2500元，试求保本点建筑面积，保本点销售额。当建筑面积达到多少时可盈利10万元。如果建筑面积设计600m²，预计盈利多少？经营状况如何？
13. 宝丽房地产开发公司明年拟开发销售甲、乙、丙三种不同档次的住宅楼，销售税率均为5%，该公司年固定成本150万元，有关成本销售资料如下表：

开发产品	预计售价（元/m²）	单方变动成本（元/m²）	销量（m²）
甲	1200	700	2500
乙	800	500	3000
丙	600	400	2000

试计算宝丽公司开发以上三种住宅的预期利润及经营安全率。

14. 什么是房地产投资项目的敏感性分析？其目的和作用是什么？
15. 试对12题的预计利润进行敏感性分析，有关参数的变动幅度为±20%。
16. 如何进行房地产投资项目的成本效益分析？
17. 某房地产开发公司计划投资开发一居民小区出售，有A、B两个投资方案。投资活动有效期分别为2年和3年，折现率为10%，现金流量如下表。试问应选择哪个方案？

现金流量 方案 \ 年末	0	1	2	3
A	-4000	2200	3200	
B	-7000	1000	4000	4500

第七章 房地产投资项目的可行性研究

在进行房地产投资之前，投资者都希望了解房地产投资项目的可行性，为进行投资决策提供依据。而房地产投资项目的可行性研究恰好是研究这方面的内容。

第一节 房地产投资项目可行性研究概述

房地产投资项目可行性研究，伴随着房地产业的发展已越来越引起人们的重视。我们应在借鉴国外先进理论的基础上，建立有中国特色的房地产投资项目可行性研究理论。

一、房地产投资项目可行性研究的涵义

所谓房地产投资项目可行性研究，就是在进行房地产投资之前，运用科学的方法，联系实际情况，对房地产投资项目进行全面的、系统的调查，研究分析和预测、评价，最后确定房地产投资项目是否可行，同时制定投资项目实施最佳方案的一系列经济分析过程的总称。简单讲，就是对投资项目能否投资的分析和论证。

房地产投资项目可行性研究，是一项复杂且重要的工作，目的是为房地产投资者的决策提供依据。因此，进行可行性研究必须对房地产投资的各个环节和各因素进行全面分析；而且，可行性研究是投资之前的工作，是对未来投资的预测和估计。总之，房地产投资项目可行性研究是一项实践性和经验性都很强的工作。

二、房地产投资项目可行性研究的特征

在我国，实行社会主义市场经济，房地产作为商品参加市场的流通，市场调节就成为调节房地产经济的主要手段。进行房地产投资项目可行性研究，就应以市场供需为出发点，以经济资源投入为基础，以经济评价为结果。任何商品的生产都需要有物质基础，房地产作为价值昂贵的商品，更加需要丰富的经济资源投入为基础。只有开发的房地产适应了房地产市场的需求，才能顺利实现房地产的流通，也才能实现投资效益。可行性研究作为一项投资前的工作，是通过经济评价进行投资效益的衡量，经济评价的结果也就是可行性研究的结果。

房地产投资项目可行性研究是科学的预测。房地产投资项目可行性研究的资料，包括掌握的原有投资资料和调查的房地产现状等，是旧有过去的资料。这就决定了房地产投资项目可行性研究，是利用过去的资料对未来情况进行估计，预测房地产投资项目未来的效益和实施方式。但是，这种预测又不是任意的想象，而是建立在科学方法的基础上的科学预测。这样不仅保证了房地产投资项目可行性研究的科学性，而且保证了房地产投资决策的准确性。

房地产投资项目可行性研究是一项系统性研究工作。影响房地产投资的因素很多，而

且这些因素又是相互联系、彼此制约的。因此，在进行研究时，不仅要研究和分析每个因素的影响程度，而且要研究不同因素之间的关系，注意整体效益。只有这样系统地研究问题，才能实现房地产投资项目可行性研究的整体化、综合化和最优化。

三、房地产投资项目可行性研究的任务

房地产投资项目可行性研究，是确定某一房地产投资建设方案前，对拟建项目在经济上、技术上、工程上的可行性进行论证、研究、评价的科学分析方法。其主要任务是研究新建或改建一个工程项目究竟是否可行，也就是通过调查研究、综合论证一个投资项目在技术上是否先进、是否实用可靠，在经济上是否合理，在财务上是否盈利，是否有投资价值。

具体讲，房地产投资项目可行性研究一般要解决以下8个问题：第一，为什么要建设这个项目；第二，资源及市场需求情况如何，需要多大的规模比较合适；第三，项目建设地点选在哪里最佳；第四，该项目建设要采用什么技术方法，有什么特点；第五，与该项目建设配套的外部条件如何；第六，项目总的建设时间有多长，需要多少投资资金；第七，该项目所需的资金如何筹措，是否能够落实；第八，项目建成后其经济效益、社会效益和环境效益如何。

第二节 房地产投资项目可行性研究的主要内容

一、房地产投资项目可行性研究的步骤

任何事物都有其产生、发展、消灭的过程，所以研究问题应遵循由浅入深的原则。房地产投资项目可行性研究，也遵循由粗到细，由浅入深的原则，分为三个步骤。

首先，是机会可行性研究。这是最粗的研究，是在一个确定的地区或部门内，了解初步资料的基础上考查投资项目投资机会的大小。也就是确定房地产投资的主导方向，即选择哪个方向的房地产投资有更大的机会实现投资效益。

其次，是初步可行性研究。这是较细的研究，是在掌握一定量的市场资料的基础上，对影响投资效益的主要因素进行分析、评价，进一步确定投资项目的初步效益，判断所投资项目生命力的大小。

第三步，是房地产投资项目的可行性研究。这是最详细的研究，是在掌握前两步研究结果的基础上，广泛地搜集资料，采用科学的方法，详细地分析各种因素，更准确地论证房地产投资项目的投资效益，主要是评价项目的经济效益。

二、房地产投资项目可行性研究的主要内容

房地产投资项目可行性研究的主要内容与其他建设项目有所差异，但同样是解决投资的必要性，可行性和合理性的问题。它主要包括以下10个方面的内容。

（一）房地产投资项目背景的研究

投资项目背景是投资项目可行性研究的基础内容，反映进行投资时国民经济发展状况、政治动向和政策形势、社会状况、文化素质、消费水平、心理意识等，也就是投资项目环

境的描述。这些资料的获得主要通过对国家的政策、方针、计划的研究以及对政治、经济形势分析的结果，还包括对消费者进行的调查、研究和分析的结果。稳定的政治形势、持续发展的经济形势和不断提高的消费水平，都是房地产投资的良好环境。研究房地产投资项目背景，为房地产投资决策创造了条件，同时也为以后的研究工作做好准备。

（二）房地产市场的调查和预测

在我国，实行社会主义市场经济，在公有制的基础上实行市场调节机制。房地产作为一种特殊商品走入市场，参与市场流通，必将受房地产市场状况的制约。所以，进行房地产投资之前，进行房地产市场的调查和预测是非常必要的。

1. 房地产市场调查

房地产市场调查，是指有系统地搜集、整理和分析有关房地产市场的流通经营状况的资料，并对房地产市场状况作出判断的研究工作。房地产市场的价格水平和供需关系是调查的中心内容，具体包括：市场环境的调查、市场容量的调查、住房消费和消费行为的调查、房地产情况的调查、房地产营销情况的调查、土地使用情况的调查等等。同时，根据不同的内容的特点采用合适的调查方法，比如：个案调查法、重点调查法、全面调查法、抽样调查法、专家调查法、试卷调查法、实地调查法等等。

2. 房地产市场预测

房地产市场预测，就是在房地产市场的基础上，利用一定的方法或技术，测算未来一定时期内市场供求关系变化趋势和有关因素的变化，从而为房地产投资的营销决策提供科学的依据。具体包括：预测房地产市场消费容量的变化及消费者的需求量、预测房地产市场需求结构的变化、预测潜在购买力、预测居民购买力的投向、预测房地产市场的供应量等。在预测的过程中，必须注意定性分析与定量分析的结合、长期目标和短期目标的结合以及宏观分析与微观分析的结合，只有这样才能保证预测结果的准确和真实。

房地产市场的调查和预测，是房地产投资项目可行性研究的最重要内容之一。在进行操作时，必须严格注意市场的客观性，作到准确、全面、及时。而且只有在实践中，才能不断提高调查和预测的能力，所以应加强对日常问题的思考分析能力的锻炼和培养。

（三）房地产投资项目的风险分析

房地产作为一种保值性、增值性极好的商品，已被社会所承认，并逐渐受到投资者的注意。但是，房地产投资同样存在投资风险，所以应分析房地产投资的风险情况。

房地产投资风险，按照产生的原因不同可以分为不同的类型：

（1）财务风险：有时也称拖欠风险，它是由于房地产购买者财务状况的混乱而使房地产投资及其报酬无法全部收回的可能性。主要原因是财务运作的不良反映。如：出售一栋高级住宅楼，价格为100万元人民币，购楼合同规定分期付款二年付清，但在此期间，如果该购房者突然破产，而余款的支付要排在法律上的费用、税收、职工工资等之后，这样就可能使房地产投资发生亏损的风险。

（2）利率风险：是指由于金融市场上利息率的变动而使房地产价值变动，因而可能发生投资亏损的可能性。如果利率提高必使房地产投资成本增加，房地产的价值也增加，而只能实现原有的房地产价格，这样就造成了收不抵支的亏损；同时，利率提高也会吸引消费者将钱存入银行，从而降低房地产的购买力，也会使房地产投资发生亏损。如果利率降低，则对房地产投资较为有利。

（3）购买力风险：是由物价总水平的变动引起的。由于总的物价水平的上升，前期的钱到一定时期后就不能买到与前期同样多的商品，就象钱被窃走了一样，对于这种货币购买力的变动，投资者应该给予高度的重视。具体来讲，通货膨胀和国家物价水平的调整都可能引起货币的相对贬值，也就相应降低社会购买力，从而引起投资无法收回的风险。通货膨胀和物价上涨是引起购买力风险的主要形式。

（4）变现风险：房地产是一种价值昂贵、建设周期长、使用年限多的商品，因此进行房地产投资将占用大量资金。投资者希望在一定时期里将投资收回，然而，在这种情况下变现就可能存在风险，其中又以土地投资为甚。在房地产不景气的情况下急于取得现金用于其他项目投资，转让土地使用权时就只能降低价格，而造成投资损失。同样，如果不实现变现，长期占用资金不能流动造成的损失会更大。因此使投资存在了风险。

（5）经营决策风险：是一种主观风险，是指由于房地产企业的领导者，在投资决策和经营管理活动中的失误而造成房地产投资无法收回的可能性。这种风险，主要是因为领导者的能力低、素质差引起的，只能通过对领导者的选拔培训以及设置参谋机构等方式尽量避免。

（6）自然灾害风险和和意外事故风险：是指由于自然灾害（如火灾、洪水、地震等）和意外事故（如故意破坏、意外事故损失等）而使房地产投资发生损失的可能性。也就是由于人们对自然力失去控制或自然界本身异常变动而造成损失的可能性。这种风险，可以通过加强管理和对房地产进行保险来降低或避免损失。但此风险有其存在的必然性，所以也可以用风险储备金来保证发生风险时减少损失。

分析房地产投资风险，就是通过对房地产投资项目风险的调查和预测，研究各种因素，确定投资项目是否存在风险，存在风险的种类、各种风险发生的可能性有多大以及损失的程度，并针对这些提出预防风险的方案和减少风险损失的措施，以达到使风险降低到最小的目的。风险有其存在的必然性，但在分析时仍应以预防为主，而且只有这样才有风险分析的必要。分析房地产投资风险，主要采用类推的方法：由其他企业的风险类推本企业的风险；由其他房地产投资项目的风险类推本项目的风险；由其他项目的预防风险措施类推本项目应采取的措施等。在类推的过程中应密切联系本企业、本项目的具体情况，千万不能照搬其他研究成果，否则可能达不到预期的目的和效果。房地产投资项目风险，是影响房地产投资决策结论的重要因素，且是对决策者心理的一种考验，投资决策者对风险的承受力必将影响他的决策结果。

（四）投资项目开发地址的选择和获取

房地产是房产和地产的总称，房依地建、地载房屋，房产和地产是密不可分的关系。进行房地产投资，必有土地作为投资的承受者，所以房地产投资项目可行性研究，必须分析投资项目所开发土地的选择和获取。

开发地址的情况直接影响房地产投资的效益，所以应慎重选择开发地址。进行开发地址选择的依据有：

（1）适应城市建设规划的要求。城市都有其建设的总体规划，选择开发地址必依据总体规划的要求，在其允许的范围内选择，否则肯定不能实现开发权的获取。其次，选择的开发地块的使用用途必与城市建设规划中的用途要求相一致，如投资开发商业楼就不能选择在用于建设住宅的地块上。另外，在符合城市建设规划的前提下，还要考虑城市的发展趋势，尽量选择那些有发展潜力的地址。有了城市建设规划的保障，就有了获取土地的先决条件，也就有了实现投资的可能性。

（2）适应投资项目的设计要求。确定了房地产投资项目的设计，就确定了所需开发地块的状况。而且，城市中的开发地块的面积、形状、地势等都是不尽相同的。在选择时必须根据房地产设计的要求，发挥土地的最大使用率，既不能选择小面积地块造成开发面积不足，又不能选择大面积地块增加投资而造成损失。如果投资建设的是大面积商场，那么长而窄的地块决不是你的选择对象。总之，要根据项目的设计要求选择最佳的开发地址。

（3）适应投资项目的房屋用途的要求。因为不同用途的房地产对地理位置、自然环境等有着不同的要求，而且土地的增值也主要是因为其地址的特殊性而产生的，所以选择开发地址必与房地产的用途要求相适应。如：住宅要建在环境优雅、生活服务设施齐全的地段；办公楼则要建在办公机构集中的区域；商业楼则建在繁华的商业区或居民居住集中的地区；而厂房应建在生产资料丰富，运输条件优越的地区。这些都可以说明房地产用途在选择开发地址中的重要性。

（4）选择交通条件良好的地址。由于社会的发展，增进了社会交往和流通，要保证这种关系应有良好的交通条件。不论何种用途的房地产，如果建设在偏僻地区都很难实现其价值，那么房地产投资资金的回收也就不可能了。

此外，还有土地的地质条件、市政基础设施等因素，需要在具体工作中提高认识。总之，选择开发地址是项重要的研究工作，必须针对具体情况进行具体分析。

选定开发地址后，还要研究开发土地的获取，这是为取得土地的使用权而作的一项准备工作。研究开发地块的获取，主要是解决以下问题：选择的开发土地的所有权及现在的使用状况；是否有取得土地使用权的可能性；为取得土地使用权而应支付的土地补偿费、拆迁费、安置费等的总额；进行开发土地的"七通一平"需要的投资数额；土地开发的总投资额及其占房地产项目投资总额的比例等。地产投资是房地产投资中比重较大的一笔支出，为了保证投资的回收和增殖，必须严格控制房地产投资的数额。通过开发地址获取的研究，投资者可以衡量得失，如果地产获取后所带来的效益不能大于地产投资，那么就不应投资，否则投资越多损失越大。

开发地址的选择和获取，是项较简单和直接的工作，不需要大量的数理推理。但是，并不能因此而忽视其重要性，由于土地对房地产价格和供求关系的重要影响，使得此项工作同样有重要地位。

（五）投资项目的规划设计

投资项目的规划设计，是在假设决定投资的前提下，对房地产投资项目的工程的实施和运作的规划设计。它主要有两方面的内容：

第一，资金方面，即房地产投资资金的规划设计。首先是筹集资金，房地产投资资金中有一定的自有资金，但相当数额的资金要进行筹集。筹集资金的渠道有银行贷款、发行股票、债券、预收款和保证金、社会个人集资等。规划筹集资金，是指设计筹集资金的渠道，各渠道资金的数额和偿还方式以及各时期筹资活动安排，也就是对资金的取得作一个计划。其次是运用资金，资金有其时间价值，而且房地产投资资金不需要一步到位，所以，就要合理地安排、规划运用资金。就是依据工程的进度，合理设计资金投入的数量和时间，在保证工程顺利进行的基础上，尽量减慢资金投入速度，减少资金占用期，因为过长的资金占用实际上是提高了投资成本。最后是回收资金，即通过房地产的营销实现房地产投资的回收。为了顺利实现资金回收，应对回收资金的工作作出安排，即设计营销的方式、实现房地产价值的时间安排等；同时，还应根据筹集资金的偿还情况，安排资金的回收和偿还。实质上，房地产投资资金的规划设计，就是对资金的筹集、运用和回收作出整体时间安排，以保证投资资金价值的充分发挥和顺利实现。

第二，工程方面，即对房地产投资项目的工程建设施工的规划设计。它是根据房地产开发的过程，对整个工程的全面的安排，有前期工程、工程的建设施工、工程竣工验收、房地产的租售等一系列工作。具体工作是：选择勘查设计单位、施工建设单位和监理公司；选择建筑材料的类型、厂家和采购形式；安排施工进度和建设周期；确定开工、竣工时间和质量验收标准；房地产的经营单位和经营方式的选择；其他特殊工作安排。工程的规划设计，实际是工程计划任务书的类型，也是筹集资金、申请用地等工作的主要凭证。

房地产投资项目工程的规划设计，是可行性研究工作中最具体的一项内容，是对工程建设的一个总体设想，它将指导投资后的所有工作的进行。

（六）投资项目的自然环境分析

房地产是不动产，它的使用效果必受到自然环境的影响。自然环境作为房地产的"室外环境"，是衡量房地产的优劣的重要条件，再加上现代人对居住条件舒适的要求，使自然环境成为影响房地产价格的重要因素之一。

分析投资项目的自然环境，主要从以下四方面进行：

（1）地质分析：是指对土地的构成成分、结构形式、资源状况、承载力等情况进行的勘测和研究。因为地质的好坏，将直接影响到建造的房地产的质量和安全性。没有良好的地质基础作保障，建成的房屋也只能倒塌。通过分析主要解决：地质适用什么形式的基础；地基的强度如何；建造多大规模的房地产才不会超过土地承载力等问题。

（2）水文气象分析：水文分析，主要是对地表水、地下水等水资源情况的分析。因为房屋的地基将埋于地下，它会受到水的侵蚀进而影响地基的牢固性。通过对水文的分析，要了解水可能对房屋造成的影响，并采取措施以防止危险的发生。气象分析，是对所在地区天气变化规律的分析，如：气温变化、降水量、风向和风级、光照时间等情况的分析。通过了解这些资料可以指导设计房屋的结构、朝向、层次、排水、采暖等，保证房屋功能的合理和居住的舒适。

（3）环境状况分析：是对项目周围的自然物、道路、建筑物和构筑物作出分析，分析它们对房地产投资项目可能产生的影响。如：有山有水、树木繁密的地区，是建造住宅、别墅和疗养院的好地方；建筑物、构筑物集中的地区，对项目的建筑风格和规模有所制约，但也有繁华的优势。任何因素的影响都不是绝对的，都有其利也有其弊，分析过程中必须结合具体项目进行，只要利大于弊就有建设的可能。

（4）环境污染分析：由于工业的发展，自然产生了对环境的污染。污染有不同种类，其危害程度也不相同。在不影响投资项目的房地产使用的前提下，应尽量选择污染小的地区，尤其不能将住宅建在有污染的地区。此外，还应注意不能因为房地产投资项目的实施对周围环境造成污染，这也是城市建设所不允许的。

自然环境是自然而成的，没有特定的模式可依。所以，分析自然环境时，只能根据开发地块周围的构成逐一分析，做到切合实际，不重不漏，具体问题具体分析。

（七）投资项目的经济环境分析

所谓房地产投资项目的经济环境，是指房地产投资做为一项经济活动，在整个经济领域中与其他相关经济活动的关系和房地产经济活动自身关系的总和，也就是相关的经济活动组成的经济关系总体。

分析房地产投资项目的经济环境，就是分析各种经济现象对投资项目的影响状况。主要有以下四个方面：

（1）国民经济发展的大环境。房地产业是国民经济的重要组成部分，是支柱产业之一。房地产业的兴衰严重影响国民经济的发展，而且国民经济发展的大环境也制约着房地产业的发展、国民经济迅速发展、就需要大量的房地产投资来满足生产和生活用房的要求，就能吸引投资方向转向房地产业；同样，良好的国民经济发展形势、也能增强房地产投资的效益保障，人们就会有投资房地产的信心。相反，则房地产投资项目不会有较大的生命力。

（2）房地产经济发展的小环境。房地产投资是房地产经济活动的开始，没有房地产投资就没有房地产的开发、经营、管理和服务。但是，房地产经济发展的小环境同样影响房地产投资。房地产经济活动需要资金，房地产投资也需要兴旺的房地产经济活动来实现其投资效益，只有房地产经济迅速发展，才需要大量的资金注入房地产经济中；资金进入房地产经济中后，又必须通过房地产经济活动来实现资金的运动和增值，实现房地产投资的效益。因此，发展的房地产经济，不仅保证了房地产投资的效益，而且吸引更多资金投入到房地产业中。

（3）相关行业部门的发展状况。房地产业是牵涉面极广的行业，不仅需要建筑机械生产、建筑材料生产和先进的建筑技术为其保障，还需要钢铁业、化工业、玻璃生产等诸多部门为其提供条件，其中任何一方出现不良现象都可以降低房地产投资的可能。假设房地产投资规模越来越大，而建筑施工技术仍停留在手工或半机械的程度，那么房地产投资也不会有较好的效益。

（4）投资项目所在区域的经济发展状况。房地产是不动产，具有鲜明的地区性，房地产投资项目研究的经济环境主要是本地区的经济状况，只有所在地区的经济迅速发展了，才有房地产投资的必要，也才能促进房地产投资效益的实现。房地产投资不可能迅速发展在人口稀少的沙漠地区，也不可能为了投资北京而到广州进行经济环境分析。分析地区经济，是分析房地产投资项目经济环境的主要内容，是决定投资效益的直接因素，而前三者决定了投资的大方向。

经济活动不可能没有经济环境，而经济环境又是一个复杂而抽象的问题，因此分析经济环境应从分析影响房地产投资的经济因素入手，分析所有可能产生影响的关系。

（八）投资项目的财务分析

所谓房地产投资项目的财务分析，是指在房地产投资之前，从投资者的利益出发，来分析一个房地产投资项目的财务状况，其中也包括使该项目发挥效用所必须建造的各种基础设施的费用。

1. 房地产投资项目分析的内容主要有两大类，即财务费用和财务收益。

财务费用归纳起来，可分为投资费用和运行费用两类。投资费用包括土地、土地开发费、材料费、人工费、设备费、设计费、咨询费、进口税、销售税和建筑税等。另外，还有一些应付意外情况和价格突变的储备金。投资费用可用于住宅建设、非住宅建设、场地开发、基础设施建设、绿化空间和临时安置等各方面。运行费用包括供水、排水、供电、煤气、维修费、管理费、保险费、财产税、折旧费和土地使用费等。

财务收益包括房地产的租金收入、出售价款以及房地产使用期结束时的残值。

2. 房地产投资项目财务分析的步骤

(1) 确定由于房地产投资而产生的房地产净增值。首先应考虑投资项目所产生的房地产净增量，即房地产投资项目完成前后的总收益和总费用的差；而不必考虑开发前后的房地产状况。这样，可避免将同时期同一地区的其他开发项目统计在内，只考察投资项目进行与不进行的期望状况。

(2) 确定投资项目所有的投资增量。投资增量包括基本费用和一些意外开支，是实际投资超出计划投资的资金量。具体计算项目有材料费、人工费、管理费、设备费和能源供应费用等，同时要注意费用发生的时间（货币具有时间价值）。因此，在进行财务分析时，要预计通货膨胀和其他原因引起价格变化所可能造成的结果。

(3) 确定投资项目所有的年运行费用。房地产投资运行的时间比较长，币值未必相等；而在币值相同时，货币金额又未必相同。因此，在计算运行费用时，不要只按运行费用组成计算，而应先以不变价格计算再换算成现实价格。

(4) 确定投资项目财务收益每年增量。财务收益主要是租金收入和出售价款，房地产出租时有每年的租金增量，房地产出售只有在分期付款或项目分期交付使用时才产生增量。因此，确定的主要是年收益量。

(5) 确定房地产投资项目的现金流量。对现金流量分析，是在不考虑筹措资金的前提下进行的。假定项目在财务上是独立维持的，那么在财务分析时有可能出现赤字，这有助于决定是否需要借款和借款额的大小。在确定现金流量时，将当年所有的收入减去所有的支出，成为第一年结余或赤字转入第二年；计算第二年时，先将本年度的全部收入减本身支出，将其结余或赤字加上由第一年转下的结余或赤字，再转入第三年。以此类推，逐年分析。

(6) 确定需要筹措资金和还本付息支出的方式。房地产资金的筹措方法是多种多样的，具体筹措方法的选择，取决于房地产项目本身的性质，投资者自身条件和借贷双方的期望等各种因素。本利归还的方式，可以是长期也可以是短期的；可以某时期付息某时期还本，也可以分期分批还本付息。具体情况由借贷双方协商约定。

(7) 分析房地产投资项目预期的财务成果。对财务成果分析，可以通过财务净现值、财务收益率和自有资本收益率等指标反映出来。财务净现值就是财务净收入的现值。判断的依据是：如果净现值大于零，则该项目可行；小于零则不可行；当项目的财务净现值等于零时，贴现率就是该项目的收益率。自有资金的收益率是自有资金收回的情况，是投资者自己提供的资金实现的收益大小。当投资包括所必需的借入资本时，若财务收益率大于零，则自有资金收入率大于财务收益率。此时借入资金可以大于自有资金，并能带来较好的效益。

(8) 分析项目对投资者的财务影响。为了使投资者得到有效的发展，除要求分析项目本身的财务状况是否可行为，还要求对投资者的财务状况进行分析。任何投资者都不会将资金投入到一个没有发展前途的项目，而且也不能因为对项目的投资而给投资者带来不良的财务效果。

财务分析，是对房地产投资项目经济效益的直接预估，它的结果是投资者决策的最直接的依据。因此，它也是房地产投资项目可行性研究的最重要内容之一。

（九）投资项目的经济分析

房地产投资项目的经济分析，主要是分析投资项目对社会产生的作用，对产出和投入的贡献，而不只是对投资者的影响。在某些情况下，可以用通用货币的数值来计算费用和效益。进行经济分析不仅可以使社会资源得到有效利用，而且能使社会团体之间受到的投资项目影响更加合理的分配。

进行经济分析，基本有三个步骤：

首先，进行经济费用的度量。第一，检查项目费用，剔除非经济费用。经济费用代表实际资源的耗用，并且能了解到资源用于其他用途而可能产生的效益。非经济因素与此不同，如税金和利息，代表资源从一个集团转到另一个集团，不是资源的净费用。另外，折旧费也不是经济费用，它是内部记帐中的项目。因为它原本已包括在投资费用之中，如果再算等于重复计算。第三，估计经济费用的经济价值。经济费用的经济价值，事实上就是这种资源用于其他方案中可能对社会产生的最大效益。计算经济价值首先要对那些不代表经济费用的货币值进行修正。修正时，将使用修正因子以正确反映经济价值。修正因子各国不尽相同，可视具体情况而定。第三，根据时间考虑相关费用，计算经济价值。确定所有可以量化的相关费用，它是一种项目完全发挥作用时，有可能产生的费用。如：住宅区内的卫生保健、教育设施和供水排水等各种基础设施费用。相关费用与其他费用一样，需要计算数量和估计经济价值。第四，按时间考虑外部费用，并计算经济价值。外部费用是除项目直接受益的企业、家庭或其他实体以外的团体所承担的费用。如因房地产投资项目建设而造成的交通拥挤等。

其次，计算经济效益。第一，审定全部项目经济效益净值，估算非经济效益。这里所介绍的经济效益是实际资源所创造的，是对国家经济产出实际增加的效益，投资者本身的财务效益不能算经济效益，如政府的补贴和转移支付等。第二，经济效益的经济价值计算。经济效益的经济价值的计算，不能按财务计算的结果来定，因其可能使经济效益的经济价值发生偏离，正确的经济价值必经过一定的调整。第三，计算相关效益的经济价值。相关效益是指除房地产投资完成后的出租、出售的效益以外的其他有关的效益，包括一些服务设施所带来的效益。第四，估算外部效益的经济价值。外部效益是指那些非项目直接受益者所享受的效益。如房地产投资项目的实施使周围土地增值和人体健康状况得到改善等。估算外部效益时，首先将外部效益量进行财务估算，然后再调整成经济价值。

第三步，通过比较经济费用和经济效益计算项目的经济价值，评价房地产投资项目的状况。计算净效益的现值，即按年计算总经济效益与总经济费用的差额，再贴现成现值。净现值表示由于投资产生的收益和服务的增量的现值。是度量经济价值的重要指标。此外，还有经济收益率、净效益投资比、效益费用比和最小费用等指标可以度量。

房地产投资项目的经济分析同财务分析一样，都是费用和效益的增量分析。但经济分析不是项目完成前后的总费用和总效益之间的分析而是房地产投资项目有与无之间的效益和费用之间的差，是经济价值的计算。

（十）投资项目的综合评价

房地产投资项目的综合评价，是房地产投资项目可行性研究的总结性工作。它是在前面所进行的研究工作的基础上,站在更广泛、更全面的立场,从投资项目的整体效益出发,将各因素的影响进行综合平衡、协调控制,最后确定房地产投资项目的一个总的效益结果,而对投资项目作出总的评价。投资项目的综合评价,是全面分析、系统评价投资项目建设的可行性,是房地产投资项目可行性研究的结论性总结,是进行投资决策的首要依据。

这十项内容,是房地产投资项目可行性研究的主要内容,都有其必要性和重要性,是必须进行的研究工作。此外,针对具体房地产投资项目的特殊性,进行特殊问题的可行性研究也是必要的。因此,房地产投资项目的可行性研究必须做到具体问题具体分析。

第三节 编制房地产投资项目可行性研究报告

房地产投资项目可行性研究报告,是房地产投资项目可行性研究工作的书面表现,也是进行投资决策的依据。投资者进行决策,一般不会直接进行调查研究,而由专业人员进行,报告就成了投资者决策的依据。

一、房地产投资项目可行性研究报告的作用

1. 可行性研究报告是房地产项目投资决策和编制设计任务书的重要依据。可行性研究报告详细论述和评价了房地产投资项目是否值得投资和如何投资,是房地产投资的设想和计划,所以,可以用于投资决策和编制设计任务书。而且,可行性研究报告本身就已为房地产投资项目的投资与否作出经济上的评价结果。假设投资项目可行,那么研究过程本身就具有了计划的性质。

2. 可行性研究报告可以作为筹集资金的依据。房地产是一种需要大量投资的商品,它不可避免的需要贷款。最初没有设计任务书的情况下,银行机构就是通过可行性研究报告来考察房地产投资项目是否具有还款能力的,然后决定是否贷款及其数额和期限的。

3. 可行性研究报告作为与有关部门商谈合同、签订协议的依据。项目决策立项后,就要组织项目工程的具体实施,投资者就要与设计部门、施工单位、建筑安装公司等签订合同。在签订合同前,双方需要对工程的细节问题进行商议,而这些资料和内容的获得都是从可行性研究报告中取得的。因此,可行性研究报告是商谈合同、签订协议的依据。

4. 可行性研究报告作为投资项目前期工程工作的依据。可行性研究报告,对项目建议方案、建设规模、建设地点、主要设备类型和总图平面布置等作出了评选论证,而这些内容确定后,就可作为投资项目初步设计、设备订货、拆迁和七通一平等工作的依据。

5. 可行性研究报告可作为环保部门审查项目对环境影响的依据,也可作为向建设项目所在地政府和规划部门审批的依据。

二、编制房地产投资项目可行性研究报告的要求

1. 客观。即实事求是。编制可行性研究报告时,必须有一个真实的态度,客观地反映事物的状况,绝对不能因为自己的主观喜好而任意歪曲事实。如果报告内容失去客观性,不能真实地反映事物的因果关系,那么可行性研究就失去了作用。因此,可行性研究报告必须客观真实。

2. 准确。有两方面的内容:一方面,所有统计调查的资料内容必须准确,计算的数据

必须准确;另一方面,根据研究资料作出的判断必须准确。前者是基础,后者是体现。只有可行性研究报告准确地分析了事实情况,才能得出正确的结论,也才能保证房地产投资决策的正确性。

3. 全面。可行性研究报告要作为房地产投资决策的依据,它必须能全面地反映研究对象。因为报告中的任何因素都可能影响到研究的结果,进而决定投资决策。例如:本来一个投资效果很好的商业楼项目,投资者可能因为报告中没有反映投资地区将发展成为一个商业区的信息而拒绝投资,因此而失去一个良好的投资机会。

4. 简便。可行性研究报告是提供给投资决策者或有关部门参考的,不必将所有研究的内容、思路、步骤、方法等全部写出,只要有必要的内容能够说明反映的问题就可以了。总之,报告内容应以简便为佳。这样既可显示报告的精髓又方便投资者的参考。

5. 清晰鲜明。可行性研究报告,是对可行性研究工作的总结,反映研究分析的结果。报告中的结论观点必须清晰鲜明,是就是、不是就不是,好就好、坏就坏,千万不能模棱两可。

三、房地产投资项目可行性研究报告的主要内容

房地产投资项目可行性研究报告,是根据报告格式的规定,以投资项目的可行性研究为依据编制的。由此决定了可行性研究报告的主要内容:

(一)房地产投资项目情况简介。

在可行性研究报告的开头,对投资项目的基本情况作简单介绍,使投资者对投资的房地产项目有个初步了解。主要反映:房地产投资项目的名称、地址、规模和用途;建设单位情况;投资总额及投资方式;建设期限或合作经营期限;项目前期准备工作情况等。

(二)可行性研究的分析概况。

对房地产投资项目可行性研究的工作进行简单介绍,通过这部分内容可达到增强报告可信性的作用。主要内容:可行性研究的起止时间;可行性研究的费用及占投资总额的比例;参加可行性研究的工作人员;参考资料的获取渠道;可行性研究分析的主要内容;特别项目的研究分析;可行性研究的结论等。

(三)房地产投资项目社会背景的描述。

投资项目社会背景的描述,是对投资项目的投资时间、投资的地址、项目的自然环境、经济环境、社会状况及政治形势等诸因素进行描述。目的在于阐述投资项目所处社会的基本情况,进行社会背景对投资项目影响的分析工作。

(四)房地产市场调查和市场预测结论。

房地产市场调查和市场预测,是可行性研究报告的主要内容,研究的中心问题是市场价格和市场供求关系。其具体内容有:现有同类房地产的开发成本、经营价格水平和收益状况;建设期内对开发成本、经营价格水平和收益有影响的各因素的状况和影响程度;建成后营运期内的经营价格水平和收益状况的预测;市场供需现状、短期变化、长期发展趋势;现有市场容量及其饱和率;项目建成后的市场容量及其饱和率;项目建成后预期占用率;同期内与本项目类似的开发建设总量预测,以及由此引起的市场供应扩大对本项目未来营销的影响;各因素的需求增长对本项目建成后营销的有利条件;在项目营运的整个寿命周期内,市场变化的大致情况及其对投资项目营运的影响等等。

（五）投资项目开发建设规模及确定的理由。

房地产投资项目的投资额，主要由项目开发建设规模决定的，而且这部分内容是通过实物量来反映的，直观性强，也是影响决策的主要方面之一。项目的开发建设规模主要通过项目的建筑面积、密度、层次、占地面积、使用状况等反映的。但是，只有这些数据是不行的，还必须将这些数据进行选择和确定理由加以说明，使投资者有更大的把握进行决策。

（六）投资项目的选址与基地的获得。

一般，首先介绍投资项目所选地址的区域位置、形状、地质条件、自然环境、市政设施和交通状况等；其次，说明选择该地块的理由，即选择地块相比较的优点及可能带来的土地增值状况，也就是对投资项目的后期收益影响；最后，还应估计获取该块土地所需的工作和手续及获取土地所需的投资额和占总投资额的比重。

（七）投资项目的财务分析。

将房地产投资项目可行性研究中的财务分析的内容进行记述。主要反映：项目总投资预算；资金来源渠道及偿还情况；投资总额的分配情况；财务评价结论；投资风险的分析及为了防止风险损失所需支付的保险金或风险储备金数额等。

（八）投资项目经济分析与综合评价效果。

记述可行性研究中经济分析的内容和结果，并从不同角度进行项目的经济效益、社会效益和环境效益的综合评价，是对投资项目的全面的评论，是投资决策的重要依据。

（九）投资项目的实施和营运的总体规划。

此项内容是投资项目建设工程的具体营运实施情况的计划安排，主要内容：总体进度安排；企业对项目建设的组织管理安排；劳动力投入和培训计划；工程建设投入材料的数量、质量、采购计划、价格控制措施；因项目建设而必须进行的环境保护、物资保险措施；项目建成后的营销渠道和营销技术等。

（十）关于引进技术和设备的说明。

本项内容是为了配合工程的施工和科技发展要求，在需要引进技术和设备时，对所引进技术的先进性、适应性、有效性的说明及引进必要性的说明；引进的设备的性能、产地及培训情况的说明和计划。

（十一）可行性研究的各类附件。

在可行性研究报告不能完全反映内容的情况下，是对必要的资料进行提供的方式，是对可行性研究报告内容的补充材料。

第四节 房地产投资项目的国民经济评价和企业评价

对房地产投资项目的评价、从不同的角度出发会有不同的评价结果。但是，任何投资都将直接影响房地产企业和国民经济的效益，因此有必要讨论房地产投资项目的国民经济评价和企业评价。

一、房地产投资项目评价的原则

根据我国目前的经济状况和特定的经济发展阶段，房地产投资项目评价应遵循以下原则：

1. 必须符合党和国家制定的国民经济发展规划和经济建设方针，严格执行国家有关经济工作的各项规章制度和技术经济标准。

2. 投资项目的经济评价，必须是在技术可行的前提下。

3. 房地产投资项目要进行多种评价，例如：国民经济评价、企业评价、财务评价等，然后综合其结果作出综合评价。

4. 房地产投资项目评价应遵循可比的原则，使费用和效益计算口径一致。

5. 房地产投资项目评价有动态分析和静态分析两种，应以动态分析为主，同时采用国家规定的评价指标体系。

6. 房地产投资项目评价过程中，计算期内应采用同一价格和参数。

7. 房地产投资项目评价的内容、深度和计算指标，应能满足审批项目建议书和设计任务书的要求。

8. 房地产投资项目评价是项目建设方案取舍的重要依据，但不能唯经济而断，应把拟建项目的工程、技术、经济、环境、政治和社会等各方面因素综合起来考虑。

9. 承担房地产投资项目评价的单位，应切实保证评价的科学性、公正性和可靠性。

二、房地产投资项目的国民经济评价

对房地产投资项目进行国民经济评价，是一项复杂的宏观分析评价工作。但是，由于房地产业在国民经济中的重要地位，使得投资项目的国民经济评价又是十分必要的。

（一）国民经济评价的内容

1. 评价房地产投资项目对国民经济增长的贡献。

国民经济评价的主要目标是国民经济的增长，应以投资项目所能增加的国民收入净增值（净产值）和社会净收益（纯收入）达到最大为原则，考察的基本指标：

（1）投资项目对国家和社会的实际贡献。

（2）投资项目整个寿命期内的总国民收入净增值和总社会净收益及其占总投资的比率，衡量对国家和社会的总效益。

（3）投资回收时间长短，考虑项目偿还能力。

（4）客观因素对项目创造国民收入净增值和社会净收益能力的影响，用盈亏平衡分析、敏感性分析和概率分析等方法进行检查，寻找对项目的投资效益影响大的因素，采取有效措施减少投资风险。

2. 评价项目的社会目标

对项目进行国民经济评价，除了要考虑它对国民经济增长的真实贡献外，还要考虑项目建设是否满足一些社会目标。社会目标主要有以下三类：

（1）收入分配目标。即房地产投资项目给国家提供的国民收入净增值，是否在国家、地方、部门和职工中得到合理分配，是否正确体现了国家、集体和个人三者之间的经济利益的统一。

（2）劳动就业目标。房地产投资项目的建设，不仅给社会提供了房地产商品，而且提供了劳动就业机会。这无疑对促进社会安定团结和提高人民生活水平与消费能力有积极作用。

（3）环境保护目标。即用最少的费用支出达到保证人民正常生活和生产环境的目的。

（二）国民经济评价的程序

房地产投资项目的国民经济评价的内容范围广泛，计算也十分复杂，大致可归纳为以下六个步骤：

1. 首先确定产品和投入物的各种合理的经济价格，如采用影子价格或理论价格等。

2. 把投资项目的各种投入物和产品按影子价格进行调整，重新计算项目的销售收入、投资支出、生产成本和项目残值。

3. 从整个国民经济的角度来划分和考察项目的效益和费用。费用指国民经济为项目所付出的代价。

4. 按国家统一规定的社会贴现率或国家基准收益率，对投资项目的费用和效益进行利弊分析，计算国民经济的主要经济指标，如国民经济净增值、社会净收益及其内部收益率和投资回收期，进行动态和静态的定量分析评价。

5. 从整个社会的角度来考察、研究和预测项目对社会目标所作的贡献的大小。

6. 进行综合评价。就是站在更广泛、更全面的立场，从国家总体利益出发，考虑到政治目标、经济目标、社会目标、环境目标、生态平衡、合理利用和保护资源等各种因素，使投资项目的宏观效果和微观效果相结合，用系统的观点，从经济、技术、社会、文化、政治等方面，全面分析系统评价房地产投资项目投资建设的可行性。最后，从上述各方面选择最主要的技术经济评价指标，采用多目标决策方法，进行综合效果评价。

进行房地产投资项目的国民经济评价，需要大量的专业技术和专业资料，一般是在国家进行大项目建设时才进行。企业进行房地产投资项目可行性研究时，只需按以上所述内容作出大致地估计和预算就可以了，重要的是对国民经济发展形势的正确预测。

三、房地产投资项目的企业评价

对房地产投资项目进行了宏观评价，还需进行微观评价，微观评价就指房地产投资项目的企业评价。房地产投资项目的企业评价，是指从投资者的角度出发，分析房地产投资项目的实施对企业产生的影响因素，进而评价投资项目对企业效益的影响能力。主要通过对企业经济效益的增长来衡量。

（一）房地产企业的投资目的

进行房地产投资项目的企业评价，必须首先认识房地产投资企业的投资目的，因为投资目的决定了房地产投资要实现的目标，也就决定了评价的标准。房地产企业进行投资的目的，一般可分为以下三种：

（1）为了房地产企业自己使用。房地产企业为了改善自己的经营条件，而投资建设办公楼。在这种情况下，企业只需考虑自己的经济承受能力和经营条件改变可能为企业带来的效益，不应强调投资的增殖。良好的办公条件，不仅便于职工工作，而且可以提高企业的形象水平，吸引更多的投资和经营项目。

（2）为了提高企业的信誉。这是企业刚刚成立或开辟新市场时追求的目标。房地产企业要在竞争中获胜，不仅需要经济实力和管理能力，还要有信誉，只有让社会承认并信任企业的能力才会有投资的可能。要实现企业的信誉，就必须通过房地产投资项目的实施来获得。在这种情况下，房地产企业就会追求较低的经济收益，但同样将投资项目建成优质工程、以此来显示企业的实力，树立企业形象。

（3）为了追求投资的经济效益。一般房地产投资都是为了实现投资资金的增殖，而且这也是房地产企业投资的主要目的。衡量房地产投资项目的状况，就要以投资项目的经济效益高低为标准了。因此，对房地产投资项目的经济效益的评价，就成为房地产投资项目企业评价的主要内容。

（二）房地产企业经济效益评价的标准

评价房地产企业经济效益的标准有两种：一是在一定的人力、物力、财力下，充分地加以利用，使其发挥最大的效能，以最大值的优值来衡量；二是在既定的目标下，充分地利用现有的人力、物力、财力，使其在耗费量最少的情况下完成任务，以最小值的优值来衡量。实质上，就是要求以尽量少的消耗获取尽量大的经济效益。

评价房地产企业经济效益的标准有质和量的规定性。所谓质的规定性，就是企业投资建设的房地产要适销对路，满足社会的需要。所谓量的规定性，有以下五种评价标准：①计划标准：以能否完成企业预定的计划指标为评价的标准，但是计划指标不一定是最优指标、它只能说明完成企业基本要求的情况。②历史标准：以房地产企业实际完成的指标与上年实际水平或历史先进水平比较作为评价标准，但此标准只能说明企业经济效益自身有所提高，并不一定是房地产行业的先进标准。③社会标准：就是以房地产行业的社会平均水平为评价标准，如果超过房地产行业的社会平均水平，表明该房地产企业已进入国内先进企业行列。④同行业先进标准：即以房地产行业上年实际达到的先进水平为评价标准。如果超过房地产行业先进水平标准，则说明企业经济效益更为提高。⑤国际先进标准：是以国际上房地产业发达国家已达到的先进水平为标准。此五标准，是由低到高的档次，在实际评价工作中应结合起来使用。

（三）房地产企业经济效益评价指标

房地产企业经济效益评价，是以房地产企业为出发点，通过对房地产投资项目的具体指标的计算来实现。在评价过程中，使用到的指标有：现金流量分析指标、静态获利性分析指标，动态获利性分析指标、财务报表比率分析指标、开发成本分析指标、投资费用分析指标等。

（四）房地产投资项目企业评价的程序

房地产投资项目的企业评价，分析的是投资项目对企业产生影响的因素。评价的程序就是依据影响因素而定的，具体步骤是：

1. 确定房地产企业进行房地产投资的目的，不仅要有质的标准而且要有量上的控制。

2. 确定房地产企业进行经济效益评价的标准，明确标准的性质和数量。

3. 计算房地产投资项目给房地产企业带来的经济效益，根据指标体系的内容确定，必须具体到评价的项目，否则失去了对投资项目评价的意义。

4. 将计算的经济效益指标与评价标准换算成同一时间上的价值，然后进行比较，并作出评价结论。

5. 从企业的整体利益出发，综合各方面评价的结果，进行全面系统地评价房地产投资项目的可行性，最后作出评价结论，为投资决策提供依据。

进行房地产投资项目的企业评价，是任何房地产企业投资前都将进行的评价工作。它的结果直接关系到企业的兴衰，也就决定了是否进行投资。

第五节 案例分析

本案例是某市金贸商厦的可行性研究的分析过程。

一、项目简介

1. 项目名称：金贸商厦
2. 项目主办单位：金贸股份公司
3. 项目地点：中山路66号
4. 项目规划：

(1) 占地范围：南起××，北至××，全长约120m；西起××，东至××，全长约116m。

(2) 占地面积：总面积为17250m^2，其中：项目占地面积13915m^2；市政代征地为2185m^2；超代征地为1150m^2。

(3) 建筑面积：总建筑面积为10万多m^2，其中地上容积率为4.4，地下容积率为2.4，建筑物限高30m。

(4) 项目建设进度：建设期预计3.5年，开始于1994年二季度，完工于1997年。

5. 项目建设目标：通过对该地带进行总体规划和改造，建成金贸商厦。使其成为该地区独具特色，一流水准的综合性商业中心，构成一个商业、服务、餐饮、文化和娱乐等为一体的多功能、高档次、现代化的大都市商业群体。

二、项目可行性研究概况：（略）

三、项目的社会历史背景：（略）

四、房地产市场调查和预测

1. 需求状况：商业用房的需求状况与消费市场的需求状况紧密相关，而购买力、消费结构、购物环境是市场调查的主要对象。调查资料反映：居民的消费水平不断提高，且有较大的潜在购买力；消费结构也不断变化，使消费层次多样化，且向中高档发展；现有购物环境较差，急需改善。由此推断，商业用房有良好的需求前景。

2. 供给状况：随着国民经济的发展，某市经济水平迅速提高，商业机构和商业设施的建设发展速度很快，但新增零售机构以小型居多，而大型综合性商厦较少。大型综合商业设施的明显不足，造成了人流拥挤、街面堵塞的状况，限制了商业的发展。因此，建设现代化的大型综合商业设施变得十分紧迫。

3. 商业用房的发展前景：城市大面积商业区的改造，将使城市的商业设施状况大为改观，形成几个各居特点的商业中心。而且，商业区成片开发后形成的城市布局将缓解居民的购物难的问题，满足多层次多方面的消费需求。总之，某市的房地产市场供求两旺、前景广阔，商业用房的投资前景良好。

五、项目开发地址的选择和获取

1. 金贸商厦，位于城市的繁华地段，交通条件便利，与四个住宅区相邻，具有良好的消费环境。同时，该地块的水电气供应条件良好，城市基础设施完备，有良好的开发条件。而且，自然地理条件也适合建设高层建筑物。此外，外国公司、办事处和各省市、企业驻地单位集中的条件，也有利于商厦的多功能综合发展。该地块是一块良好的商业开发区。

2. 土地开发成本：是指将现有土地开发成可直接使用的熟地所需要的资金。主要包括拆迁安置费和土地批租费。

（1）拆迁安置费：项目用地范围内建筑物的拆迁安置费，主要分为：

（Ⅰ）居民安置费：312户居民，每户40万元计算，共计12480万元人民币。

（Ⅱ）商业单位安置费：2525m^2，以每平方米3万元计算，共计7575.9万元人民币。

（Ⅲ）非商业单位安置费：2700m^2，以每平方米2万元计算，共计5400万元人民币。

（Ⅳ）商业单位补偿费：主要用于商业单位临时周转用房或停业损失的补偿，共计1512.7万元人民币。

（Ⅴ）房屋拆除费：以每平方米200元计算，共拆除房屋面积28000m^2，共计560万元人民币。

（Ⅵ）其他费用：主要指拆迁安置管理费，按上述各项之和的2%计算，共计550.6万元人民币。

（2）土地批租费：包括土地出让金、四源费和市政工程配套费，共计38962万元人民币。

六、项目的财务分析

1. 项目总投资的估算：由建设投资、建设期利息和流动资金三部分构成。

（1）建设投资：指项目建设所需的全部资金投入，主要包括固定资产投资、无形资产投资、开办费和不可预见费等。

1）固定资产投资：包括建筑安装成本（土建工程、给排水工程、采暖和空调、电、煤气等投资费用）83600.3万元和车辆购置费3000万元。

2）无形资产投资：包括土地开发费67041.1万元和用电权费及供电贴费2450万元。

3）开办费：指项目建设期内，用于项目组织管理设计等各项费用，包括：项目管理费2508万元（建安成分的3%）；项目监理费418万元（建安成本的0.5%）；设计勘探费4180万元（建安成本的5%）；电话初装费350万元；其他费用包括绿化费、办公家具购置费和项目许可证费等350万元。

4）不可预见费：以固定资产和开办费之和的10%计算，约为9162.2万元。

5）物价因素：以每年递增10%，只考虑固定资产投资和开办费，从1995年算起，3年共计17257万元。

6）投资方向调节税：根据国家有关规定，本项目需交纳投资方向调节税，税率为15%，以每年度的投资额为计税基础，共计26755.6万元。

以上六项之和为总建设投资，共计214288.5万元。

（2）建设期利息：本项目建设期需大量的贷款以弥补资金的短缺，共需贷款72381.1万元,贷款利率暂定 14.04%,共计建设期利息 24090.6 万元。

(3) 流动资金:是项目建成后经营期内每年所需准备的一笔周转资金,通常以经营成本的一定比例计算。因本项目以出租为主,经营成本较小,所以忽略不计。

以上三项之和即为项目的总投资费用,共计 238379.2 万元人民币。

2. 项目资金使用计划

根据项目的建设进度安排,分年度各项资金投入计划如下:

(1) 建安成本:资金投入从 1994 年底开始,到 1997 年底结束,各年的投入比例分别为 5%、35%、35% 和 25%。

(2) 拆迁安置费:暂定 1994 年和 1995 年底分两年投入,其比例分别为 80% 和 20%。

(3) 土地批租费:分两年付清,1994 年和 1995 年支付比例分别为 60% 和 40%。

(4) 用电权费和供电贴费:于 1996 年一次支付。

(5) 开办费和车辆购置费:分 4 年投入,各年投入比例分别为 15%、35%、35% 和 15%。

(6) 不可预见费:以固定资产总投资的投入比例计算。

(7) 物价因素:自 1995 年起,每年投入的建安投资和开办费增加 10%。

(8) 投资方向调节税:以每年实际投入资金总额的 15% 计算。

3. 资金筹措计划:

(1) 自有资金:1994 年投入 2 亿元。

(2) 预售建筑物收入:预售建筑物需在完成项目总投资的 25% 后方可出售,本项目从 1994 年底开始预售,各年度收入分别为:18834.7 万元、40683.0 万元、46710.1 万元、15679.6 万元。

(3) 贷款:自 1994 年到 1997 年,每年贷款分别为:20611 万元、27470.3 万元、3936.5 万元、20363.3 万元。

4. 主要财务指标:

(1) 静态指标:

$$营业利润率 = \frac{税后利润}{营业收入} = 30\%$$

$$房屋销售利润率 = \frac{房屋销售税后利润}{房屋销售收入} = 7\%$$

$$全投资简单收益率 = \frac{年均税后利润 + 利息支出}{建设投资} = 9.1\%$$

$$自有资金简单收益率 = \frac{年均税后利润}{自有资金} = 10.3\%$$

(2) 动态指标:

本项目动态指标的计算分两种情况:一是项目建设资金全部来源于项目投资者投入和出售楼面的收入,无贷款,即全投资形式;一是项目建设资金来源于投资者的自有资金、出售楼面的收入和贷款,即自有资金模式。具体结果如下:

	全投资	自有资金
净现值(贴现率12%):	29831.3 万元	27220.6 万元
内部收益率:	16%	21%
返本期:	10 年	11 年

七、项目的经济分析

1. 营业收入测算：

（1）商业面积出租收入：出租面积 22948m²，按可供出租的建筑面积的 65% 计算；出租率 1997 年和 1998 年分别为 60% 和 75%，以后各年出租率为 90%；出租价格按每天每平方米 5.5 美元计算，每 3 年每 m² 上涨 0.5 美元，自 2003 年年均以 6.5 美元计算。

（2）地下停车场出租收入：出租车位 238 个，每小时每个车位 5 元人民币，1997 年和 1998 年出租率分别为 30% 和 40%，以后各年出租率为 50%。

（3）营业税及其附加：所有营业收入均须交纳营业税、城市建设维护税和教育费附加，各计税率 5.45%。

2. 营业成本估算

（1）经营费用：指商业楼在经营过程中发生的各种费用，主要有物业管理人员的工资、办公费、维护修理费等，按租金收入的 5% 计算。

（2）房产税：出租房屋税率为 12%。

（3）折旧费：采用直线折旧法；残值率为 4%；折旧年限：建筑物为 30 年，设备为 12 年，车辆为 8 年，其他 15 年。

（4）摊销费用：无形资产分 50 年摊销，开办费分 8 年摊销。

（5）财务费用：经营期间的利息支出。

3. 损益状况

本项目拟订 1997 年第四季度开始经营，经营期 50 年，财务测算到 2012 年，累计 15 年零 3 个月。整个测算期内企业无亏损，经营利润除交税、还贷款、提取公积金外，还有一定余额可用于投资者间分配。

八、项目的实施和运营计划（略）

九、关于引进技术设备的说明（略）

十、结　论

通过项目的分析研究，我们认为金贸商厦项目是可行的，并将带来巨大的经济效益和社会效益。

1. 金贸商厦拥有良好的市场前景。本项目的建设正处于国内经济高速发展阶段，整个社会对高档次、综合性商城的需求旺盛，其市场前景较为乐观。

2. 金贸商厦项目全投资内部收益率为 16%，自有资金为 21%，远远高于银行贷款利率，财务效益较好。敏感性分析也说明本项目有较强的抗风险能力。

3. 金贸商厦拥有良好的社会效益。本项目的实施促进了本地区商业设施的改造和购物环境的改善，提高了本地区黄金地段的土地利用率，同时满足社会日益增长的消费需求，有较好的社会效益。

4. 金贸商厦的建设符合了城市的地区发展规划和商业发展计划，水、电、煤气、暖气、通讯、道路和交通等各项条件较好，为项目的实施提供了良好的外部条件。

思 考 题

1. 房地产投资项目可行性研究的涵义和特点是什么？
2. 房地产投资项目可行性研究的任务是什么？
3. 房地产市场调查包括哪些内容？房地产市场预测要求预测什么？
4. 试述可行性研究中，财务分析和经济分析的内容？
5. 编制房地产投资项目可行性研究报告的要求如何？
6. 房地产投资项目可行性研究报告包括哪些内容？
7. 试述房地产投资项目进行国民经济评价的内容。
8. 试述房地产投资项目进行企业评价的出发点和内容。
9. 根据本章内容，独立设计一个房地产投资项目可行性研究的方案。

第八章 房地产投资收益评估

第一节 房地产投资收益评估概述

开展房地产投资收益的分析与评价,制定适合我国国情的房地产投资项目评价方法和参数,有利于引导房地产投资的方向和规模,又能使项目和方案经过需要、可能、可行、最佳等方面的研究,步步深入地分析比较,把有限的资源用于经济效益和社会效益都较好的房地产投资项目上。

许多国家十分重视房地产投资项目的技术经济分析及评价方法研究。

我国的房地产投资项目收益评估研究刚开始不久,还很薄弱。国家计委于1987年7月1日推出一套新的"建设项目经济评价方法和参数",适用于对大中型基本建设项目和限额以上技术改造项目的经济评价,还不适用于房地产投资项目的评价。因此,开展对房地产投资项目评价理论和应用的研究,尽快地制定出一套适合我国国情的房地产投资项目评价方法和参数,具有极其重要的理论价值和现实意义。

一、房地产投资收益评估的意义

(一)房地产投资收益评估,是房地产投资之前的必要程序

《孙子兵法》云:"用兵之道,以计为首"。这里的"计"就是经营战略和策略,也就是要未战先算。正确的房地产投资正是精打细算的产物,是"成功早在胜算之中"。

从经济上讲,房地产投资企业要想在激烈的市场竞争中求生存、求发展,就必须精打细算。于是,作为其中的基础工作,投资收益评估受到了各位投资者的关注。

《孙子兵法》还说:"夫未战而庙算胜者,得算多也。未战而庙算不胜者,得算少也。多算胜,少算不胜,而况于不算乎?吾以此观之,知胜负矣"打仗如此,投资亦如此。在房地产投资之前,必须对投资收益进行评估。不进行评估、核算的投资,大多是没有成功保证的。因为房地产投资属于长期性投资,投资回收期和贷款偿还期都相当长,其间出现某些变化是常有的事情。这就要求房地产的评估要先于决策。而要保证房地产投资决策的科学化,就必须使投资收益评估制度化、规范化、法律化。

(二)投资收益评估是避免风险的重要手段

房地产业是一个风险性行业,投资者要承担很大的风险。这主要是因为开发商难以在一开始的时候就能对整个计划期内的建设费用和收益流动性作出精确的估算,而只能是不确定估计。因为经济的兴衰、消费者兴趣的转变、利率的升降等在开发中是难以预测的。而且房地产具有周期长、价值量大、流动性差的特点,这就使得开发资金一旦投入就难以改变,决策的失误有时意味着灾难性的后果。这些都对评估工作提出了更高的要求。

1992年5月14日,世界最大的房地产商——加拿大的"奥林匹克和约克开发有限公

司",向加拿大多伦多一家法院提出申请破产保护。其根本原因是它在英国伦敦的加利码头兴建的办公楼群不能按计划出售,从而造成严重的资金短缺,发生清偿危机。由世界最大房地产商的破产,我们可以看到房地产业的风险性。而只有做好房地产投资收益评估,才能为房地产的开发决策提供更加可靠、更加科学的依据,使投资者能够根据实际情况将自己放在一个较正确适当的位置上。

（三）投资收益评估是企业加强管理,取得最佳经济效益的重要保证

投资收益评估是全部房地产经济活动组织与管理的基础工作。通过评估,投资者对房地产项目从规划到设计,从建设到销售的全过程,有一个全面的了解。这样才能抓好各个环节,保证工程质量,缩短建设工期,从而提高房地产投资项目的经济效益。

二、房地产投资收益评估的作用

房地产投资一般数额大、风险大,需要预先作好详尽周密的投资收益的评估。其作用具体表现在如下几个方面。

（一）确定是否投资于房地产

当投资者有机会参加房地产投资时,他将通过预测未来的投资收益来决定是否进行投资。

（二）选择投资开发房地产的方向

房地产投资的方向很多,主要有以下几种:①闲置土地或"生地";②出租的住宅房产和小型公寓、花园公寓、高层公寓;③办公楼;④仓库;⑤购物中心;⑥旅馆;⑦工业建筑和厂房;⑧特殊用途物业等。房地产投资的方向不同,决定房地产价值的关键因素不同,则其收益必然不同。房地产投资者可根据所要求实现的收益水平,来选择不同方向的房地产投资。

（三）确定投资开发的地区与地域

土地是有限的,再加上土地资源的不可再生性,决定了土地价格的总趋势是增值的,但它并不能保证各个地区、各个地域的地价每时每刻都上涨,即使上涨也还有个上涨幅度问题。从房地产投资的实践来看,选择投资地区是决定房地产投资成败的关键。

在房地产市场健全发达的地区投资房地产,其房地产价格会明显高于市场不健全地区。地段的选择在同一地区由于级差地租的存在,对投资收益影响十分显著。只要选择合适的地段,即使在投资时机和投资方向的选择上稍有些偏差,也会因为地价的增值而弥补其他方面的损失。但是如果在一块没有潜力的土地上进行投资,不管投资哪种房地产,也不管是在哪一阶段投资房地产,投资行为一般是要失败的。

要选择房地产投资的地段与地区,需要平时做艰苦的调查研究和预测分析工作,同时还应具有职业上的敏感性。

另外,值得注意的是,地区与地段的好坏并不是一成不变的,会随着时间的推移、政策的调整而发生好坏的变化。例如好的地段也许会因为政策的变动而变得"门前冷落鞍马稀"。同时,地段之间也存在着竞争,"力量对比"的改变也许会打破好坏的格局。

（四）确定投资开发的项目

在具体地确定投资开发项目时,要先进行房地产投资收益评估,由此帮助投资者进行风险预测。例如政策变动造成的风险、金融风险、时间风险等,以期获得最大的投资收益

率。

（五）确定投资规模

确定投资规模就是要确定投资额。投资额的大小决定了房地产投资者准备在此项投资中承担多大的责任，投资数额大，则责任大，投资数额小则责任小。反之，责任小则利益小。在商品经济中，资本是利益大小的最重要的决定因素，想以最小的风险获得最大的利益是办不到的。因此，房地产投资者要根据所希望的收益水平来确定投资规模。实际上，投资规模是投资者对该房地产投资前景、信心以及自身实力、魄力的综合体现。没有雄厚的实力和对未来的预测估计，是很难大规模进行房地产投资的。

房地产投资的投资规模包括很多内容：如总投资多少？占地多少？总建筑面积多少？根据不同的物业种类，情况又不一样，如住宅可用各种不同类型的住宅多少套来表示规模；医院可用床位的多少来表示规模。在房地产投资分析中，投资额的多少是投资者最关心的问题之一。

（六）选择开发方案

房地产投资者在形成了自己的投资策略之后就很容易形成投资方案。要保证经营决策的正确性，必须拟定多个可供选择的投资方案，经过经济效益评价和风险评价、分析和比较，作出最终决策，选出最佳的投资方案。

（七）确定开发的时间与质量标准

经济学的研究表明，在任何国家的经济运行中，都存在经济萧条、经济复苏、经济高涨、经济衰退、再到经济萧条的经济周期，而且经济周期对房地产的影响是很大的。因此，房地产投资者必须密切关注经济运行的宏观变化，把握宏观经济为房地产投资创造的时机，才能做出正确的决策。所以，正确的投资时机的选择，对房地产投资者来说，至关重要。

房地产投资者的投资利益的获得主要靠房屋的出租或出售来实现。因此，建筑质量的好坏，决定了用户是否乐于租用或购买。特别注重建筑质量已成为房地产投资者进行开发的基本准则。

所以，房地产投资者要确定有关的质量标准。

（八）确定房地产的使用功能与经营方式

根据使用功能来划分，房地产可分为生产用房地产和生活用房地产。使用功能不同，其租金或价格不一样。投资者要对投资收益进行评估，必须首先确定房地产的使用功能。

另外，由于房地产具有位置的固定性、使用年限长及价值量大等特殊性，决定了它的经营方式有出售和出租两种。而经营方式不同，房地产投资者获得的投资收益也是不同的。

因此，房地产投资者要确定其投资收益，必须确定房地产投资项目的使用功能及经营方式。

三、房地产投资收益评估的原则

房地产投资收益评估是一种主观与客观相结合的活动，既有其客观的、科学的方面，也难免带有估价人员主观的艺术性方面。有几个估价人，可能就有几种评估结果。要确保评估结果的客观性，一个重要的途径就是建立起房地产投资收益评估的职业规则、职业约束和职业道德。房地产投资收益评估的原则就是其集中的表现，具体包括以下几个方面：

（一）最有效使用原则

所谓最有效使用，最主要的表现是以获利最大的使用方式（用途和集约度）来衡量。因此，房地产投资收益评估必须对各种可能的使用方案作广泛地分析研究，从中选择能够产生最高使用效益的最佳使用方案进行评估。

（二）供需调节原则

房地产价格同其他物品的价格一样，受供求关系的影响。若需求不变，供给增加，则价格下降；若供给不变，需求增加，则价格上升。进行房地产投资收益评估时，必须充分考虑到房地产的供需情况。不过值得注意的是，由于房地产具有地理位置的固定性，这种供求情况主要是指当地房地产市场的供求情况。

（三）竞争性原则

房地产投资收益评估必须以充分的竞争条件为基础，竞争是保证市场价格得到真正实现的前提。

（四）预测性原则

房地产投资收益评估主要是对影响房地产预期收益的各种潜在要素进行分析研究，诸如预期收益、费用、信贷、折旧、风险及转让要求等。

（五）应变性原则

房地产投资收益不是稳定不变的常量，因为其各种影响因素都处于不断变化的过程中。因而，在进行投资收益评估时必须考虑到各种因素变化的影响。

四、房地产投资收益评估的程序

房地产投资收益评估是一项很复杂的活动，要高效、高质量地评估出房地产投资收益，还必须借助于一套科学严谨的作业程序。正如搞基本建设要严格按照科学严谨的基本建设程序办事一样，进行房地产投资收益评估也需要按照科学的房地产投资收益评估作业程序办事。遵循了这一程序，可以提高评估的效率和质量，避免不必要的浪费。

房地产投资收益评估的程序主要包括以下几个互相制约的阶段。

（一）确定评估的对象

房地产评估的对象包括：①房地产投资项目的类型；②有关评估对象的基本资料，如座落位置、面积、用途、建筑结构等。

（二）明确评估目的

房地产投资收益评估的目的就是确定投资与否或投资额度或投资时间等。

（三）编制评估计划

编制评估计划，主要是就所要做的各项工作作出进度安排。

制定评估计划，可采用网络计划技术。

（四）实地勘察

了解地方市场，掌握地方市场交易资料，观察地方市场的特性，勘察环境景观等。

（五）搜集整理资料

针对初步选定的评估方法搜集资料，如可供出租的面积、出租率或空置率、租金水平、分摊折旧、负担利息、运营费用、税金等。另外对直接或间接影响预期收益的资料也要尽量收集，如有关法规、条例、文件等。并要对所搜集的这些资料加以整理、分类。

（六）选择相应的评估方法并计算

房地产投资收益评估的方法有很多种，如投资回收期法、净现值法、内部收益率法等。在掌握了有关资料后，可选择适当的评估方法进行计算。

（七）编写评估报告

通过计算，得出评估结论，从而确定该房地产投资项目是否可行，写出书面评定报告。

第二节　房地产投资收益的种类

在进行房地产投资收益评估时，其首要工作是预测其在拥有该房地产期间可获得多少收益。一项房地产投资，通常可以带来以下收益中的一种或几种：①现金流量；②税收节约；③股本积累；④升值；⑤销售收益。

一、现金流量

投资者在拥有某房地产时，可凭借此房地产获取租金收入，但同时必须支付房地产的营运费用，另外也必须偿还借款，剩下的余额通常称之为现金流量。

当投资者进行房地产投资时，要对整个投资周期内的现金流量进行详细的预测和评估。但未来是难以预测的，这种评估不一定十分精确，谁也不能准确地估计出若干年后将会发生什么样的变化，如租金水平和其他营运费用等都可能与现在不同，而这些都会直接影响现金流量估计的准确程度。投资者在预测时应该尽量使各种假设前提合理，既不能过于保守，又不能过于乐观，尽管一般情况下保守要比过于乐观好些。

房地产投资中的现金流量的计算分两步进行。

第一步、计算净营业收益（NOI）

在房地产投资分析中，一个最常用的术语是净营业收益（NOI）。它的计算又分为以下三个步骤：

1. 租金收入总额＋非租金收入＝潜在总收益（PGI）。
2. 潜在总收益－（空置损失＋信贷损失）＝有效总收益（EGI）。
3. 有效总收益－营业费用＝净营业收益（NOI）。

租金收入总额（GRR）。它是计算净营业收益的第一步。租金收入总额等于房地产在一年中100％的比率出租且没有租金损失条件下所得到的租金收入。租金收入取决于房地产本身所处的地段和各种具体条件。通常人口密集的地方，如学校、商业区等地的房地产出租容易且迅速，价格相对也较高，几乎很少有空房出现。另外，交通便利、生活方便的地区，如车站附近、菜市场附近的房地产出租率也较高。如果出租率太低，不仅会造成投资者资金周转不灵，也会影响到投资者的收益水平，甚至会导致投资者亏本。另外，租金收入还与房地产的质量及设计等有关。在研究房地产商品时，建筑质量不权指建筑物的结实与安全程度，而且还包括建筑物的审美价值、周围环境和适用性。投资者为了获得尽可能多的收益，必须特别注意建筑质量。

【例1】　有一栋二层的办公楼房，第一层4个单元，各单元面积相同，按长期合同出租，每月租金为400元/单元；第二层4个单元均以短期合同出租，其中两个单元的租金标准为400元/单元，另两个单元的租金标准为300元/单元。那么，此房地产的总租金收入为：

第一层：年租金收入为：
$$4\times 400\times 12=19,200（元/年）$$
第二层：年租金收入为：
$$2\times 400\times 12=9,600（元/年）$$
$$2\times 300\times 12=7,200（元/年）$$
$$9,600+7,200=16,800（元/年）$$
总租金收入：$GRR=19,200+16,800=36,000$（元/年）

非租金收入。一项房地产，除了房租收入以外，还可能给投资者带来其他收入。如洗衣机、甩干机等设备使用费，零售商店的盈利，娱乐设施如游泳池的收费等。因此，投资者在准备投资时，既要考虑到该房地产的当前收入，又要考虑到上述的各种其他收入在将来升值的程度。

【例2】上例中该房地产预期营业外收益为100元/月。

则：非租金收入$=100\times 12=1,200$（元/年）

潜在总收益（PGI）。在算得租金收入总额后，再考虑其他来源的收益，便计算出潜在总收益。

如上例中，潜在总收益$=36,000+1,200=37,200$（元/年）

有效总收益（EGI）。潜在总收益减去空置和信贷损失即可得到有效总收益。不论是什么房屋进行出租经营，空房现象总是存在的。当投资者准备购买一处房地产时，必须明确知道该房产的出租率如何，是哪些原因导致某些房间不能租出去，是房屋本身的缺陷，还是房产租贷周转过程中的正常现象。其实，即使房产的出租率为100%，也会由于租赁周转而导致某些房间闲置，从而减少租金收入。空置费以GRR的百分率表示，一般为GRR的5%~10%。信贷损失是指未交租金和无法兑现的空头支票等，也可用GRR的百分率表示。

【例3】上例中设房产因闲置所致的收益损失为GRR的5%。

则空置费为$36,000\times 5\%=1,800$（元/年）

有效总收益为$37,200-1,800=35,400$（元/年）

但应当注意，投资者所"购买的"，并不是现在的收入，而是未来的收入流量。因此，投资者一方面要搞清他欲投资的房地产目前的收入状况，另一方面则要把目光盯在其未来变化趋势上，谁也不能保证目前的收入状况会在未来持续下去。一个保守的投资者，可能会按目前已经证实的收入水平来确定其支付价格。如果他认为未来的租金流量将会减少，他出的价格可能就更低。他一般不会为潜在的收入增加趋势而支付高价格，因为这样做的风险较大。

营业费用。房地产在营运时还必须不断地支出费用，这部分费用是与房地产经营与维修方面直接有关的费用，这是计算净营业收益的最后一步。营业费用一般分为三类：固定费用、变动费用和重置准备金。

（1）固定费用。不随房产的经营水平变化而变化的费用叫做固定费用。最普通的固定费用是房地产税和房产保险费，无论房产是闲置还是全部出租，投资者都得支付这些费用。

（2）变动费用。变动费用，顾名思义，是随房产的经租水平变化而变化的费用。经租水平越高，变动费用越高；反之，则越低。变动费用项目包括废物处理，房屋的维修保养，室内水电设备的维修、供应、管理等费用。

（3）重置准备金。为了定期更置某些室内的设备，家具，从房产的年度营业收益中所预留的一定金额的款项称作重置准备金。这些设备、家具的磨损速度比建筑物自身要快。因此，在一栋建筑物的预期经济寿命内，为了保证房产的使用功能的，投资者必须多次更置这些设备和家具。

这一准备金不同于其他营业费用，因为它只是被存放在银行中，实际上并不一定动用。

重置准备金按服务寿命计算每年的支出比例。据经验测算，重置准备金大约应占总租金收入的3％。当然，一幢有大量推迟维护的老建筑要比新建筑需要的准备金多得多。

另外，投资者应分清楚重置准备金与应急准备金。应急准备金是为了防范意外事故而设置的准备金。重置准备金预先还可以比较精确地计算，而应急准备金就只能是一种预测了，虽然它也基于一定的知识基础。显然，为每一种意外事故提取准备金在经济上是不可能的，为一种很意外的灾祸提取充足的准备金以弥补损坏也是不明智的。这些意外事故发生的可能性是一种商业风险，但万一发生了就必须做出新的投资补偿。

需要说明的一点，重置准备金是评估中的一个比较麻烦的部分。有的观点赞同提取重置准备金，理由是任何使用寿命短于建筑物生命周期的消耗性资产都需要重置，有的可能不止一次，如果营业支出中没有这笔未来支出，那么净营业收入将被高估；反对提取重置准备金的观点认为，如果投资者没有意识到这项支出，只是在重置发生时才支付费用，那么如果把重置准备金算进经营费用中就不会如实反映房地产市场情况。

关于重置准备金的提取可采用直线提取法或偿债基金法提取。偿债基金法比直线法更符合逻辑，能反映资金的时间价值。

【例4】 预计该办公楼中的设备在其规定的寿命期末报废，其重置准备金的提取的有关资料见下表。

重置准备金的计算表（单位：元/年） 表8-1

构成要素	额定寿命	年偿债$i=5\%$基金因子	重置成本	重置准备金
暖通、空调	10	0.062745	20,000	1,255
屋顶装修	15	0.031474	7,500	236
热水器	10	0.062745	3,000	188
车道、停车场	10	0.062745	6,000	376
重置准备金				2,055

由上面的计算，我们可求净营业收益。见表8-2。

净营业收益计算表（单位：元） 表8-2

租金收入总额	36,000
非租金收入	1,200
潜在总收益	37,200
空置损失	1,800
有效总收益	35,400
营业费用	18,825
净营业收益	16,575

第二步，计算现金流量。

如果投资者支付了房产的所有费用而没有任何抵押贷款需要偿还时，现金流量就等于净营业收益。

然而我们知道，房地产投资动辄就是成千上万，很少有投资者不动用第三方的贷款，而且往往大部分资金是借款，自有资金只是很少一部分。只要投资收益率高于贷款利率，就可以充分地利用贷款，即所谓的杠杆作用。在房地产投资中，杠杆作用的运用一般达70%～80%，高者可达90%以上。因此，借款总额、利率及还款方式当然会影响现金流量。这样，要计算这项房地产的真正的现金流量，就必须从净营业收益中减去当年必须偿还的抵押贷款数额。

现金流量＝净营业收益－当年必须偿还的抵押贷款数额。

二、税 收 节 约

对房地产投资者来说，从一项投资中得到的税收节约额和年度现金流量一样重要。当投资者只发生帐面上的费用支出时，就可以获得税收节约。所谓"帐面费用支出"，就是没有实际的现金流出和资产价值下降与之相对应的一种支出。例如贬值确实会产生税收节约。因为：①没有实际的现金支出；②投资者所投的资产即使发生了物质上的、功能上或经济上任何种类的贬值，其实际上也没遭受任何价值上的损失。

需要指出的一点是，税收节约不是所得税的实际逃避，这笔税款或迟或早总是要缴纳的。但是，税收节约之所以存在，是因为将税收的支付从现在推迟到了将来的某一天。这样投资者就可以在短期内使用这笔资金，相当于投资者从政府手里得到了一笔无息贷款。

三、股 本 积 累

对于一般企业来讲，当其贷款时就形成企业的负债，偿还贷款就减少负债。

而房地产投资者则用另一种不同的方法来看待贷款。当投资者认为抵押贷款是负债时，就会把利息支出和贷款分期偿还额都看作是现期费用支出。即使是因为贷款减少实际上是增加了他在财产中的资本，他还是会这样做。如果这项财产最终至少能以原来的成本价格卖出去，因为贷款已经分期偿还，此时投资者就得到了一种附加的收益。这种附加的收益就是所谓的股本积累。

四、升 值

在房地产投资者的各种收益中，价值升值显然是最具投机性的。

因此，计算投资收益时会更多地考虑未来升值的因素。价值上的升值，对房地产投资者来说具有极强的诱感力，尤其是那些房地产"炒家"们更对此感兴趣。

五、销 售 收 益

目前，我国房地产开发企业以房地产出售为主要的经营形式，因此，房地产投资收益的主要形式是销售收益。

销售收益是投资者出售房地产时的收入减去纳税和各种成本后的收益。因此，房地产售价直接决定了投资者的收益。房地产价格历来是困扰房地产投资者的一大难题。由于影响房地产价格的因素很多，存在着很大的不确定性，要准确估计售价较为关键但也较困难。所以，如何准确地预测房地产的价格，掌握其变化趋势，是投资者首先要做好的工作。如香港 1959～1987 年官地拍卖价格的统计：

	工地用地	非工业用地	住宅用地
1959 年：	104.85 港元/m²	1668.44 港元/m²	164.59 港元/m²
1987 年：	25345.26 港元/m²	51804.06 港元/m²	42190.31 港元/m²

但在此期间，波动也很大。如对工业用地来讲，1964 年为 889.73 港元/m²，1965 年猛跌为 365.07 港元/m²。由此可见，对房地产价格预测之难，它对房地产投资收益的影响之大。

另外，各种成本对销售收益影响也很大。在市场竞争日趋激烈的情况下，物价上涨或下跌，人工费的变化，对建筑成本将会产生较大幅度的影响。目前条件下，物价上涨会使各种成本大大超过估计时的水平。

第三节　传统的房地产投资收益评估的方法

房地产投资应该获得什么水平的收益报偿呢？当然没有一个固定的比例。一般在对一项投资进行评估时，投资者往往把目光盯在投资收益率上。

所谓投资收益率，是指投资收益与投资金额的比率。它能告诉我们投资每一块钱能赚多少钱，以此来表示投资效益如何。房地产业投资收益率的制定，一般要考虑如下一些因素：①当前的银行贷款利率和各行业总的收益率水平；②房地产的类型、地点及对将来租金增长的期望；③房地产寿命的长短；④承租者能连续付租的能力；⑤投资规模的大小。在商品经济中，资本是利益大小最重要的决定因素；⑥征收租金时的管理费用等。

由于房地产流动性差等特性，房地产投资者所期望的收益率往往比其他投资者较高，以消除通货膨胀、风险、回收等不测所造成的损失。构成收益率的四要素是：①真实报酬率；②通货膨胀补偿率；③风险补偿；④投资回收补偿。

长期以来，在对房地产投资收益进行评估时，常用以下方法来计算投资收益率。

一、纯收益率法

纯收益率等于净营业收益（NOI）除以总投资额。
计算公式如下：

$$纯收益率 = \frac{净营业收益}{总投资额} \times 100\%$$

总投资（公寓楼）（单位：元）　　　　　　　　　　　　　　表 8-3

总投资	1,000,000
减：第一笔贷款（9.5%，30 年）	650,000
减：第二笔贷款（8%，每年只付息）	150,000
需要的自有资金	200,000

纯收益率（单位：元） 表 8-4

总租金收入（GRI）		175,000
减：空闲损失（5%）		8,800
实际总收入（EGI）		166,200
减：营业费用	60,000	
减：重置准备金	7,000	67,000
净营业收入（NOI）		99,200
总投资		1,000,000
纯收益率		9.92%

假如投资者考虑两项房地产投资，纯收益率分别为10%和12%。收益的差别可能来自下列几个方面的原因：

（1）未来收入不确定的房地产需要用高收益来吸引投资者。

（2）高收益的房产不久需要相当程度的维修。这些额外追加的投资会降低实际的收益率。

（3）两项房地产实际上质量差不多，投资风险也近似，不过相比之下，一项定价太高。

二、现金流量收益率

房地产投资分析中最常用到的是现金流量收益率。它等于现金流量除以自有资本投资额。

现金流量即净营业收益扣除抵押房产的债务偿付。

计算公式：

$$现金流量收益率 = \frac{现金流量}{自有资本投资} \times 100\%$$

表 8-5 对应表 8-3 所列投资的现金流量收益率。

现金流量收益率（单位：元） 表 8-5

净营业收入		99,200
第一笔抵押贷款（本息）	65,500	
第二笔抵押贷款（本息）	12,000	
总债务		77,500
现金流量		21,700
自有资金投资		200,000
现金流量收益率		10.85%

由表8-6可知，现金流量收益率为10.85%，高于9.92%的纯收益率，这样借贷就产生了正向的杠杆作用。总的债务（两次抵押贷款共800,000元），需要投资者每年支付77,500元，偿还率为9.69%，而这些资金为投资者以9.92%的纯收益率每年赚进79,400元。相差的1,900元使得现金流量收益率高于纯收益率。

三、考虑税收节约时的投资收益率

在计算现金流量收益率时，有一个显而易见的遗漏，就是该年度4,500元的负税。负税对投资者有利，应加入收益率的计算中。如果征收税率为28%的所得税，则税收节约额为1,260元。

则计算公式变成:

$$投资收益率 = \frac{现金流量 + 税收节约}{自有资本投资} \times 100\%$$

即:$\frac{21,700 + 1,260}{200,000} \times 100\% = 11.48\%$

应税收入（损失）计算书（第一年）（单位：元） 表8-6

净营业收入	99,200
第一笔抵押贷款利息　61,700	
第二笔抵押贷款利息　12,000	73,700
剩余收入	25,500
折旧	30,000
应纳税收入	(4,500)
税收节约（按28%的档次）	1,260

四、考虑股本积累的投资收益率

许多愿意长期拥有房地产的投资者把每年分期偿还抵押贷款所产生的股本积累额也计入收益，因为，债务减少了。

在上述例子中第一年的股本增加额为3,800元（因为第一年第一笔抵押贷款还本付息为65,500元，第一年第一笔抵押贷款利息额为61,700元）。

加入股本积累后

$$投资收益率 = \frac{现金流量 + 税收节约 + 股本积累}{初始自有资本投资} \times 100\%$$

所以，此例中的投资收益率

$$= \frac{21,700 + 1,260 + 3,800}{200,000} \times 100\%$$

$$= 13.38\%$$

五、考虑升值时的投资收益率

投资者在计算年度收益时往往要包括房地产预期的升值。显然，这是收益中最不确定的部分。实际上，由于短期内预测房地产升值变化很困难，只有假定投资者将长期拥有其财产，长期的趋势可以用来推测未来值，这部分收益才能判断。

在上例中，假定年升值为2%（=20,000）（实际上，各种原因导致的升值每年都很小）。

$$投资收益率 = \frac{现金流量 + 税收节约 + 股本积累 + 升值}{初始自有资本投资} \times 100\%$$

$$= \frac{21,700 + 1,260 + 3,800 + 20,000}{200,000} \times 100\%$$

$$= 23.28\%$$

第四节 房地产投资回收分析

投资的回收是投资运动过程中不可缺少的环节，是投资运动过程的最后一个阶段，同时又是后续投资过程的开始阶段。投资只有经过回收，才能开始新的循环，保证投资运行顺利进行。如果投资回收不畅，投资运行便会由于受阻而逐渐趋于萎缩。因此，投资的顺利回收是维持企业生产经营活动的必要条件。那么，我们研究时间变量对开发收益的敏感影响是十分必要的，即进行房地产投资回收分析。

投资回收分析，向投资者提出这样一个问题：多长时间收回投资？即投资回收期多长？所谓投资回收期，是指每一项投资收回全部投资额所需的时间间隔。投资回收期的长短能够反映投资效益的高低，是反映开发项目偿还能力的重要指标。回收期可以从建设开始年算起，也可以从使用年算起，但要注明。在投资项目的经济寿命既定的条件下，投资回收得愈快，投资回收期愈短，项目的投资效益愈好。

对一个企业来说，早些收回投资显然比晚些收回投资有利。早些收回投资，一方面使得企业早日能获得资金去更新设备，从而提高劳动生产率，创造更多的价值；另一方面，由于资金的时间价值，同一个折旧金额，早期获得比晚期获得更有价值得多，尤其是利润率高的、投资活动有效期较长的情况更是如此。而且，愈是早期收回投资，则由于折旧的金额是不付税的，所以早些收回投资就意味着早期付税少。就货币的时间价值而言，企业晚期付税比早期付税更有利。这也就是说，早期收回投资能使企业实际收益率提高。

房地产投资回收分析有两种：静态投资回收分析和动态投资回收分析。与此相对应，计算出来的投资回收期也有两种：静态投资回收期与动态投资回收期。

一、静态投资回收分析

静态投资回收分析法的原理是从投资项目有收入开始，将逐年收入相加，一直到与总投资额相等，这时所需要的时间就是项目的回收期。所以，静态投资回收期，是指累积的现金流入量与初始投资的现金流出量相等时所需要的时间间隔，或者是累积净现金流量为零时的时间。

静态投资回收分析是用静止的观点分析投资项目的偿还能力。因此，这种分析具有一定的局限性，不仅表现在忽视货币的时间价值，而且不考虑投资回收期以后的收益。事实上，有战略意义的长期投资往往早期收益较低，而中后期收益较高。静态投资回收分析法优先考虑急功近利的项目，就可能会放弃长期成功的方案。它是过去常用的评价投资方案的方法，目前仅作为辅助方法使用。

由于静态投资回收分析方法简便、直观，且易于被投资决策者所正确理解，在作初步决策时，对投资项目的投资决策有较大的参考价值，并能迅速地向投资决策者提供对项目投资的简单评述意见。

二、动态投资回收分析

近年来，随着开发项目的增多和货币资金使用量的增长，货币资金的时间价值已成为投资项目经济评价中一个不可忽视的因素。

投资量大、周转期长是房地产投资的重要特点，因而，没有大量的资金供应，房地产投资经营是难以继续的。事实上，没有金融业的支持，房地产业就不可能得到有效的发展。在资本主义国家，房地产企业总是尽可能使用银行借款和发行债券，利用其杠杆作用来赚取巨额利润。而在我国随着经济的高速发展，房地产业从银行的贷款数额也在不断增多。企业贷款，必须按规定的方式、在规定的期限内按贷款利率偿还投资的本金和利息。即使是用自有资金，考虑到时间价值的影响，投资者也会更加重视项目的效益。

动态投资回收分析，就考虑了货币资金的时间价值，把在不同时期发生的项目生产成本和收益，用同一折现率计算出建设初期的同一现值，然后用现值进行比较分析，使其具有可比的基础。动态投资回收分析比较科学，因而在房地产投资项目的收益评估中得到了广泛的应用。

动态投资回收分析，最早尝试着把货币时间价值考虑在计算之内，比传统的收益分析方法有很大的进步。然而，在大多数情况下，这种方法由于无法达到全面的精确而使得它几乎毫无价值。这一点我们在第六节再详细讲述。尤其是这种分析方法没有告诉投资者每项投资预期的利润数额和实现预期利润的时间。

第五节 房地产投资的现金流量折现分析

近年来在各大房地产市场开始采用一些比较科学化和比较实用的评价方法，其中一种是现金流量折现法。它是源自财经管理上的一种分析方法。在股票市场或其他金融投资类的投资分析中，这种方法早已是常用的手段。

房地产投资项目评估的现金流量折现分析，简称 DCF 法，是西方国家评估房地产投资项目时广泛使用的方法。它首先把房地产项目抽象成现金流系统，估算和预测项目的整个寿命期的各年现金流入和现金流出，在考虑资金时间价值的同时，计算出各种评估指标（如净现值、内部收益率等），最后得出结论。

现金流量折现分析，为房地产投资者提供了迄今最准确的投资分析方法。这种方法简便易行，可用来替代传统的投资收益计算法，使投资者拥有精确的工具，足以克服传统分析方法的全部内在缺陷。现金流量折现分析之所以特别适合房地产投资，因为它首先考虑了资金的时间价值，反映了投资收益在时间上的差别，要求在一定时间里创造更多的利润又要减少利息支出，使资本得到节约而合理的使用；另外，也可能是最重要的一点，DCF分析的一致性使多种投资选择之间具备可比性。进行现金流量折现分析，关键在于正确理解"现值"这个概念，有关问题前面章节已有详细论述，这里不再重复。

要进行折现，选择合适的折现率非常重要。每项投资的折现率基于以下几点考虑：风险程度、投资的流动性和管理负担。对任何领域内的投资能否作出切实的评价，归根结底取决于对每种投资选择的上述几个因素能否作出合理的判断。在实际工作中，有两种推算合适的折现率的方法：资本成本法和替代投资折现率法。

通过折现，DCF 分析法既可以用于确定全部收益的现值和全部支出的现值之间的差异，即净现值 NPV；又可用来测算投资期末全部投资收益的现值等于全部投资支出的现值时的折现率，即内部收益率 IRR。因此，DCF 分析法主要采用净现值和内部收益率等评价指标来衡量和分析项目的获利水平和偿还能力。

一、净现值法

对投资者而言,重要的是如何获得足够的投资收益。通常决策者判断项目是否可行的准则是:在尽可能小的风险下,产生的预期净收入的现值等于或超过其价格。或者说,计划投资项目在经济寿命期内的现金流入和现金流出的现值代数和大于等于零。因此,投资决策常用的决策方法是净现值法。

净现值与复利的概念,有关净现值的计算方法第六章已有详细介绍。

(一) 净现值法的决策规则

一个房地产投资项目净现值的大小反映了该项目获利能力的大小。要评价一个项目的优劣,主要取决于 NPV 是否大于零。

1. 在只有一个备选方案的决策中。

当投资项目的净现值为正值,即 $NPV(i)>0$ 时,说明房地产项目获利能力达到或高于企业所要求的收益能力,则投资项目可行;当投资项目的净现值为负数,即 $NPV(i)<0$ 时,项目不可行。

2. 在有多个备选方案的互斥选择决策中,应选用净现值为正值中的最大值的项目。

【例1】某房地产开发项目初始投资额为 50,000 元,使用期为 6 年,各年的现金流量见下表 8-7。假设资本成本为 15%,试用净现值法决定该房地产投资项目经济上的可行性。

现列表计算如下:

表 8-7

t	各年的净现金流量(1)	现值系数(2)	现值(3)=(1)×(2)
1	85,000	0.868	73,913
2	5,000	0.756	3,781
3	4,000	0.658	2,630
4	3,000	0.572	1,715
5	2,000	0.497	994
6	1,000	0.432	432
	未来报酬的总现值		83,465
	初始投资额		50,000
	净现值		33,465

由上表计算结果可知,$NPV>0$,所以,该房地产投资项目在经济上是可行的。

(二) 净现值法的优缺点

1. 净现值法的优点

净现值法考虑了资金的时间价值,能够确定各种投资方案的净收益,使多种投资选择之间具备可比性。

2. 净现值法的缺点

净现值法可以说明投资方案高于或低于某一特定的投资收益率,但不能揭示各个投资方案本身可能达到的实际收益率。

二、内部收益率法

净现值考虑了资金的时间价值，作为一种衡量收益率的方法，它的目的仅在于决定"做"还是"不做"。而内部收益率则从比较的角度出发，试图准确确定投资收益计划的实际收益率。

内部收益率（IRR），是指能够使未来现金流入量现值等于未来现金流出量现值的折现率，或者说是使投资项目的净现值等于零的折现率。

内部收益率实际上反映了投资项目的真实收益水平，目前越来越多的企业使用该项指标对投资项目进行评价。

1. 有关 IRR 的计算前面章节已有讲述，这里不再重复。

计算方案的实际内部收益率时，一般采用插值法，其计算公式如下：

$$内部收益率 = 偏低折现率 + \frac{偏低折现率的净现值 \times 两个折现率的差额}{两个折现率的净现值绝对值之差}$$

2. 采用内部收益率法的决策规则。

内部收益率应大于基准收益率，因为基准收益率是企业所能接受的最低利率（即社会平均收益率）。所以，求出的 IRR 应与基准收益率相比较，如果 IRR 大于基准收益率，则该投资项目在经济上能够接受，否则不能接受。

（1）在只有一个备选方案的采纳与否决策中，如果计算出的内部收益率大于或等于企业的资本成本（见"注"）或必要收益率，就采纳；反之，则拒绝。

（注：资本成本：是指企业为筹措和使用资本而付出的代价，包括筹资过程中发生的费用，如股票、债券的发行费用；在用资过程中支付的报酬，如向股东、债权人支付的股利、利息，这是资本成本的主要内容，资本成本通常用相对数来表示，即支付的报酬与提供的资本之间的比率。）

（2）在有多个备选方案的互斥选择决策中，应选用内部收益率超过资本成本或必要收益率最多的投资项目。

【例2】现有两个投资方案，其现金流量如下表 8-8 所示。

投资项目现金流量（单位：元）　　　　　　　　　表 8-8

方案	现金流量合计					
	0	1	2	3	4	5
甲方案	−10,000	3,200	3,200	3,200	3,200	3,200
乙方案	−15,000	3,800	3,560	3,320	3,080	7,840

试用内部收益率法来评价项目的可行性。

由于甲方案的每年 NOF 相等，因而采用如下方法计算内部收益率。

年金现值系数 ＝ 初始投资额/每年 NOF
　　　　　　＝ 10,000/3,200
　　　　　　＝ 3.125

查年金现值系数表，与 3.125 相邻近的年金现值系数在 18%～20% 之间，现用插值法计算甲方案的内部收益率为 18.03%。

乙方案的每年 NCF 不相等，因而，必须逐次进行测算，测算过程如下表 8-9

（单位：元）　　　　　　　　　　　　　　　　　表 8-9

时间 t	NCF_t	测试 10% 复利现值系数	现值	测试 12% 复利现值系数	现值	测试 14% 复利现值系数	现值
0	−15,000	1.00	−15,000	1.00	−15,000	1.00	−15,000
1	3,800	0.909	3.454	0.893	3.393	0.877	3337
2	3,560	0.826	2,940	0.797	2837	0.760	2738
3	3,320	0.75	2.493	0.712	2364	0.675	2241
4	3,080	0.683	2.104	0.636	1958	0.592	1823
5	7,840	0.621	4.869	0.576	4515	0.519	4069
NPV	—	—	860	—	68	—	−792

先按 10% 的折现率进行测算，净现值为正数，便把折现率调高到 12%，进行第二次测算；净现值仍为正数，于是把折现率调高到 14%，进行测算；净现值为负数，说明该项目的内部收益率一定在 12%～14% 之间。

用插值法计算，乙方案的内部收益率为 12.16%。

由以上计算可以看出，甲方案的内部收益率较高，故甲方案效益比乙方案较好。

3. 内部收益率法的优缺点

（1）内部收益率法的优点。内部收益率考虑了资金的时间价值，反映了投资项目的真实收益率，概念也易于理解。

（2）内部收益率法的缺点。内部收益率的局限性在于，它表明的是一个比率，不是绝对值，容易使人产生误解。特别是进行方案选择时，一个项目的内部收益率虽然较低，但由于其规模较大且有较高的净现值，因而更值得建设。所以，在进行内部收益率分析时，应结合现值分析，以免决策失误。而且此法的计算过程比较复杂，特别是每年的 NCF 不相等的投资项目，一般要经过多次测算才能算出。

4. 通货膨胀对房地产投资收益的影响

房地产投资项目决策取决于对其评估的结果，而评估结果又依赖于房地产评估方法中数据或有关参数的选择是否恰当。如果对数据的变化情况考虑不同，评估结果就可能与方案实际情况发生偏差，导致投资决策失误。通货膨胀是影响房地产评估结果的一个重要因素。通货膨胀的存在，会使得开发项目在开发过程中的现金流量贬值，而且开发期越长，这种贬值就越明显。而内部收益率法根本没有考虑通货膨胀的影响，这样就或多或少地影响了投资收益评估的真实性。

下面我们看一实例。

【例 3】某一投资者计划兴建一座高层住宅楼，根据估计，整个项目开发期为 30 个月，开发费用安排如下表。项目建成后，可立即售出，总售价为 2400 万元。资金贷款利率每季为 4%，每年为 17%，场地购置费为 500 万元。试判断项目的收益率。

按内部收益率法计算。经分析后选择两个试算贴现率5%和6%。试算如下：

表 8-10

贷款期	净现金流量	贴现因子		现金流量现值	
		$i=5\%$	$i=6\%$	$i=5\%$	$i=6\%$
0	-500			-500	-500
1	-100	0.9524	0.9434	-95.24	-94.34
2	-100	0.9070	0.8900	-90.70	-89
3	-150	0.8638	0.8396	-109.57	-125.94
4	-150	0.8227	0.7921	-123.405	-118.815
5	-150	0.7835	0.7473	-117.525	-112.095
6	-120	0.7462	0.7050	-89.54	-84.6
7	-130	0.7107	0.6651	-92.391	-86.463
8	-150	0.6768	0.6274	-101.52	-94.11
9	-100	0.6446	0.5919	-64.46	-59.19
10	-100	0.6139	0.5584	-61.39	-55.84
11	+2,400	0.6139	0.5584	+1,473.36	+1,340.16
				+7.615	-80.233

由上表试算结果表明，所求季收益率在5%～6%之间。

用插值法求得季收益率为5.1%。年收益率为 $(1+0.051)^4-1=12.2\%$。

以上没有考虑通货膨胀的影响。通货膨胀率与项目收益率之间存在着下列关系：

$$R_0 = \frac{1+R}{1+r} - 1$$

式中　R_0——考虑通货膨胀率时的收益率；

　　　R——未考虑通货膨胀率时的收益率；

　　　r——通货膨胀率；

如果开发期间每季通货膨胀率为3%

则 $R_0 = \frac{1+5.1\%}{1+3\%} - 1 = 2.03\%$（季）

年收益率＝$(1+2.03\%)^4-1=8.37\%$

我们在分析时假定r是一个常数，事实上在项目开发过程中r保持不变是不可能的。但即便在评估过程中还难以确定r，也必须建立r对房地产投资决策可能产生的影响的分析方法。这对房地产评估体系是十分重要的。

三、净现值与内部收益率的比较

在多数情况下，运用净现值和内部收益率这两种方法得出的结论是相同的。但在如下两种情况下,有时会产生差异:①初始投资不一致,一个项目的初始投资大于另一个项目的初始投资;②现金投入的时间不一致,一个在最初几年流入的较多,另一个在最后几年流入的较多。这两种情况下两种方法有差异的原因是相同的,即在假定中期产生的现金流入量再投资时,收益率不同。净现值法假定产生的现金流入量再投资时,产生相当于企业资本成本的利润率;而内部收益率法却假定现金流入量重新投资产生的利润率与此项目特定的内部收益率相同。

一般来讲,净现值法总是正确的,而内部收益率法有时却会得出错误的结论。因而,在无资本限量的情况下,净现值法是一个比较好的方法。

另外,由上面的分析可以看出,我们在进行现金流量折现时采用的是复利。众所周知,按计息方式有单利与复利之分,而且复利比单利计息更加符合经济的运行规律,能够充分反映资金的时间价值,促使人们重视时间效用,增强时间观念,节约和合理使用资金,有效地控制开发成本。所以复利计息是国外普遍使用的计息制度,也是国外进行房地产项目评估的唯一基础。

第六节 房地产投资的再投资率

在房地产投资项目评估时,往往会遇到投资回收期不同的方案。应用净现值和内部收益率进行分析就不准确,因为它们不能使资金在投资期内达到最大化。这时,我们必须考虑另一个问题,那就是再投资率。它使净现值和内部收益率分析的特点更加显著。

所谓再投资率,即再投资的收益率,是指房地产投资项目在回收期内收入的再投资的预期收益率。在此基础上的总收益率称为调整收益率。调整收益率使我们能够比较投资期不同的投资。

一、再投资率分析方法的实例

假设现有两个投资项目。

A 投资项目:投资总额为 10,000 元,投资期为 10 年,投资者在 10 年内不得抽回任何资金。10 年末他将得到现金 38,100 元,其中上缴税款 7,025 元,税后收益为 31,075 元。

根据内部收益率公式,税后收益 31,075 元除投资 10,000 元,得到现值折算因子 0.322。一个期限 10 年、数值为 0.322 的现值折算因子对应一元现值表中"12%"那一列。因此,A 投资项目的内部收益率为 12%。

B 投资项目:为期 4 年,投资总额为 10,000 元,税后收益如表 8-11 所示。

(单位:元) 表 8-11

年份	税后收益
1	2,000
2	2,000
3	2,700
4	14,000

由逐步测试法,可知 B 投资项目的内部收益为 25%。

假设 A 投资项目和 B 投资项目互相排斥(即投资者不能先投资 B 再投资 A),而且除此之外唯一的投资选择是 C。C 投资有 5% 的税后收益,不要求最低投资量,而且 10 年内随时可供选择。

初看起来,B 投资项目优于 A 投资项目,因为 B 项目有 25% 的收益率,而项目 A 的收益率仅为 12%。但是如果不考虑年收益率为 5% 的 C 投资,就在 A 与 B 之间作选择,那么实际上我们不能使收入在 10 年内实现最大化。

为了确定 A 和 B 的相对优越性,我们必须明确十年内税后收益再投资于其他收益率(本例中为 5%)将会产生什么结果。

假设 B 投资的一年末税后收益 2,000 元将在以后的 9 年中投资于 5% 的 C 投资。第一年末收益再投资于 9 年期的 C 投资,其总价值可以这样计算:根据复利表,把税后收益 2,000 元与"9 年"这一行、5% 这一列的复利因子相乘,可得到 2,000×1.551=3,102 元。

对于 B 投资的几笔其余收益作类似的计算,每笔收益在 10 年末的总价值加起来就是 B 投资 10 年末的总价值 28,615 元。

这个 10 年末期总值 28,615 元,与原始投资 10,000 相比可得到调整收益率。收益 28,615 除投资 10,000 等于现值折算因子 0.35。在现值折算因子 0.35 下,一元钱的折现率为 10%~12% 之间,因此收益率大约为 11%,这个收益率比 A 投资的收益率小。所以在上述条件下,10 年期内,A 投资优于 B 投资。

需要注意的是,如果投资者能够获得再投资率更高的投资机会,投资选择的结果可能会完全相反。当再投资率为 6.3% 时,A 投资与 B 投资优势相当,投资者可在 A 与 B 之间任选其一;如果再投资率低于 6.3% 时,选 A;反之则选 B。本例中再投资率为 5%,所以最终选择 A 投资项目。

B 投资项目的收益情况见下表。

B 投资(按 C 投资的再投资收益率) 表 8-12

假设 C 投资的再投资率为 5%,投资期限为 10 年。

年	收益(元)	10 年内的复利因子	10 年末的未来值(元)
1	2000	1.551	3102
2	2000	1.447	2954
3	2700	1.407	3799
4	14000	1.340	18760
5			
6			
7			
8			
9			
10			
		10 年末总价值	28615

二、再投资率分析评价

运用再投资率思想的主要障碍是难于选择一个现实的收益率水平。由前面分析可知,不同的再投资率,会导致不同的投资选择。因此,它的应用受到了一定的限制。在现有房地产投资分析领域的复杂程度、投资主体的知识水平和所有可能获得信息的条件下,人们更加偏爱相对简单的内部收益率分析法。因为在瞬息万变的房地产业界,即使拥有必要的专业知识,为确定再投资率而搜集所需要的信息,也是既困难又费时的。

但调整收益率对公司和学术研究部门特别适合。对公司而言,可获得大量信息;对学术界而言,如果信息不充分,仅为说明原理可作相应的假设。

思 考 题

1. 简述房地产投资收益评估的意义。
2. 房地产投资收益评估应遵循的基本原则有哪些?
3. 房地产投资收益的种类有哪些?
4. 房地产投资的现金流量如何计算?
5. 什么是投资收益率?在制定房地产收益率时应考虑哪些因素?
6. 传统的房地产投资收益评估的方法有哪些?
7. 什么是投资回收期?计算投资回收期的方法有哪些?各有什么优缺点?各自适用范围是什么?
8. 什么是现金流量折现分析法?
9. 为什么说现金流量折现分析特别适合房地产企业?
10. 什么是净现值?如何计算?运用净现值法的决策规则是什么?有什么优缺点?
11. 什么是内部收益率?如何计算?运用内部收益率法的决策规则是什么?有什么优缺点?
12. 净现值法与内部收益率法这两种方法有什么关系?
13. 什么是再投资率?什么是调整收益率?
14. 再投资率有什么用途?

附表一

复 利 系 数 表 利率 5%

年	F/P	F/A	A/F	P/F	P/A	A/P
1	1.050 000	1.000 000	1.000 000	0.952 381	0.952 381	1.050 000
2	1.102 500	2.050 000	0.487 805	0.907 029	1.859 410	0.537 805
3	1.157 625	3.152 500	0.317 209	0.863 828	2.723 248	0.367 209
4	1.215 506	4.310 125	0.232 012	0.822 702	3.545 951	0.282 012
5	1.276 282	5.525 631	0.180 975	0.783 526	4.329 477	0.230 975
6	1.340 096	6.801 913	0.147 017	0.746 215	5.075 692	0.197 017
7	1.407 100	8.142 008	0.122 820	0.710 681	5.786 373	0.172 820
8	1.477 455	9.549 109	0.104 722	0.676 839	6.463 213	0.154 722
9	1.551 328	11.026 564	0.090 690	0.644 609	7.107 822	0.140 690
10	1.628 895	12.577 893	0.079 505	0.613 913	7.721 735	0.129 505
11	1.710 339	14.206 787	0.070 389	0.584 679	8.306 414	0.120 389
12	1.795 856	15.917 127	0.062 825	0.556 837	8.863 252	0.112 825
13	1.885 649	17.712 983	0.056 456	0.530 321	9.393 573	0.106 456
14	1.979 932	19.598 632	0.051 024	0.505 068	9.898 641	0.101 024
15	2.078 928	21.578 564	0.046 342	0.481 017	10.379 658	0.096 342
16	2.182 875	23.675 492	0.042 270	0.458 112	10.837 770	0.092 270
17	2.292 018	25.840 366	0.038 699	0.436 297	11.274 066	0.088 699
18	2.406 619	28.132 385	0.035 546	0.415 521	11.689 587	0.085 546
19	2.526 950	30.539 004	0.032 745	0.395 734	12.085 321	0.082 745
20	2.653 298	33.065 954	0.030 243	0.376 889	12.462 120	0.080 243
21	2.785 963	35.719 252	0.027 996	0.358 942	12.821 153	0.077 996
22	2.926 261	38.505 214	0.025 971	0.341 850	13.163 003	0.075 971
23	3.071 524	41.430 475	0.024 137	0.325 571	13.488 574	0.074 137
24	3.225 100	44.501 999	0.022 471	0.310 068	13.798 642	0.072 471
25	3.386 355	47.727 099	0.020 952	0.295 303	14.093 945	0.070 952
26	3.555 673	51.113 454	0.019 564	0.281 241	14.375 185	0.069 564
27	3.733 456	54.669 126	0.018 292	0.267 848	14.643 034	0.068 292
28	3.920 129	58.402 583	0.017 123	0.255 094	14.898 127	0.067 123
29	4.116 136	62.322 712	0.016 046	0.242 946	15.141 074	0.066 046
30	4.321 942	66.438 848	0.015 051	0.231 377	15.372 451	0.065 051
31	4.538 039	70.760 790	0.014 132	0.220 359	15.592 811	0.064 132
32	4.764 941	75.298 829	0.013 280	0.209 866	15.802 677	0.063 280
33	5.003 189	80.063 771	0.012 490	0.199 873	16.002 549	0.062 490
34	5.253 348	85.066 959	0.011 750	0.190 355	16.192 904	0.061 755
35	5.516 015	90.320 307	0.011 072	0.181 290	16.374 194	0.061 072
36	5.791 816	95.836 323	0.010 434	0.172 657	16.546 852	0.060 434
37	6.081 407	101.628 139	0.009 340	0.164 436	16.711 287	0.059 840
38	6.385 477	107.709 546	0.009 284	0.156 605	16.867 893	0.059 284
39	6.704 751	114.095 023	0.008 769	0.149 148	17.017 041	0.058 765
40	7.039 989	120.799 744	0.008 278	0.142 046	17.159 086	0.058 278
41	7.391 988	127.839 763	0.007 822	0.135 282	17.294 368	0.057 822
42	7.761 588	135.231 751	0.007 395	0.128 840	17.423 208	0.057 395
43	8.149 667	142.993 339	0.006 993	0.122 704	17.545 912	0.056 993
44	8.557 150	151.143 006	0.006 616	0.116 861	17.662 773	0.056 616
45	8.985 008	159.700 156	0.006 262	0.111 297	17.774 070	0.056 262
46	9.434 258	168.685 164	0.005 928	0.105 997	17.880 066	0.055 928
47	9.905 971	178.119 422	0.005 614	0.100 949	17.981 016	0.055 614
48	10.401 270	188.025 393	0.005 318	0.096 142	18.077 158	0.055 318
49	10.921 333	198.426 663	0.005 040	0.091 564	18.168 722	0.055 040
50	11.467 400	209.347 996	0.004 777	0.087 204	18.255 925	0.054 777

利率 6%

年	F/P	F/A	A/F	P/F	P/A	A/P
1	1.060 000	1.000 000	1.000 000	0.943 396	0.943 396	1.060 000
2	1.123 600	2.060 000	0.485 437	0.889 996	1.833 393	0.545 437
3	1.191 016	3.183 600	0.314 110	0.839 619	2.673 012	0.374 110
4	1.262 477	4.374 616	0.228 591	0.792 094	3.465 106	0.288 591
5	1.338 226	5.637 093	0.177 396	0.747 258	4.212 364	0.237 396
6	1.418 519	6.975 319	0.143 363	0.704 961	4.917 324	0.203 363
7	1.503 630	8.393 838	0.119 135	0.665 057	5.582 381	0.179 135
8	1.593 848	9.897 468	0.101 036	0.627 412	6.209 794	0.161 036
9	1.689 479	11.491 316	0.087 022	0.591 898	6.801 692	0.147 022
10	1.790 848	13.180 765	0.075 868	0.558 395	7.360 087	0.135 868
11	1.898 299	14.971 643	0.066 793	0.526 788	7.886 875	0.126 793
12	2.012 196	16.869 941	0.059 277	0.496 969	8.383 844	0.119 277
13	2.132 928	18.882 138	0.052 960	0.468 839	8.852 683	0.112 960
14	2.260 904	21.015 066	0.047 585	0.442 301	9.294 984	0.107 585
15	2.396 558	23.275 970	0.042 963	0.417 265	9.712 249	0.102 963
16	2.540 352	25.672 528	0.038 952	0.393 646	10.105 895	0.098 952
17	2.692 773	28.212 880	0.035 445	0.371 364	10.477 260	0.095 445
18	2.854 339	30.905 653	0.032 357	0.350 344	10.827 603	0.092 357
19	3.025 600	33.759 992	0.029 621	0.330 513	11.158 116	0.089 621
20	3.207 135	36.785 591	0.027 185	0.311 805	11.469 921	0.087 185
21	3.399 564	39.992 727	0.025 005	0.294 155	11.764 077	0.085 005
22	3.603 537	43.392 290	0.023 046	0.277 505	12.041 582	0.053 046
23	3.819 750	46.995 828	0.021 278	0.261 797	12.303 379	0.081 278
24	4.048 935	50.815 577	0.019 679	0.246 979	12.550 358	0.079 679
25	4.291 871	54.864 512	0.018 227	0.232 999	12.783 356	0.078 227
26	4.549 383	59.156 383	0.016 904	0.219 810	13.003 166	0.076 904
27	4.822 346	63.705 766	0.015 697	0.207 368	13.210 534	0.075 697
28	5.111 687	68.528 112	0.014 593	0.195 630	13.406 164	0.074 593
29	5.418 388	73.639 798	0.013 580	0.184 557	13.590 721	0.073 580
30	5.743 491	79.058 186	0.012 649	0.174 110	13.764 831	0.072 649
31	6.088 101	84.801 677	0.011 792	0.164 255	13.929 086	0.071 792
32	6.453 387	90.889 778	0.011 002	0.154 957	14.084 043	0.071 002
33	6.840 590	97.343 165	0.010 273	0.146 186	14.230 230	0.070 273
34	7.251 025	104.183 755	0.009 598	0.137 912	14.368 141	0.069 598
35	7.686 0.87	111.434 780	0.008 974	0.130 105	14.498 246	0.068 974
36	8.147 252	119.120 867	0.008 395	0.122 741	14.620 987	0.068 395
37	8.636 087	127.268 119	0.007 857	0.115 793	14.736 780	0.067 857
38	9.154 252	135.904 206	0.007 358	0.109 239	14.846 019	0.067 358
39	9.703 507	145.058 458	0.006 894	0.103 056	14.949 075	0.066 894
40	10.285 718	154.761 966	0.006 462	0.097 222	15.046 297	0.066 462
41	10.902 861	165.047 684	0.006 059	0.091 719	15.138 016	0.066 059
42	11.557 033	175.950 545	0.005 683	0.086 527	15.224 543	0.065 683
43	12.250 455	187.507 577	0.005 333	0.081 630	15.306 173	0.065 333
44	12.985 482	199.758 032	0.005 006	0.077 009	15.383 182	0.065 006
45	13.764 611	212.743 514	0.004 700	0.072 650	15.455 832	0.064 700
46	14.590 487	226.508 125	0.004 415	0.068 538	15.524 370	0.064 415
47	15.465 917	241.098 612	0.004 148	0.064 658	15.589 028	0.064 148
48	16.393 872	256.564 529	0.003 898	0.060 998	15.650 027	0.063 898
49	17.377 504	272.958 401	0.003 664	0.057 546	15.707 572	0.063 664
50	18.420 154	290.335 905	0.003 444	0.054 288	15.761 861	0.063 444

利率 7%

年	F/P	F/A	A/F	P/F	P/A	A/P
1	1.070 000	1.000 000	1.000 000	0.934 579	0.934 579	1.070 000
2	1.144 900	2.070 000	0.483 092	0.873 439	1.808 0.18	0.553 092
3	1.225 043	3.214 900	0.311 052	0.816 298	2.624 316	0.381 052
4	1.310 796	4.439 943	0.225 228	0.762 895	3.387 211	0.295 228
5	1.402 552	5.750 739	0.173 891	0.712 986	4.100 197	0.243 891
6	1.500 730	7.153 291	0.139 796	0.666 343	4.766 540	0.209 796
7	1.605 781	8.654 021	0.115 553	0.622 756	5.389 289	0.185 553
8	1.718 186	10.259 803	0.097 468	0.582 009	5.971 299	0.167 468
9	1.838 459	11.977 989	0.083 486	0.543 934	6.515 232	0.153 486
10	1.967 151	13.816 448	0.072 378	0.508 349	7.023 582	0.142 378
11	2.104 852	15.783 599	0.063 357	0.475 093	7.498 674	0.133 357
12	2.252 192	17.888 451	0.055 902	0.444 012	7.942 686	0.125 902
13	2.409 845	20.140 643	0.049 651	0.414 964	8.357 651	0.119 651
14	2.578 534	22.550 488	0.044 345	0.387 817	8.745 468	0.114 345
15	2.759 032	25.129 022	0.039 795	0.362 446	9.107 914	0.109 795
16	2.952 164	27.888 054	0.035 858	0.338 735	9.446 649	0.105 858
17	3.158 815	30.840 217	0.032 425	0.316 574	9.763 223	0.102 425
18	3.379 932	33.999 033	0.029 413	0.295 864	10.059 087	0.099 413
19	3.616 528	37.378 965	0.026 753	0.276 508	10.335 595	0.096 753
20	3.869 684	40.995 492	0.024 393	0.258 419	10.594 014	0.094 393
21	4.140 562	44.865 177	0.022 289	0.241 513	10.835 527	0.092 289
22	4.430 402	49.005 739	0.020 406	0.225 713	11.061 240	0.090 406
23	4.740 530	53.436 141	0.018 714	0.210 947	11.272 187	0.088 714
24	5.072 367	58.176 671	0.017 189	0.197 147	11.469 334	0.087 189
25	5.427 433	63.279 038	0.015 811	0.184 249	11.653 583	0.085 811
26	5.807 353	68.676 470	0.014 561	0.172 195	11.825 749	0.084 561
27	6.213 868	74.483 823	0.013 426	0.160 930	11.986 709	0.083 426
28	6.648 838	80.697 691	0.012 392	0.150 402	12.137 111	0.082 392
29	7.114 257	87.346 529	0.011 449	0.140 560	12.277 674	0.081 449
30	7.612 255	94.460 786	0.010 586	0.131 367	12.409 041	0.080 505
31	8.145 113	102.073 041	0.009 797	0.122 773	12.531 814	0.079 797
32	8.715 271	110.218 154	0.009 073	0.114 741	12.646 555	0.079 073
33	9.325 340	118.933 425	0.008 408	0.107 235	12.753 790	0.078 408
34	9.978 114	128.258 765	0.007 797	0.100 219	12.854 009	0.077 797
35	10.676 581	138.236 878	0.007 234	0.093 663	12.947 672	0.077 234
36	11.423 942	148.913 460	0.006 715	0.087 535	13.035 203	0.076 715
37	12.223 618	160.337 402	0.006 237	0.081 809	13.117 000	0.076 237
38	13.079 271	172.561 020	0.005 795	0.076 457	13.193 473	0.075 795
39	13.994 820	185.640 292	0.005 387	0.071 455	13.264 928	0.075 387
40	14.974 458	199.635 112	0.005 009	0.066 780	13.331 709	0.075 009
41	16.022 670	214.609 570	0.004 660	0.062 412	13.394 120	0.074 660
42	17.144 257	230.632 240	0.004 336	0.058 329	13.452 449	0.074 336
43	18.344 355	247.776 496	0.004 036	0.054 518	13.506 962	0.074 036
44	19.628 460	266.120 851	0.003 758	0.050 946	13.557 908	0.073 758
45	21.002 452	285.749 311	0.003 500	0.047 613	13.650 522	0.073 500
46	22.472 623	306.751 763	0.003 260	0.044 499	13.605 020	0.073 260
47	24.045 707	329.224 386	0.003 037	0.041 587	13.691 608	0.073 037
48	25.728 907	353.270 093	0.002 831	0.038 867	13.730 474	0.072 831
49	27.529 930	378.999 000	0.002 639	0.036 324	13.766 799	0.072 639
50	29.457 025	406.528 929	0.002 460	0.033 948	13.800 746	0.072 460

利率 8%

年	F/P	F/A	A/F	P/F	P/A	A/P
1	1.080 000	1.000 000	1.000 000	0.925 926	0.925 926	1.080 000
2	1.166 400	2.080 000	0.480 769	0.857 339	1.783 265	0.560 769
3	1.259 712	3.246 400	0.308 034	0.793 832	2.577 097	0.388 034
4	1.360 489	4.506 112	0.221 921	0.735 030	3.312 127	0.301 921
5	1.469 328	5.866 601	0.170 456	0.680 583	3.992 710	0.250 456
6	1.586 874	7.335 929	0.136 315	0.630 170	4.622 880	0.216 315
7	1.713 824	8.922 803	0.112 072	0.583 490	5.206 370	0.192 072
8	1.850 930	10.636 628	0.094 015	0.540 269	5.746 639	0.174 015
9	1.999 005	12.487 558	0.080 080	0.500 249	6.246 888	0.160 080
10	2.158 925	14.486 562	0.069 029	0.463 193	6.710 081	0.149 029
11	2.331 639	16.645 487	0.060 076	0.428 883	7.138 964	0.140 076
12	2.518 170	18.977 126	0.052 695	0.397 114	7.536 078	0.132 695
13	2.719 624	21.495 297	0.046 522	0.367 698	7.903 776	0.126 522
14	2.937 194	24.214 920	0.041 297	0.340 461	8.244 237	0.121 297
15	3.172 169	27.152 114	0.036 830	0.315 242	8.559 479	0.116 830
16	3.425 943	30.324 283	0.032 977	0.291 890	8.851 369	0.112 977
17	3.700 018	33.750 226	0.029 629	0.270 269	9.121 638	0.109 629
18	3.996 019	37.450 244	0.026 702	0.250 249	9.371 887	0.106 702
19	4.315 701	41.446 263	0.024 128	0.231 712	9.603 599	0.104 128
20	4.660 957	45.761 964	0.021 852	0.214 548	9.818 147	0.101 852
21	5.033 834	50.422 921	0.019 832	0.198 656	10.016 803	0.099 832
22	5.436 540	55.456 755	0.018 032	0.183 941	10.200 744	0.098 032
23	5.871 464	60.893 296	0.016 422	0.170 315	10.371 059	0.096 422
24	6.341 181	66.764 759	0.014 978	0.157 699	10.528 758	0.094 978
25	6.848 475	73.105 940	0.013 679	0.146 018	10.674 776	0.093 679
26	7.396 353	79.954 415	0.012 507	0.135 202	10.809 978	0.092 507
27	7.988 061	87.350 768	0.011 448	0.125 187	10.935 165	0.091 448
28	8.627 106	95.338 830	0.010 489	0.115 914	11.051 078	0.090 489
29	9.317 275	103.965 936	0.009 619	0.107 328	11.158 406	0.089 619
30	10.062 657	113.283 211	0.008 827	0.099 377	11.257 783	0.088 827
31	10.867 669	123.345 868	0.008 107	0.092 016	11.349 799	0.088 107
32	11.737 083	134.213 537	0.007 451	0.085 200	11.434 999	0.087 451
33	12.676 050	145.950 620	0.006 852	0.078 889	11.513 888	0.086 852
34	13.690 134	158.626 670	0.006 304	0.073 045	11.586 934	0.086 304
35	14.785 344	172.316 804	0.005 803	0.067 635	11.654 568	0.085 803
36	15.968 172	187.102 148	0.005 345	0.062 625	11.717 193	0.085 345
37	17.245 626	203.070 320	0.004 924	0.057 986	11.775 179	0.084 924
38	18.625 276	220.315 945	0.004 539	0.053 690	11.828 869	0.084 539
39	20.115 298	238.941 221	0.004 185	0.049 713	11.878 582	0.084 185
40	21.724 521	259.056 519	0.003 860	0.046 031	11.924 613	0.083 860
41	23.462 483	280.781 040	0.003 561	0.042 621	11.967 235	0.083 561
42	25.339 482	304.243 523	0.003 287	0.039 464	12.006 699	0.083 287
43	27.366 640	329.583 005	0.003 034	0.036 541	12.043 240	0.083 034
44	29.555 972	356.949 646	0.002 802	0.033 834	12.077 074	0.082 802
45	31.920 449	386.505 617	0.002 587	0.031 328	12.108 402	0.082 587
46	34.474 085	418.426 067	0.002 390	0.029 007	12.137 409	0.082 390
47	37.232 012	452.900 152	0.002 208	0.026 859	12.164 267	0.082 208
48	40.210 573	490.132 164	0.002 040	0.024 869	12.189 136	0.082 040
49	43.427 419	530.342 737	0.001 886	0.023 027	12.212 163	0.081 886
50	46.901 613	573.770 156	0.001 743	0.021 321	12.233 485	0.081 742

利率 9%

年	F/P	F/A	A/F	P/F	P/A	A/P
1	1.090 000	1.000 000	1.000 000	0.917 431	0.917 431	1.090 000
2	1.188 100	2.090 000	0.478 469	0.841 680	1.759 111	0.568 469
3	1.295 029	3.278 100	0.305 055	0.772 183	2.531 295	0.395 055
4	1.411 582	4.573 129	0.218 669	0.708 425	3.239 720	0.308 669
5	1.538 624	5.984 711	0.167 092	0.649 931	3.889 651	0.257 092
6	1.677 100	7.523 335	0.132 920	0.596 267	4.485 919	0.222 920
7	1.828 039	9.200 435	0.108 691	0.547 034	5.032 953	0.198 691
8	1.992 563	11.028 474	0.090 674	0.501 866	5.534 819	0.180 674
9	2.171 893	13.021 036	0.076 799	0.460 428	5.995 247	0.166 799
10	2.367 364	15.192 930	0.065 820	0.422 411	6.417 658	0.155 820
11	2.580 426	17.560 293	0.056 947	0.387 533	6.805 191	0.146 947
12	2.812 665	20.140 720	0.049 651	0.355 535	7.160 725	0.139 651
13	3.065 805	22.953 385	0.043 567	0.326 179	7.486 904	0.133 567
14	3.341 727	26.019 189	0.038 433	0.299 246	7.786 150	0.128 433
15	3.642 482	29.360 916	0.034 059	0.274 538	8.060 688	0.124 059
16	3.970 306	33.003 399	0.030 300	0.251 870	8.312 558	0.120 300
17	4.327 633	36.973 705	0.027 046	0.231 073	8.543 631	0.117 046
18	4.717 120	41.301 338	0.024 212	0.211 994	8.755 625	0.114 212
19	5.141 661	46.018 458	0.021 730	0.194 490	8.950 115	0.111 730
20	5.604 411	51.160 120	0.019 546	0.178 431	9.128 546	0.109 546
21	6.108 808	56.764 530	0.017 617	0.163 698	9.292 244	0.107 617
22	6.658 600	62.873 338	0.015 905	0.150 182	9.442 425	0.105 905
23	7.257 874	69.531 939	0.014 382	0.137 781	9.580 207	0.104 382
24	7.911 083	76.789 813	0.013 023	0.126 405	9.706 612	0.103 023
25	8.623 081	84.700 896	0.011 806	0.115 968	9.822 580	0.101 806
26	9.399 158	93.323 977	0.010 715	0.106 393	9.928 972	0.100 715
27	10.245 082	102.723 135	0.009 735	0.097 608	10.026 580	0.099 735
28	11.167 140	112.968 217	0.008 852	0.089 548	10.116 128	0.098 852
29	12.172 182	124.135 356	0.008 056	0.082 155	10.198 283	0.098 056
30	13.267 678	136.307 539	0.007 336	0.075 371	10.273 654	0.097 336
31	14.461 770	149.575 217	0.006 686	0.069 148	10.342 802	0.096 686
32	15.763 329	164.036 987	0.006 096	0.063 438	10.406 240	0.096 096
33	17.182 028	179.800 315	0.005 562	0.058 200	10.464 441	0.095 562
34	18.728 411	196.982 344	0.005 077	0.053 395	10.517 835	0.095 077
35	20.413 968	215.710 755	0.004 636	0.048 986	10.566 821	0.094 636
36	22.251 225	236.124 723	0.004 235	0.044 941	10.611 763	0.094 235
37	24.253 835	258.375 948	0.003 870	0.041 231	10.652 993	0.093 870
38	26.436 680	282.629 783	0.003 538	0.037 826	10.690 820	0.093 538
39	28.815 982	309.066 463	0.003 236	0.034 703	10.725 523	0.093 236
40	31.409 420	337.882 445	0.002 960	0.031 838	10.757 360	0.092 960
41	34.236 268	369.291 865	0.002 708	0.029 209	10.786 569	0.092 708
42	37.317 532	403.528 133	0.002 478	0.026 797	10.813 366	0.092 478
43	40.676 110	440.845 665	0.002 268	0.024 584	10.837 950	0.092 268
44	44.336 960	481.521 775	0.002 077	0.022 555	10.860 505	0.092 077
45	48.327 286	525.858 734	0.001 902	0.020 692	10.881 197	0.091 902
46	52.676 742	574.186 021	0.001 742	0.018 984	10.900 181	0.091 742
47	57.417 649	626.862 762	0.001 595	0.017 416	10.917 597	0.091 595
48	62.585 237	684.280 411	0.001 461	0.015 978	10.933 575	0.091 461
49	68.217 908	746.865 648	0.001 339	0.014 659	10.948 234	0.091 339
50	74.357 520	815.083 556	0.001 227	0.013 449	10.961 683	0.091 227

利率 10%

年	F/P	F/A	A/F	P/F	P/A	A/P
1	1.100 000	1.000 000	1.000 000	0.909 091	0.909 091	1.100 000
2	1.210 000	2.100 000	0.476 190	0.826 446	1.735 537	0.576 190
3	1.331 000	3.310 000	0.302 115	0.751 315	2.486 852	0.402 115
4	1.464 100	4.641 000	0.215 471	0.683 013	3.169 865	0.315 471
5	1.610 510	6.105 100	0.163 797	0.620 921	3.790 787	0.263 797
6	1.771 561	7.715 610	0.129 607	0.564 474	4.355 261	0.229 607
7	1.948 717	9.487 171	0.105 405	0.513 158	4.868 419	0.205 405
8	2.143 589	11.435 888	0.087 444	0.466 507	5.334 926	0.187 444
9	2.357 948	13.579 477	0.073 641	0.424 098	5.759 024	0.173 641
10	2.593 742	15.937 425	0.062 745	0.385 543	6.144 567	0.162 745
11	2.853 117	18.531 167	0.053 963	0.350 494	6.495 061	0.153 963
12	3.138 428	21.384 284	0.046 763	0.318 631	6.813 692	0.146 763
13	3.452 271	24.522 712	0.040 779	0.289 664	7.103 356	0.140 779
14	3.797 498	27.974 983	0.035 746	0.263 331	7.366 687	0.135 746
15	4.177 248	31.772 482	0.031 474	0.239 392	7.606 080	0.131 474
16	4.594 973	35.949 730	0.027 817	0.217 629	7.823 709	0.127 817
17	5.054 470	40.544 703	0.024 664	0.197 845	8.021 553	0.124 664
18	5.559 917	45.599 173	0.021 930	0.179 859	8.201 412	0.121 930
19	6.115 909	51.159 090	0.019 547	0.163 508	8.364 920	0.119 547
20	6.727 500	57.274 999	0.017 460	0.148 644	8.513 564	0.117 460
21	7.400 250	64.002 499	0.015 624	0.135 131	8.648 694	0.115 624
22	8.140 275	71.402 749	0.014 005	0.122 846	8.771 540	0.114 005
23	8.954 302	79.543 024	0.012 572	0.111 678	8.883 218	0.112 572
24	9.849 733	88.497 327	0.011 300	0.101 526	8.984 744	0.111 300
25	10.834 706	98.347 059	0.010 168	0.092 296	9.077 040	0.110 168
26	11.918 177	109.181 765	0.009 159	0.083 905	9.160 945	0.109 159
27	13.109 994	121.099 942	0.008 258	0.076 278	9.237 228	0.108 258
28	14.420 994	134.209 936	0.007 451	0.069 343	9.306 567	0.107 451
29	15.863 093	148.630 930	0.006 728	0.063 039	9.369 606	0.106 728
30	17.449 402	164.494 023	0.006 079	0.057 309	9.426 914	0.106 079
31	19.194 342	181.943 425	0.005 496	0.052 099	9.479 013	0.105 496
32	21.113 777	201.137 767	0.004 972	0.047 362	9.526 376	0.104 972
33	23.225 154	222.251 544	0.004 499	0.043 057	9.569 432	0.104 499
34	25.547 670	245.476 699	0.004 074	0.039 143	9.608 575	0.104 074
35	28.102 437	271.024 368	0.003 690	0.035 584	9.644 159	0.103 690
36	30.912 681	299.126 805	0.003 343	0.032 349	9.676 508	0.103 343
37	34.003 949	330.039 486	0.003 030	0.029 408	9.705 917	0.103 030
38	37.404 343	364.043 434	0.002 747	0.026 735	9.732 651	0.102 747
39	41.144 778	401.447 778	0.002 491	0.024 304	9.756 956	0.102 491
40	45.259 256	442.592 556	0.002 259	0.022 095	9.779 051	0.102 259
41	49.785 181	487.851 811	0.002 050	0.020 086	9.799 137	0.102 050
42	54.763 699	537.636 992	0.001 860	0.018 260	9.817 397	0.101 860
43	60.240 069	592.400 692	0.001 688	0.016 600	9.833 998	0.101 688
44	66.264 076	652.640 761	0.001 532	0.015 091	9.849 089	0.101 532
45	72.890 484	718.904 837	0.001 391	0.013 719	9.862 808	0.101 391
46	80.179 532	791.795 321	0.001 263	0.012 472	9.875 280	0.101 263
47	88.197 485	871.974 853	0.001 147	0.011 338	9.886 618	0.101 147
48	97.017 234	960.172 338	0.001 041	0.010 307	9.896 926	0.101 041
49	106.718 957	1,057.189 572	0.000 946	0.009 370	9.906 296	0.100 946
50	117.390 853	1,163.908 529	0.000 859	0.008 519	9.914 814	0.100 859

利率 11%

年	F/P	F/A	A/F	P/F	P/A	A/P
1	1.110 000	1.000 000	1.000 000	0.900 901	0.900 901	1.110 000
2	1.232 100	2.110 000	0.473 934	0.811 622	1.712 523	0.583 934
3	1.367 631	3.342 100	0.299 213	0.731 191	2.443 715	0.409 213
4	1.518 070	4.709 731	0.212 326	0.658 731	3.102 446	0.322 326
5	1.685 058	6.227 801	0.160 570	0.593 451	3.695 897	0.270 570
6	1.870 415	7.912 860	0.216 377	0.534 641	4.230 538	0.236 377
7	2.076 160	9.783 274	0.102 215	0.481 658	4.712 196	0.212 215
8	2.304 538	11.859 434	0.084 321	0.433 926	5.146 123	0.194 321
9	2.558 037	14.163 972	0.070 602	0.390 925	5.537 048	0.180 602
10	2.839 421	16.722 009	0.059 801	0.352 184	5.889 232	0.169 301
11	3.151 757	19.561 430	0.051 121	0.317 283	6.206 515	0.161 121
12	3.498 451	22.713 187	0.044 027	0.285 841	6.492 356	0.154 027
13	3.883 280	26.211 638	0.038 151	0.257 514	6.749 870	0.148 151
14	4.310 441	30.094 918	0.033 228	0.231 995	6.981 865	0.143 228
15	4.784 589	34.405 359	0.029 065	0.209 004	7.190 870	0.139 065
16	5.310 894	39.189 948	0.025 517	0.188 292	7.379 162	0.135 517
17	5.895 093	44.500 843	0.022 471	0.169 633	7.548 794	0.132 471
18	6.543 553	50.395 936	0.019 843	0.152 822	7.701 617	0.129 843
19	7.263 344	56.939 488	0.017 563	0.137 678	7.839 294	0.127 563
20	8.062 312	64.202 832	0.015 576	0.124 034	7.968 328	0.125 576
21	8.949 166	72.265 144	0.013 838	0.111 742	8.075 070	0.123 838
22	9.933 574	81.214 309	0.012 313	0.100 669	8.175 789	0.122 313
23	11.026 267	91.147 884	0.010 971	0.090 693	8.266 432	0.120 971
24	12.239 157	102.174 151	0.009 787	0.081 705	8.348 137	0.119 787
25	13.585 464	114.413 307	0.008 740	0.073 608	8.421 745	0.118 740
26	15.079 865	127.998 771	0.007 813	0.066 314	8.488 058	0.117 813
27	16.738 650	143.078 636	0.006 989	0.059 742	8.547 800	0.116 989
28	18.579 901	159.817 286	0.006 257	0.053 822	8.601 622	0.116 257
29	20.623 691	178.397 187	0.005 605	0.048 488	8.650 110	0.115 605
30	22.892 297	199.020 878	0.005 025	0.043 683	8.693 793	0.115 025
31	25.410 449	221.913 174	0.004 506	0.039 354	8.733 146	0.114 506
32	28.205 599	247.323 624	0.004 043	0.035 454	8.768 600	0.114 043
33	31.308 214	275.529 222	0.003 629	0.031 940	8.800 541	0.113 629
34	34.752 118	306.837 437	0.003 259	0.028 775	8.829 316	0.113 259
35	38.574 851	341.589 555	0.002 927	0.025 924	8.855 240	0.112 927
36	42.818 085	380.164 406	0.002 630	0.023 355	8.878 594	0.112 630
37	47.528 074	422.982 490	0.002 364	0.021 040	8.899 635	0.112 364
38	52.756 162	470.510 564	0.002 125	0.018 955	8.918 590	0.112 125
39	68.559 340	523.266 726	0.001 911	0.017 077	8.935 666	0.111 911
40	65.000 867	581.826 066	0.001 719	0.015 384	8.951 051	0.111 719
41	72.150 963	646.826 934	0.001 546	0.013 860	8.964 911	0.111 546
42	80.087 569	718.977 896	0.001 391	0.012 486	8.977 397	0.111 391
43	88.897 201	799.065 465	0.001 251	0.011 249	8.988 646	0.111 251
44	98.675 893	887.962 666	0.001 126	0.010 134	8.993 780	0.111 126
45	109.530 242	986.638 559	0.001 014	0.009 130	9.007 910	0.111 014
46	121.578 568	1,096.168 801	0.000 912	0.008 225	9.016 135	0.110 912
47	134.952 211	1,217.747 369	0.000 821	0.007 410	9.023 545	0.110 821
48	149.796 954	1,352.699 580	0.000 739	0.006 676	9.030 221	0.110 739
49	156.274 619	1,502.496 534	0.000 666	0.006 014	9.036 235	0.110 666
50	184.564 827	1,668.771 152	0.000 599	0.005 418	9.041 653	0.110 599

利率 12%

年	F/P	F/A	A/F	P/F	P/A	A/P
1	1.120 000	1.000 000	1.000 000	0.892 857	0.892 857	1.120 000
2	1.254 400	2.120 000	0.471 698	0.797 194	1.690 051	0.591 698
3	1.404 928	3.374 400	0.296 349	0.711 780	2.401 831	0.416 349
4	1.573 519	4.779 328	0.209 234	0.635 518	3.037 349	0.329 234
5	1.762 342	6.352 847	0.157 410	0.567 427	3.604 776	0.277 410
6	1.978 823	8.115 189	0.123 226	0.506 631	4.111 407	0.243 226
7	2.210 681	10.089 012	0.099 118	0.452 349	4.563 757	0.219 118
8	2.475 963	12.299 693	0.081 303	0.403 883	4.967 640	0.201 303
9	2.773 079	14.775 656	0.067 679	0.360 610	5.328 250	0.187 679
10	3.105 848	17.548 735	0.056 984	0.321 973	5.650 223	0.176 984
11	3.478 550	20.654 583	0.048 415	0.287 476	5.937 699	0.168 415
12	3.895 976	24.133 133	0.041 437	0.256 675	6.194 374	0.161 437
13	4.363 493	28.029 109	0.035 677	0.229 174	6.423 548	0.155 677
14	4.887 112	32.392 602	0.030 871	0.204 620	6.628 168	0.150 871
15	5.473 566	37.279 715	0.026 824	0.182 696	6.810 864	0.146 824
16	6.130 394	42.753 290	0.023 390	0.163 122	6.973 986	0.143 390
17	6.866 041	48.883 674	0.020 457	0.145 644	7.119 630	0.140 457
18	7.689 966	55.749 715	0.017 937	0.130 010	7.249 670	0.137 937
19	8.612 762	63.439 681	0.015 763	0.116 107	7.365 777	0.135 763
20	9.646 293	72.052 442	0.013 879	0.103 667	7.469 444	0.133 879
21	10.803 848	81.698 736	0.012 240	0.092 560	7.562 003	0.132 240
22	12.100 310	92.502 584	0.010 811	0.082 643	7.644 646	0.130 811
23	13.552 347	104.602 894	0.009 560	0.073 788	7.718 434	0.129 560
24	15.178 629	118.155 241	0.008 463	0.065 882	7.784 316	0.128 463
25	17.000 064	133.333 870	0.007 500	0.158 823	7.843 139	0.127 500
26	19.040 072	150.333 934	0.006 652	0.052 521	7.895 660	0.126 652
27	21.324 881	169.374 007	0.005 904	0.046 894	7.942 554	0.125 904
28	23.883 866	190.698 887	0.005 244	0.041 869	7.984 423	0.125 244
29	26.749 930	214.582 754	0.004 660	0.037 383	8.021 806	0.124 660
30	29.959 922	241.332 684	0.004 144	0.033 378	8.055 184	0.124 144
31	33.555 113	271.292 606	0.003 686	0.029 802	8.084 986	0.123 686
32	37.581 726	304.847 719	0.003 280	0.026 609	8.111 594	0.123 280
33	42.091 533	342.429 446	0.002 920	0.023 758	8.135 352	0.122 920
34	47.142 517	384.520 979	0.002 601	0.021 212	8.156 564	0.122 601
35	52.799 620	431.663 496	0.002 317	0.018 940	8.175 504	0.122 317
36	59.135 574	484.463 116	0.002 064	0.016 910	8.192 414	0.122 064
37	66.231 843	543.598 690	0.001 840	0.015 098	8.207 513	0.121 840
38	74.179 664	609.830 533	0.001 640	0.013 481	8.220 993	0.121 640
39	83.081 224	684.010 197	0.001 462	0.012 036	8.233 030	0.121 462
40	93.050 970	767.091 420	0.001 304	0.010 747	8.243 777	0.121 304
41	104.217 087	860.142 391	0.001 163	0.009 595	8.253 372	0.121 163
42	116.723 137	964.359 478	0.001 037	0.008 567	8.261 939	0.121 037
43	130.729 914	1,081.082 615	0.000 925	0.007 649	8.269 589	0.120 925
44	146.417 503	1,211.812 529	0.000 825	0.006 830	8.276 418	0.120 825
45	163.987 604	1,358.230 032	0.000 736	0.006 098	8.282 516	0.120 736
46	183.666 116	1,522.217 636	0.000 657	0.005 445	8.287 961	0.120 657
47	205.706 050	1,705.883 752	0.000 586	0.004 861	8.292 822	0.120 586
48	230.390 776	1,911.589 803	0.000 523	0.004 349	8.297 163	0.120 523
49	258.037 669	2,141.980 579	0.000 467	0.003 875	8.301 038	0.120 467
50	289.002 190	2,400.018 249	0.000 417	0.003 460	8.304 498	0.120 417

利率13%

年	F/P	F/A	A/F	P/F	P/A	A/P
1	1.130 000	1.000 000	1.000 000	0.884 956	0.884 956	1.130 000
2	1.276 900	2.130 000	0.469 484	0.783 147	1.668 102	0.599 484
3	1.442 897	3.406 900	0.293 522	0.693 050	2.361 153	0.423 522
4	1.630 474	4.849 797	0.206 194	0.613 319	2.974 471	0.336 194
5	1.842 435	6.480 271	0.154 315	0.542 760	3.517 231	0.284 315
6	2.081 952	8.322 706	0.120 153	0.480 319	3.997 550	0.250 153
7	2.352 605	10.404 658	0.096 111	0.425 061	4.422 610	0.226 111
8	2.658 444	12.757 263	0.078 387	0.376 160	4.798 770	0.208 387
9	3.004 042	15.415 707	0.064 869	0.332 885	5.131 655	0.194 869
10	3.394 567	18.419 749	0.054 290	0.294 588	5.426 243	0.184 290
11	3.835 861	21.814 317	0.045 841	0.260 698	5.686 941	0.175 841
12	4.334 523	25.650 178	0.038 986	0.230 706	5.917 647	0.168 986
13	4.898 011	29.984 701	0.033 350	0.204 165	6.121 812	0.163 350
14	5.534 753	34.882 712	0.028 667	0.180 677	6.302 488	0.158 667
15	6.254 270	40.417 464	0.024 742	0.159 891	6.462 379	0.154 742
16	7.067 326	46.671 735	0.021 426	0.141 496	6.603 875	0.151 426
17	7.986 078	53.739 060	0.018 608	0.125 218	6.729 093	0.148 608
18	9.024 268	61.725 138	0.016 201	0.110 812	6.839 905	0.146 201
19	10.197 423	70.749 406	0.014 134	0.098 064	6.937 969	0.144 134
20	11.523 088	80.946 829	0.012 354	0.086 782	7.024 752	0.142 354
21	13.021 089	92.469 917	0.010 814	0.076 798	7.101 550	0.140 814
22	14.713 831	105.491 006	0.009 479	0.067 963	7.169 513	0.139 479
23	16.626 629	120.204 837	0.003 319	0.060 144	7.229 658	0.138 319
24	18.788 091	136.831 465	0.007 308	0.053 225	7.282 883	0.137 808
25	21.230 542	155.619 556	0.006 426	0.047 102	7.329 985	0.136 426
26	23.990 513	176.850 098	0.005 655	0.041 683	7.371 668	0.135 655
27	27.109 279	200.840 611	0.004 979	0.036 888	7.408 556	0.134 979
28	30.633 486	227.949 890	0.004 387	0.032 644	7.441 200	0.134 387
29	34.615 839	258.583 376	0.003 867	0.028 889	7.470 088	0.133 867
30	39.115 898	293.199 215	0.003 411	0.025 565	7.495 653	0.133 411
31	44.200 965	332.315 113	0.003 009	0.022 624	7.518 277	0.133 009
32	49.947 090	376.516 078	0.002 656	0.020 021	7.538 299	0.132 656
33	56.440 212	426.463 168	0.002 345	0.017 718	7.556 016	0.132 345
34	63.777 439	482.903 380	0.002 071	0.015 680	7.571 696	0.132 071
35	72.068 506	546.680 819	0.001 829	0.013 876	7.585 572	0.131 829
36	81.437 412	618.749 325	0.001 616	0.012 279	7.597 851	0.131 616
37	92.024 276	700.186 738	0.001 428	0.010 867	7.608 718	0.131 428
38	103.987 432	792.211 014	0.001 262	0.009 617	7.618 334	0.131 262
39	117.505 798	896.198 445	0.001 116	0.008 510	7.626 844	0.131 116
40	132.781 552	1,013.704 243	0.000 986	0.007 531	7.634 376	0.130 986
41	150.043 153	1,146.485 795	0.000 872	0.006 665	7.641 040	0.130 872
42	169.548 763	1,296.528 948	0.000 771	0.005 898	7.646 938	0.130 771
43	191.590 103	1,466.077 712	0.000 682	0.005 219	7.652 158	0.130 682
44	216.496 816	1,657.667 814	0.000 603	0.004 619	7.656 777	0.130 603
45	244.641 402	1,874.164 630	0.000 534	0.004 088	7.660 864	0.130 534
46	276.444 784	2,118.806 032	0.000 472	0.003 617	7.664 482	0.130 472
47	312.382 606	2,395.250 816	0.000 417	0.003 201	7.667 683	0.130 417
48	352.992 345	2,707.633 422	0.000 369	0.002 833	7.670 516	0.130 369
49	398.881 350	3,060.625 767	0.000 327	0.002 507	7.673 023	0.130 327
50	450.735 925	3,459.507 117	0.000 289	0.002 219	7.675 242	0.130 289

利率 14%

年	F/P	F/A	A/F	P/F	P/A	A/P
1	1.140 000	1.000 000	1.000 000	0.877 193	0.877 193	1.140 000
2	1.299 600	2.140 000	0.467 290	0.769 468	1.646 661	0.607 290
3	1.481 544	3.439 600	0.290 731	0.674 972	2.321 632	0.430 731
4	1.688 960	4.921 144	0.203 205	0.592 080	2.913 712	0.343 205
5	1.925 415	6.610 104	0.151 284	0.519 369	3.433 081	0.291 284
6	2.194 973	8.535 519	0.117 157	0.455 587	3.888 668	0.257 157
7	2.502 269	10.730 491	0.093 192	0.399 637	4.288 305	0.233 192
8	2.852 586	13.232 760	0.075 570	0.350 559	4.638 864	0.215 570
9	3.251 949	16.085 347	0.062 168	0.307 508	4.946 372	0.202 168
10	3.707 221	19.337 295	0.051 714	0.269 744	5.126 116	0.191 714
11	4.226 232	23.044 516	0.043 394	0.236 617	5.452 733	0.183 394
12	4.817 905	27.270 749	0.036 669	0.207 559	5.660 292	0.176 669
13	5.492 411	32.088 654	0.031 164	0.182 069	5.842 362	0.171 164
14	6.261 349	37.581 065	0.026 609	0.159 710	6.002 072	0.166 609
15	7.137 938	43.842 414	0.022 809	0.140 096	6.142 168	0.162 809
16	8.137 249	50.980 352	0.019 615	0.122 892	6.265 060	0.159 615
17	9.276 464	59.117 601	0.016 915	0.107 800	6.372 859	0.156 915
18	10.575 169	68.394 066	0.014 621	0.094 561	6.467 420	0.154 621
19	12.055 693	78.969 235	0.012 663	0.082 948	6.550 369	0.152 663
20	13.743 490	91.024 928	0.010 986	0.072 762	6.623 131	0.150 986
21	15.667 578	104.768 418	0.009 545	0.063 826	6.686 957	0.149 545
22	17.861 039	120.435 996	0.008 303	0.055 988	6.742 944	0.148 303
23	20.361 585	138.297 035	0.007 231	0.049 112	6.792 056	0.147 231
24	23.202 207	158.658 620	0.006 303	0.043 081	6.835 137	0.146 303
25	26.461 916	181.870 827	0.005 498	0.037 790	6.872 927	0.145 498
26	30.166 584	208.332 743	0.004 800	0.033 149	6.906 077	0.144 800
27	34.389 906	238.499 327	0.004 193	0.029 078	6.935 155	0.144 193
28	39.204 493	272.889 233	0.003 664	0.025 507	6.960 662	0.143 664
29	44.693 122	312.093 725	0.003 204	0.022 375	6.983 037	0.143 204
30	50.950 159	356.786 847	0.002 803	0.019 627	7.002 664	0.142 803
31	58.083 181	407.737 006	0.002 453	0.017 217	7.019 881	0.142 453
32	66.214 826	465.820 186	0.002 147	0.015 102	7.034 983	0.142 147
33	75.484 902	532.035 012	0.001 880	0.013 248	7.048 231	0.141 880
34	86.052 788	607.519 914	0.001 646	0.011 621	7.059 852	0.141 646
35	98.100 178	693.572 702	0.001 442	0.010 194	7.070 045	0.141 442
36	111.834 203	791.672 881	0.001 263	0.008 942	7.078 987	0.141 263
37	127.490 992	903.507 084	0.001 107	0.007 844	7.086 831	0.141 107
38	145.339 731	1,030.998 076	0.000 970	0.006 880	7.093 711	0.140 970
39	165.687 293	1,176.337 806	0.000 850	0.006 035	7.099 747	0.140 850
40	188.883 514	1,342.025 099	0.000 745	0.005 294	7.105 041	0.140 745
41	215.327 206	1,530.908 613	0.000 653	0.004 644	7.109 685	0.140 653
42	245.473 015	1,746.235 819	0.000 573	0.004 074	7.113 759	0.140 573
43	279.839 237	1,991.708 833	0.000 502	0.003 573	7.117 332	0.140 502
44	319.016 730	2,271.548 070	0.000 440	0.003 135	7.120 467	0.140 440
45	363.679 072	2,590.564 800	0.000 386	0.002 750	7.123 217	0.140 386
46	414.594 142	2,954.243 872	0.000 338	0.002 112	7.125 629	0.140 338
47	472.637 322	3,368.838 014	0.000 297	0.002 116	7.127 744	0.140 297
48	538.806 547	3,841.475 336	0.000 260	0.001 856	7.129 600	0.140 260
49	614.239 464	4,380.281 883	0.000 228	0.001 628	7.131 228	0.140 228
50	700.232 988	4,994.521 346	0.000 200	0.001 428	7.132 656	0.140 200

利率 15%

年	F/P	F/A	A/F	P/F	P/A	A/P
1	1.150 000	1.000 000	1.000 000	0.869 565	0.869 565	1.150 000
2	1.322 500	2.150 000	0.465 116	0.756 144	1.625 709	0.615 116
3	1.520 875	3.472 500	0.287 977	0.657 516	2.283 225	0.437 977
4	1.749 006	4.993 375	0.200 265	0.571 753	2.854 978	0.350 265
5	2.001 357	6.742 381	0.148 316	0.497 177	3.352 155	0.298 316
6	2.313 061	8.753 738	0.114 237	0.432 328	3.784 483	0.264 237
7	2.660 020	11.066 799	0.090 360	0.375 937	4.160 420	0.240 360
8	3.059 023	13.726 819	0.072 850	0.326 902	4.487 322	0.222 850
9	3.517 876	16.785 842	0.059 574	0.284 262	4.771 584	0.209 574
10	4.045 558	20.303 718	0.049 252	0.247 185	5.018 769	0.199 252
11	4.652 391	24.349 276	0.041 069	0.214 943	5.233 712	0.191 069
12	5.350 250	29.001 667	0.034 481	0.186 907	5.420 619	0.184 481
13	6.152 788	34.351 917	0.029 110	0.162 528	5.583 147	0.179 110
14	7.075 706	40.504 705	0.024 688	0.141 329	5.724 476	0.174 688
15	8.137 062	47.580 411	0.021 017	0.122 894	5.847 370	0.171 017
16	9.357 621	55.717 472	0.017 948	0.106 865	5.954 235	0.167 948
17	10.761 264	65.075 093	0.015 367	0.092 926	6.047 161	0.165 367
18	12.375 454	75.836 357	0.018 186	0.080 805	6.127 966	0.163 186
19	14.231 772	88.211 811	0.011 336	0.070 265	6.198 231	0.161 336
20	16.366 537	102.443 583	0.009 761	0.061 100	6.259 331	0.159 761
21	18.821 518	118.810 120	0.008 417	0.053 131	6.312 462	0.158 417
22	21.644 746	137.631 638	0.007 266	0.046 201	6.358 663	0.157 266
23	24.891 458	159.276 384	0.006 278	0.040 174	6.398 837	0.156 278
24	28.625 176	184.167 841	0.005 430	0.034 934	6.433 771	0.155 430
25	32.918 953	212.793 017	0.004 699	0.030 378	6.464 149	0.154 699
26	37.856 796	245.711 970	0.004 070	0.026 415	6.490 564	0.154 070
27	43.535 315	283.568 766	0.003 526	0.022 970	6.513 534	0.153 526
28	50.065 612	327.104 080	0.003 057	0.019 974	6.533 508	0.153 057
29	57.575 454	377.166 693	0.002 651	0.017 369	6.550 877	0.152 651
30	66.211 772	434.745 146	0.002 300	0.015 103	6.565 980	0.152 300
31	76.143 538	500.956 918	0.001 996	0.013 133	6.579 113	0.151 996
32	87.565 068	577.100 456	0.001 733	0.011 420	6.590 533	0.151 733
33	100.699 329	664.665 524	0.001 505	0.009 931	6.600 463	0.151 505
34	115.804 303	765.365 353	0.001 307	0.008 635	6.609 099	0.151 307
35	133.175 523	881.170 156	0.001 135	0.007 509	6.616 607	0.151 135
36	153.151 852	1,014.345 680	0.000 986	0.006 529	6.623 137	0.150 986
37	176.124 630	1,167.497 532	0.000 857	0.005 678	6.628 815	0.150 857
38	202.543 324	1,343.622 161	0.000 744	0.004 937	6.633 752	0.150 744
39	232.924 823	1,546.166 485	0.000 647	0.004 293	6.638 045	0.150 647
40	267.863 546	1,779.090 308	0.000 562	0.003 733	6.641 778	0.150 562
41	308.043 078	2,046.953 854	0.000 489	0.003 246	6.645 025	0.150 489
42	354.249 540	2,354.996 933	0.000 425	0.002 823	6.647 848	0.150 425
43	407.386 917	2,709.246 473	0.000 369	0.002 455	6.650 302	0.150 369
44	468.495 017	3,116.633 443	0.000 321	0.002 134	6.652 437	0.150 321
45	538.769 269	3,585.128 460	0.000 279	0.001 856	6.654 293	0.150 279
46	619.584 659	4,123.897 729	0.000 242	0.001 614	6.655 907	0.150 242
47	712.522 358	4,743.482 388	0.000 211	0.001 403	6.657 310	0.150 211
48	819.400 712	5,456.004 746	0.000 183	0.001 220	6.658 531	0.150 183
49	942.310 819	6,275.405 458	0.000 159	0.001 061	6.659 592	0.150 159
50	1,083.657 422	4,217.716 277	0.000 139	0.000 923	6.660 515	0.150 139

利率 16%

年	F/P	F/A	A/F	P/F	P/A	A/P
1	1.160 000	1.000 000	1.000 000	0.862 069	0.862 069	1.160 000
2	1.345 600	2.160 000	0.462 963	0.743 163	1.605 232	0.622 963
3	1.560 896	3.505 600	0.285 258	0.640 658	2.245 890	0.445 258
4	1.810 639	5.066 496	0.197 375	0.552 291	2.798 181	0.357 375
5	2.100 342	6.877 135	0.145 409	0.476 113	3.274 294	0.305 409
6	2.486 396	8.977 477	0.111 390	0.410 442	3.684 736	0.271 390
7	2.826 220	11.413 873	0.087 613	0.353 830	4.038 565	0.247 613
8	3.278 415	14.240 093	0.070 224	0.305 025	4.343 591	0.230 224
9	3.802 961	17.518 508	0.057 082	0.262 953	4.606 544	0.217 082
10	4.411 435	21.321 469	0.046 901	0.226 684	4.833 227	0.206 901
11	5.117 265	25.732 904	0.038 861	0.195 417	5.028 644	0.198 861
12	5.936 027	30.850 169	0.032 415	0.168 463	5.197 107	0.192 415
13	6.885 791	36.786 196	0.027 184	0.145 227	5.342 334	0.187 184
14	7.987 518	43.671 987	0.022 898	0.125 195	5.467 529	0.182 898
15	9.265 521	51.659 505	0.019 358	0.107 927	5.575 456	0.179 358
16	10.748 004	60.925 026	0.016 414	0.093 041	5.668 497	0.176 414
17	12.467 685	71.673 030	0.013 952	0.080 207	5.748 704	0.173 952
18	14.462 514	84.140 715	0.011 885	0.069 144	5.817 848	0.171 885
19	16.776 517	98.603 230	0.010 142	0.059 607	5.877 455	0.170 142
20	19.460 759	115.379 747	0.008 667	0.051 385	5.928 841	0.168 667
21	22.574 481	134.840 506	0.007 416	0.044 298	5.973 139	0.167 416
22	26.186 398	157.414 987	0.006 353	0.038 188	6.011 326	0.166 353
23	30.376 222	183.601 385	0.005 447	0.032 920	6.044 247	0.165 447
24	35.236 417	213.977 607	0.004 673	0.028 380	6.072 027	0.164 073
25	40.874 244	249.214 024	0.004 013	0.024 465	6.097 092	0.164 013
26	47.414 123	290.088 267	0.003 447	0.021 091	6.118 183	0.163 447
27	55.000 382	337.502 390	0.002 963	0.018 182	6.136 364	0.162 963
28	63.800 444	392.502 773	0.002 548	0.015 674	6.152 038	0.142 548
29	74.008 515	456.303 216	0.002 192	0.013 512	6.165 550	0.162 192
30	85.849 877	530.311 731	0.001 886	0.011 648	6.177 198	0.161 886
31	99.585 857	616.161 608	0.001 623	0.010 042	6.187 240	0.161 623
32	115.519 594	715.747 465	0.001 397	0.008 657	6.195 897	0.161 397
33	134.002 729	831.267 059	0.001 203	0.007 463	6.203 359	0.161 203
34	155.443 166	965.269 789	0.001 036	0.006 433	6.209 792	0.161 036
35	180.314 073	1,120.712 955	0.000 892	0.005 546	6.215 338	0.160 892
36	209.164 324	1,301.027 028	0.000 769	0.004 781	6.220 119	0.160 769
37	242.630 616	1,510.091 352	0.000 662	0.004 121	6.224 241	0.160 662
38	281.451 515	1,752.821 968	0.000 571	0.003 553	6.227 794	0.160 571
39	326.483 757	2,034.273 483	0.000 492	0.003 063	6.230 857	0.160 492
40	378.721 158	2,360.757 241	0.000 424	0.002 640	6.233 497	0.160 424
41	439.316 544	2,739.478 399	0.000 365	0.002 276	6.235 773	0.160 365
42	509.607 191	3,178.794 943	0.000 315	0.001 962	6.237 736	0.160 315
43	591.144 341	3,688.402 134	0.000 271	0.001 692	6.239 427	0.160 271
44	685.727 436	4,279.546 475	0.000 234	0.001 458	6.240 886	0.160 234
45	795.443 826	4,965.273 911	0.000 201	0.001 257	6.242 143	0.160 201
46	922.714 838	5,760.717 737	0.000 174	0.001 084	6.243 227	0.160 174
47	1,070.349 212	6,683.432 575	0.000 150	0.000 934	6.244 161	0.160 150
48	1,241.605 088	7,753.781 787	0.000 129	0.000 805	6.244 966	0.160 129
49	1,440.261 900	8,995.386 873	0.000 111	0.000 694	6.245 661	0.160 111
50	1,670.703 804	10,435.648 77	0.000 096	0.000 599	6.246 259	0.160 096

利率 17%

年	F/P	F/A	A/F	P/F	P/A	A/P
1	1.170 000	1.000 000	1.000 000	0.854 701	0.854 701	1.170 000
2	1.368 900	2.170 000	0.460 829	0.730 514	1.585 214	0.630 829
3	1.601 613	3.538 900	0.282 574	0.624 371	2.209 585	0.452 574
4	1.873 887	5.140 513	0.194 533	0.533 650	2.743 235	0.364 533
5	2.192 448	7.014 400	0.142 564	0.456 111	3.199 346	0.312 564
6	2.565 164	9.206 848	0.108 615	0.389 839	3.589 185	0.278 615
7	3.001 242	11.772 012	0.084 947	0.333 195	3.922 380	0.254 947
8	3.511 453	14.773 255	0.067 690	0.284 782	4.207 163	0.237 690
9	4.108 400	18.284 708	0.054 691	0.243 404	4.450 566	0.224 691
10	4.806 828	22.393 108	0.044 657	0.208 037	4.658 604	0.214 657
11	5.623 989	27.199 937	0.036 765	0.177 810	4.836 413	0.206 765
12	6.580 067	32.823 926	0.030 466	0.151 974	4.988 387	0.200 466
13	7.698 679	39.403 993	0.025 378	0.129 892	5.118 280	0.195 378
14	9.007 454	47.102 672	0.021 230	0.111 019	5.229 299	0.191 230
15	10.538 721	56.110 126	0.017 822	0.094 888	5.324 187	0.187 822
16	12.330 304	66.648 848	0.015 004	0.081 101	5.405 288	0.185 004
17	14.426 456	78.979 152	0.012 662	0.069 317	5.474 605	0.182 662
18	16.878 953	93.405 608	0.010 706	0.059 245	5.533 851	0.180 706
19	19.748 375	110.284 561	0.009 067	0.050 637	5.584 488	0.179 067
20	23.105 599	130.032 936	0.007 690	0.043 280	5.627 767	0.177 690
21	27.033 551	153.138 535	0.006 530	0.036 991	5.664 758	0.176 530
22	31.629 255	180.172 086	0.005 550	0.031 616	5.696 375	0.175 550
23	37.006 228	211.801 341	0.004 721	0.027 022	5.723 397	0.174 721
24	43.297 287	248.807 569	0.004 019	0.023 096	5.746 493	0.174 019
25	50.657 826	292.104 856	0.003 423	0.019 740	5.766 234	0.173 423
26	59.269 656	342.762 681	0.002 917	0.016 872	5.783 106	0.172 917
27	69.345 497	402.032 337	0.002 487	0.014 421	5.797 526	0.172 487
28	81.134 232	471.377 835	0.002 121	0.012 325	5.809 851	0.172 121
29	94.927 051	552.512 666	0.001 810	0.010 534	5.820 386	0.171 810
30	111.064 650	647.439 118	0.001 545	0.009 004	5.829 390	0.171 545
31	129.945 641	753.503 768	0.001 318	0.007 696	5.837 035	0.171 318
32	152.036 399	888.449 408	0.001 126	0.006 577	5.843 663	0.171 126
33	177.882 587	1,040.485 808	0.000 961	0.005 622	5.849 284	0.170 961
34	208.122 627	1,218.368 395	0.000 821	0.004 805	5.854 089	0.170 821
35	243.503 474	1,426.491 022	0.000 701	0.004 107	5.858 196	0.170 701
36	284.899 064	1,669.994 496	0.000 599	0.003 510	5.861 706	0.710 599
37	333.331 905	1,954.893 560	0.000 512	0.003 000	5.864 706	0.170 512
38	389.998 329	2,288.225 465	0.000 437	0.002 564	5.867 270	0.170 437
39	456.298 045	2,678.223 794	0.000 373	0.002 192	5.869 461	0.170 373
40	533.868 713	3,134.521 839	0.000 319	0.001 873	5.871 335	0.170 319
41	624.626 394	3,668.390 552	0.000 273	0.001 601	5.872 936	0.170 273
42	730.812 881	4,293.016 946	0.000 233	0.001 368	5.874 304	0.170 233
43	855.051 071	5,023.829 827	0.000 199	0.001 170	5.875 473	0.170 199
44	1,000.409 753	5,878.880 897	0.000 170	0.001 000	5.876 473	0.170 170
45	1,170.479 411	6,879.290 650	0.000 145	0.000 854	5.877 327	0.170 145
46	1,369.460 910	8,049.770 060	0.000 124	0.000 730	5.878 058	0.170 124
47	1,602.269 265	9,419.230 971	0.000 106	0.000 624	5.878 682	0.170 106
48	1,874.655 040	11,021.500 24	0.000 091	0.000 533	5.879 215	0.170 091
49	2,193.346 397	12,896.155 28	0.000 078	0.000 456	5.879 671	0.170 078
50	2,566.215 284	15,089.501 67	0.000 066	0.000 390	5.880 061	0.170 066

利率 18%

年	F/P	F/A	A/F	P/F	P/A	A/P
1	1.180 000	1.000 000	1.000 000	0.847 458	0.847 458	1.180 000
2	1.392 400	2.180 000	0.458 716	0.718 184	1.565 642	0.638 716
3	1.643 032	3.572 400	0.279 924	0.608 631	2.174 273	0.459 924
4	1.938 778	5.215 432	0.191 739	0.515 789	2.690 062	0.371 739
5	2.287 758	7.154 210	0.139 778	0.437 109	3.127 171	0.319 778
6	2.699 554	9.441 968	0.105 910	0.370 432	3.497 603	0.285 910
7	3.185 474	12.141 522	0.082 362	0.313 925	3.811 528	0.262 362
8	3.758 859	15.326 996	0.065 244	0.266 038	4.077 566	0.245 244
9	4.435 454	19.085 855	0.052 395	0.225 456	4.303 022	0.232 395
10	5.233 836	23.521 309	0.042 515	0.191 064	4.494 086	0.222 515
11	6.175 926	28.755 144	0.034 776	0.161 919	4.656 005	0.214 776
12	7.287 593	34.931 070	0.028 028	0.137 220	4.793 225	0.208 628
13	8.599 359	42.218 663	0.023 686	0.116 288	4.909 513	0.203 686
14	10.147 244	50.818 022	0.019 678	0.098 549	5.008 062	0.199 678
15	11.973 748	60.965 266	0.016 403	0.083 516	5.091 578	0.196 403
16	14.129 023	72.939 014	0.013 710	0.070 776	5.162 354	0.193 710
17	16.672 247	87.068 036	0.011 485	0.059 980	5.222 334	0.191 485
18	19.673 251	103.740 283	0.009 639	0.050 830	5.273 164	0.189 639
19	23.214 436	123.413 534	0.008 103	0.043 077	5.316 241	0.188 103
20	27.393 035	146.627 970	0.006 820	0.036 506	5.352 746	0.186 820
21	32.323 781	174.021 005	0.005 746	0.030 937	5.383 683	0.185 746
22	38.142 061	206.344 785	0.004 846	0.026 218	5.409 901	0.184 846
23	45.007 632	244.486 847	0.004 090	0.022 218	5.432 120	0.184 090
24	53.109 006	289.494 479	0.003 454	0.018 829	5.450 949	0.183 454
25	62.668 627	342.603 486	0.002 919	0.015 957	5.466 906	0.182 919
26	73.948 980	405.272 113	0.002 467	0.013 523	5.480 429	0.182 467
27	87.259 797	479.221 093	0.002 087	0.011 460	5.491 889	0.182 087
28	102.966 560	566.480 890	0.001 765	0.009 712	5.501 601	0.181 765
29	121.500 541	669.447 450	0.001 494	0.008 230	5.509 831	0.181 494
30	143.370 638	790.947 991	0.001 264	0.006 975	5.516 806	0.181 264
31	169.177 353	934.318 630	0.001 070	0.005 911	5.522 717	0.181 070
32	199.629 277	1,103.495 983	0.000 906	0.005 009	5.527 726	0.180 906
33	235.562 547	1,303.125 260	0.000 767	0.004 245	5.531 971	0.180 767
34	277.963 805	1,538.687 807	0.000 650	0.003 598	5.535 569	0.180 650
35	327.997 290	1,816.651 612	0.000 550	0.003 049	5.538 618	0.180 550
36	387.036 802	2,144.648 902	0.000 466	0.002 584	5.541 201	0.180 466
37	456.703 427	2,531.685 705	0.000 395	0.002 190	5.543 391	0.180 395
38	538.910 044	2,988.389 132	0.000 335	0.001 856	5.545 247	0.180 335
39	635.913 852	3,527.299 175	0.000 284	0.001 573	5.546 819	0.180 284
40	750.378 345	4,163.213 027	0.000 240	0.001 333	5.548 152	0.180 240
41	885.446 447	4,913.591 372	0.000 204	0.001 129	5.549 281	0.180 204
42	1,044.826 807	5,799.037 818	0.000 172	0.000 957	5.550 238	0.180 172
43	1,232.895 633	6,843.864 626	0.000 146	0.000 811	5.551 049	0.180 146
44	1,454.816 847	8,076.760 258	0.000 124	0.000 687	5.551 737	0.180 124
45	1,716.683 879	9,531.577 105	0.000 105	0.000 583	5.552 319	0.180 105
46	2,025.686 977	11,248.260 98	0.000 089	0.000 494	5.552 813	0.180 089
47	2,390.310 633	13,273.947 96	0.000 075	0.000 418	5.553 231	0.180 075
48	2,820.566 547	15,664.258 59	0.000 064	0.000 355	5.553 586	0.180 064
49	3,328.268 525	18,484.825 14	0.000 054	0.000 300	5.553 886	0.180 054
50	3,927.356 860	21,813.093 67	0.000 046	0.000 255	5.554 141	0.180 046

利率 19%

年	F/P	F/A	A/F	P/F	P/A	A/P
1	1.190 000	1.000 000	1.000 000	0.840 336	0.840 336	1.190 000
2	1.416 100	2.190 000	0.456 621	0.706 165	1.546 501	0.646 621
3	1.685 159	3.606 100	0.277 308	0.593 416	2.139 917	0.467 308
4	2.005 339	5.291 259	0.188 991	0.498 669	2.638 586	0.378 991
5	2.386 354	7.296 598	0.137 050	0.419 049	3.057 635	0.327 050
6	2.839 761	9.682 952	0.103 274	0.352 142	3.409 777	0.293 274
7	3.379 315	12.522 713	0.079 855	0.295 918	3.705 695	0.269 855
8	4.021 385	15.902 028	0.062 885	0.248 671	3.954 366	0.252 885
9	4.785 449	19.923 413	0.050 192	0.208 967	4.163 332	0.240 192
10	5.694 684	24.708 862	0.040 471	0.175 602	4.338 935	0.230 471
11	6.776 674	30.403 546	0.032 891	0.147 565	4.486 500	0.222 891
12	8.064 242	37.180 220	0.026 896	0.124 004	4.610 504	0.216 896
13	9.596 448	45.244 461	0.022 102	0.104 205	4.714 709	0.212 102
14	11.419 773	54.840 909	0.018 235	0.087 567	4.802 277	0.208 235
15	13.589 530	66.260 682	0.015 092	0.073 586	4.875 863	0.205 092
16	16.171 540	79.850 211	0.012 523	0.061 837	4.937 700	0.202 523
17	19.244 133	96.021 751	0.010 414	0.051 964	4.989 664	0.200 414
18	22.900 518	115.265 884	0.008 676	0.048 667	5.033 331	0.198 676
19	27.251 616	138.166 402	0.007 238	0.036 695	5.070 026	0.197 238
20	32.429 423	165.418 018	0.006 045	0.030 836	5.100 862	0.196 045
21	38.591 014	197.847 442	0.005 054	0.025 913	5.126 775	0.195 054
22	45.923 307	236.438 456	0.004 229	0.021 775	5.148 550	0.194 229
23	54.648 735	282.361 762	0.003 542	0.018 299	5.166 849	0.193 542
24	65.031 994	337.010 497	0.002 967	0.015 377	5.182 226	0.192 967
25	77.388 073	402.042 491	0.002 487	0.012 922	5.195 148	0.192 487
26	92.091 807	479.430 565	0.002 086	0.010 859	5.206 007	0.192 086
27	109.589 251	571.522 372	0.001 750	0.009 125	5.215 132	0.191 750
28	130.411 208	681.111 623	0.001 468	0.007 668	5.222 800	0.191 468
29	155.189 338	811.522 831	0.001 232	0.006 444	5.229 243	0.191 232
30	184.675 312	966.712 169	0.001 034	0.005 415	5.234 658	0.191 034
31	219.763 621	1,151.387 481	0.000 869	0.004 550	5.239 209	0.190 869
32	261.518 710	1,371.151 103	0.000 729	0.003 824	5.243 033	0.190 729
33	311.207 264	1,632.669 812	0.000 612	0.003 213	5.246 246	0.190 612
34	370.336 645	1,943.877 077	0.000 514	0.002 700	5.248 946	0.190 514
35	440.700 607	2,314.213 721	0.000 432	0.002 269	5.251 215	0.190 432
36	524.433 722	2,754.914 328	0.000 363	0.001 907	5.253 122	0.190 363
37	624.076 130	3,279.348 051	0.000 305	0.001 602	5.254 724	0.190 305
38	742.650 594	3,903.424 180	0.000 256	0.001 347	5.256 071	0.190 256
39	883.754 207	4,646.074 775	0.000 215	0.001 132	5.257 202	0.190 215
40	1,051.667 507	5,529.828 982	0.000 181	0.000 951	5.258 153	0.190 181
41	1,251.484 333	6,584.496 488	0.000 152	0.000 799	5.258 952	0.190 152
42	1,489.266 356	7,832.980 821	0.000 128	0.000 671	5.259 624	0.190 128
43	1,772.226 964	9,322.247 177	0.000 107	0.000 564	5.260 188	0.190 107
44	2,108.950 087	11,094.474 14	0.000 090	0.000 474	5.260 662	0.190 090
45	2,509.650 603	13,203.424 23	0.000 076	0.000 398	5.261 061	0.190 076
46	2,986.484 218	15,713.074 83	0.000 064	0.000 335	5.261 396	0.190 064
47	3,553.916 219	18,699.559 05	0.000 053	0.000 281	5.261 677	0.190 053
48	4,229.160 301	22,253.475 27	0.000 045	0.000 236	5.261 913	0.190 045
49	5,032.700 758	26,482.635 57	0.000 038	0.000 199	5.262 112	0.190 038
50	5,988.913 902	31,515.336 33	0.000 032	0.000 167	5.262 279	0.190 032

利率 20%

年	F/P	F/A	A/F	P/F	P/A	A/P
1	1.200 000	1.000 000	1.000 000	0.833 333	0.833 333	1.200 000
2	1.440 000	2.200 000	0.454 545	0.694 444	1.527 778	0.654 545
3	1.728 000	3.640 000	0.274 725	0.578 704	2.106 481	0.474 725
4	2.073 600	5.368 000	0.186 289	0.482 253	2.588 735	0.386 289
5	2.488 320	7.441 600	0.134 380	0.401 878	2.990 612	0.334 380
6	2.985 984	9.929 920	0.100 706	0.334 898	3.325 510	0.300 706
7	3.583 181	12.915 904	0.077 424	0.279 082	3.604 592	0.277 424
8	4.299 817	16.499 085	0.060 609	0.232 568	3.837 160	0.260 609
9	5.159 780	20.798 902	0.078 079	0.193 807	4.030 967	0.248 079
10	6.191 736	25.958 682	0.038 523	0.161 506	4.192 472	0.238 523
11	7.430 084	32.150 419	0.031 104	0.134 588	4.327 060	0.231 104
12	8.916 100	39.580 502	0.025 265	0.112 157	4.439 217	0.225 265
13	10.699 321	48.496 603	0.020 620	0.093 464	4.532 681	0.220 620
14	12.839 185	59.195 923	0.016 893	0.077 887	4.610 567	0.216 893
15	15.407 022	72.035 108	0.013 882	0.064 905	4.675 473	0.213 882
16	18.488 426	87.442 129	0.011 436	0.054 088	4.729 561	0.211 436
17	22.186 111	105.930 555	0.009 440	0.045 073	4.774 634	0.209 440
18	26.623 333	128.116 666	0.007 805	0.037 561	4.812 195	0.207 805
19	31.948 000	154.740 000	0.006 462	0.031 301	4.843 496	0.206 462
20	38.337 600	186.688 000	0.005 357	0.026 084	4.869 580	0.205 357
21	46.005 120	225.025 600	0.004 444	0.021 737	4.891 316	0.204 444
22	55.206 144	271.030 719	0.003 690	0.018 114	4.909 430	0.203 690
23	66.247 373	326.236 863	0.003 065	0.015 095	4.924 525	0.203 065
24	79.496 847	392.484 236	0.002 548	0.012 579	4.937 104	0.202 548
25	95.396 217	471.981 083	0.002 119	0.010 483	4.947 587	0.202 119
26	114.475 460	567.377 300	0.001 762	0.008 735	4.956 323	0.201 762
27	137.370 552	681.852 760	0.001 467	0.007 280	4.963 602	0.201 467
28	164.844 662	819.223 312	0.001 221	0.006 066	4.969 668	0.201 221
29	197.813 595	984.067 974	0.001 016	0.005 055	4.974 724	0.201 016
30	237.376 314	1,181.881 569	0.000 846	0.004 213	4.978 936	0.200 846
31	284.851 577	1,419.257 883	0.000 705	0.003 511	4.982 447	0.200 705
32	341.821 892	1,704.109 459	0.000 587	0.002 926	4.985 372	0.200 587
33	410.186 270	2,045.931 351	0.000 489	0.002 438	4.987 810	0.200 489
34	492.223 524	2,456.117 621	0.000 407	0.002 032	4.989 842	0.200 407
35	590.668 229	2,948.341 146	0.000 339	0.001 693	4.991 535	0.200 339
36	708.801 875	3,539.009 375	0.000 283	0.001 411	4.992 946	0.200 283
37	850.562 250	4,247.811 250	0.000 235	0.001 176	4.994 122	0.200 235
38	1,020.674 700	5,098.373 500	0.000 196	0.000 980	4.995 101	0.200 196
39	1,224.809 640	6,119.048 200	0.000 163	0.000 816	4.995 918	0.200 163
40	1,469.771 568	7,343.857 840	0.000 136	0.000 680	4.996 598	0.200 136
41	1,763.725 882	8,813.629 408	0.000 113	0.000 567	4.997 165	0.200 113
42	2,116.471 058	10,577.355 29	0.000 095	0.000 472	4.997 638	0.200 095
43	2,539.765 269	12,693.826 35	0.000 079	0.000 394	4.998 031	0.200 079
44	3,047.718 323	15,233.591 62	0.000 066	0.000 328	4.998 359	0.200 066
45	3.657.261 988	18,281.309 94	0.000 055	0.000 273	4.998 633	0.200 055
46	4.388.714 386	21,938.571 93	0.000 046	0.000 228	4.998 861	0.200 046
47	5,266.457 263	26,327.286 31	0.000 038	0.000 190	4.999 051	0.200 038
48	6,319.748 715	31,593.743 58	0.000 032	0.000 158	4.999 209	0.200 032
49	7,583.698 458	37,913.492 29	0.000 026	0.000 132	4.999 341	0.200 026
50	9,100.438 150	45,497.190 75	0.000 022	0.000 110	4.999 451	0.200 022

附表二

正态分布曲线的面积

Z	0.00	0.01	0.02	0.03	0.04	0.05	0.06	0.07	0.08	0.09
0.00	0.0	0.0040	0.0080	0.0120	0.0160	0.0199	0.0239	0.0279	0.0319	0.0359
0.10	0.0398	0.0438	0.0478	0.0517	0.0557	0.0596	0.0636	0.0675	0.0714	0.0753
0.20	0.0793	0.0832	0.0871	0.0910	0.0948	0.0987	0.1026	0.1064	0.1103	0.1141
0.30	0.1179	0.1217	0.1255	0.1293	0.1331	0.1368	0.1406	0.1443	0.1480	0.1517
0.40	0.1554	0.1594	0.1628	0.1661	0.1700	0.1736	0.1772	0.1808	0.1844	0.1879
0.50	0.1915	0.1950	0.1985	0.2010	0.2054	0.2088	0.2123	0.2157	0.2190	0.2224
0.60	0.2257	0.2291	0.2324	0.2357	0.2389	0.2422	0.2454	0.2486	0.2517	0.2549
0.70	0.2580	0.2611	0.2642	0.2673	0.2703	0.2734	0.2764	0.2793	0.2823	0.2852
0.80	0.2881	0.2910	0.2939	0.2967	0.2995	0.3023	0.3051	0.3078	0.3106	0.3133
0.90	0.3159	0.3186	0.3212	0.3238	0.3264	0.3289	0.3315	0.3340	0.3365	0.3389
1.00	0.3413	0.3438	0.3461	0.3485	0.3508	0.3531	0.3554	0.3577	0.3599	0.3621
1.10	0.3643	0.3665	0.3686	0.3703	0.3729	0.3749	0.3770	0.3790	0.3810	0.3830
1.20	0.3849	0.3869	0.3888	0.3907	0.3925	0.3943	0.3962	0.3980	0.3997	0.4015
1.30	0.4032	0.4049	0.4066	0.4082	0.4099	0.4115	0.4115	0.4747	0.4162	0.4177
1.40	0.4192	0.4207	0.4222	0.4236	0.4251	0.4265	0.4279	0.4292	0.4306	0.4319
1.50	0.4332	0.4345	0.4357	0.4370	0.4382	0.4394	0.4406	0.4418	0.4429	0.4441
1.60	0.4452	0.4463	0.4474	0.4484	0.4495	0.4550	0.4515	0.4525	0.4535	0.4545
1.70	0.4454	0.4564	0.4573	0.4582	0.4591	0.4599	0.4608	0.4616	0.4625	0.263
1.80	0.4641	0.4649	0.4656	0.4664	0.4671	0.4678	0.4686	0.4693	0.4699	0.4706
1.90	0.4713	0.4719	0.4726	0.4732	0.4738	0.4744	0.4750	0.4756	0.4761	0.4767
2.00	0.4772	0.4778	0.4783	0.4788	0.4793	0.4798	0.4803	0.4808	0.4812	0.4812
2.10	0.4821	0.4826	0.4830	0.4834	0.4838	0.4842	0.4846	0.4850	0.4854	0.4857
2.20	0.4861	0.4864	0.4868	0.4871	0.4875	0.4878	0.4881	0.4884	0.4887	0.4890
2.30	0.4893	0.4896	0.4898	0.4901	0.4904	0.4906	0.4909	0.4911	0.4913	0.4916
2.40	0.4918	0.4920	0.4922	0.4925	0.4927	0.4929	0.4931	0.4932	0.4934	0.4936
2.50	0.4938	0.4940	0.4941	0.4943	0.4945	0.4946	0.4948	0.4949	0.4951	0.4952
2.60	0.4953	0.4955	0.4956	0.4957	0.4959	0.4960	0.4961	0.4962	0.4963	0.4964
2.70	0.4965	0.4966	0.4967	0.4968	0.4969	0.4970	0.4971	0.4972	0.4973	0.4974
2.80	0.4974	0.4975	0.4976	0.4977	0.4977	0.4978	0.4979	0.4979	0.4980	0.4981
2.90	0.4981	0.4982	0.4982	0.4983	0.4984	0.4984	0.4985	0.4985	0.4986	0.4986
3.00	0.4986	0.4987	0.4987	0.4988	0.4988	0.4989	0.4989	0.4989	0.4990	0.4990
3.10	0.4990	0.4991	0.4991	0.4991	0.4992	0.4992	0.4992	0.4992	0.4993	0.4993
3.20	0.4993	0.4993	0.4994	0.4994	0.4994	0.4994	0.4994	0.4995	0.4995	0.4995
3.30	0.4995	0.4995	0.4995	0.4996	0.4996	0.4996	0.4996	0.4996	0.4996	0.4997
3.40	0.4997	0.4997	0.4997	0.4997	0.4997	0.4997	0.4997	0.4997	0.4997	0.4998
3.50	0.4998	0.4998	0.4998	0.4998	0.4998	0.4998	0.4998	0.4998	0.4998	0.4998
3.60	0.4998	0.4998	0.4999	0.4999	0.4999	0.4999	0.4999	0.4999	0.4999	0.4999
3.70	0.4999	0.4999	0.4999	0.4999	0.4999	0.4999	0.4999	0.4999	0.4999	0.4999
3.80	0.4999	0.4999	0.4999	0.4999	0.4999	0.4999	0.4999	0.4999	0.4999	0.4999
3.90	0.5000	0.5000	0.5000	0.5000	0.5000	0.5000	0.5000	0.5000	0.5000	0.5000

Z 为标准差的个数，表中数据是平均数和 Z 个标准差之间的那部分正态曲线下的总面积。

参 考 文 献

1. 任有山主编．新编投资学．青岛：青岛海洋大学出版社，1993
2. 谭庆琏主编．投资业务与风险管理全书．北京：中国金融出版社，1994
3. 《建设项目评估》编写组．建设项目评估．北京：中国财政经济出版社，1988
4. 刘圣欢，丁克炎编著．房地产投资分析与决策．武汉：武汉工业大学出版社，1993
5. 姚长辉，金萍编著．投资项目评估．北京：企业管理出版社，1994
6. 孙志远，贾鹏普主编．房产企业经营学．石家庄：河北教育出版社
7. 刘来福，荣燕立主编．经营业务大全．北京：改革出版社
8. 雷仲篪主编．不动产估价．北京：中国经济出版社
9. 宋俊岳主编．建设项目评估与投资控制．北京：中国科学技术出版社，1994
10. 刘洪玉主编．房地产投资经营与管理．北京：中国物价出版社，1995
11. 叶守礼主编．国际投资项目管理理论与实务．上海：华东师范大学出版社，1994
12. 夏嘉华，李柏龄主编．财务管理．上海：复旦大学出版社，1989